无善无恶心之体，有善有恶意之动
知善知恶是良知，为善去恶是格物

名家会评

传习录

(明)王阳明/著

东方治/整理

国家行政学院出版社

图书在版编目（CIP）数据

名家会评传习录 /（明）王阳明著；东方治整理 .—北京：国家行政学院出版社，2016.1

ISBN 978-7-5150-1670-2

Ⅰ.①名… Ⅱ.①王… ②东… Ⅲ.①心学—中国—明代 ②《传习录》—研究 Ⅳ.①B248.25

中国版本图书馆 CIP 数据核字（2016）第 003222 号

书　　名　名家会评传习录
作　　者　（明）王阳明
整　　理　东方治
责任编辑　王　娜
出版发行　国家行政学院出版社
（北京市海淀区长春桥路 6 号 100089）
电　　话　（010）68920640 68929037
编 辑 部　（010）68928873
经　　销　新华书店
印　　刷　北京久佳印刷有限责任公司
版　　次　2016 年 1 月北京第 1 版
印　　次　2016 年 1 月北京第 1 次印刷
开　　本　787 毫米 ×1092 毫米　1/16
印　　张　19.5
字　　数　251 千字
书　　号　ISBN 978-7-5150-1670-2
定　　价　46.00 元

前　言

《传习录》是明代大儒王阳明的代表作和中国哲学的经典作品，是王阳明对弟子讲学、与他人论道的专著，由他的弟子辑录成书。可以说，《传习录》之于王阳明，犹如《论语》之于孔子。五百年来，阳明学展播全国、流布海外，启迪、影响和成就无数仁人志士，《传习录》一书居功至伟。直至今日，《传习录》仍然是有志之士修心炼胆、立身治事的最佳指导，在儒家文化圈乃至世界范围内，有着崇高的地位。我们编纂《名家会评传习录》，就是希望能够传播阳明学之精华，为读者理解、修习《传习录》，提供一个更为宽广的门径。

王阳明（1472 年 10 月 31 日—1529 年 1 月 9 日），名守仁，字伯安，谥号文成，绍兴府余姚县（今浙江省余姚市）人，明代哲学家、教育家、政治家、军事家。青年时期，他曾筑室会稽山阳明洞修学，自号“阳明子”，遂以“阳明”之号行天下，世称“阳明先生”。据《王文成公年谱》记载，阳明的远祖，是晋代的光禄大夫王览，本是琅琊人；到王览曾孙、书圣王羲之这一代，始徙居山阴（今浙江绍兴）。阳明的高祖、曾祖和祖父，都是民间学者，有著作行世，但既不参加科举，也拒绝朝廷的征召。至阳明的父亲王华（1446—1522）一代，始遵母命参加科举，高中成化十七年（1481）状元。王华历仕成化、弘治、正德三朝，官至南京吏部尚书。

阳明幼年聪慧，又成长在这样一个书香世家，接受了良好的教育。他十一岁时，随祖父进京，路过金山寺时，与祖父的朋友临席赋诗，语惊四座；同年在京读书，便立志“学圣贤”；十五岁时，出游边防重镇居庸关，慨然有经略四方之志，又上书朝廷，请缨靖难，被父亲制止；十七岁时，赴江西娶亲，婚礼当晚偶入铁柱宫，与道士谈养生法甚欢，竟至通宵达旦；十八岁时，携妻回京，途经广信（今江西上饶）时，拜访大儒娄谅（1422—1491），娄谅告诉他“圣人必可学而至”，遂遍罗搜求，广读经史。

当时，宋儒朱熹的学术，是明朝的官方学术。读书人从开蒙到科举，一概以朱子学为宗。阳明二十一岁中举后，在京师随侍父亲，遂按朱子“格物”之说，在父亲的官署中“格朱子”。他坚持七天，累出病来，仍不得其理，因而对朱子的学说产生了怀疑，乃改习辞章之学。此后的十余年中，阳明一方面参加科举考试，并于二十八岁那年中进士，步入仕途；同时又留心军事习兵法，钻研道家学说习养生与导引之术，研读佛经习禅定等等。阳明的挚友、另一位心学大师湛若水在《阳明先生墓志铭》中总结说，青年时期的王阳明“初溺于任侠之习，再溺于骑射之习，三溺于辞章之习，四溺于神仙之习，五溺于佛氏之习。正德丙寅（1506年——编者注）始归正于圣贤之学”。可见，阳明早年追求圣贤境界，气度何等恢弘！视野何等开阔！就在这一年，阳明与湛若水订交，在京师开门讲学，共同提倡“圣学”。

然而，阳明的仕途并不顺利。正德元年（1506），当他的讲学事业刚刚起步的时候，阳明因上疏为几位被迫害的御史辩护，开罪了当权的宦官刘瑾，被廷杖四十，贬谪到贵州龙场驿任驿丞。龙场驿处于万山环抱之中，是一个荒凉偏僻、荆棘丛生、人迹罕至的地方，阳明自己曾说：“某之居此，盖瘴疠蛊毒之与处，魑魅魍魉之与游，日有三死焉。”在这样恶劣的环境中，阳明已经超脱了生死，乃筑石墩自誓：“吾惟俟命而已。”他静坐思考人生的真谛，思考“圣人处此，更有何道？”一日中夜，忽然“大悟格物致知之旨，寤寐中若有人语之者，不觉呼跃，从者皆惊。始知圣人之道，吾性自足，向之求理于事物者误也”。这就是中国哲学史上著名的“龙场悟道”，时为正德三年（1508），阳明三十七岁。这是阳明长期艰苦求道的结果，也是他的一个新的精神世界的开始。龙场悟道后，阳明将自己的体悟证之于儒家的五经，发现无不吻合。于是，他全凭记忆，写成《五经臆说》，证明己之所悟，契合于圣人之教。翌年，他在龙场创办龙冈书院，教化当地青年和土著，随即又应贵州提学副使席书之请，主讲贵阳文明书院，传授“知行合一”之说。

正德五年（1510），阳明在杨一清等朝臣的力保下，离开偏远的贵州，起复为江西庐陵县令。不久，刘瑾伏诛，压在阳明头上的一块巨石除去，阳明的仕途略显顺遂。此后，他曾调任多个职位，无不是一面做官，一面讲学。他将学术与事功合为一体，如在任所创“十家牌法”、改税法、移风易俗；兴学校、办书院、教化民众。这时，追随他求道问学的学子越来越多，阳明在政务之余，随时讲解圣学之道，一时声名大振。正德十一年（1516），在兵部尚书王琼的荐举下，阳明奉命巡抚南（安）、赣（州）、汀（州）、漳（州），主要任务是平定当地匪患。这是阳明人生中的一大转折，开启了他的军事生涯。当时的南赣山区，地瘠民贫，强悍之民啸聚山林、扰攘地方已数十年之久。朝廷屡次征讨，收效甚微。阳明的前任，竟因匪患托病辞职。阳明上任后，以招抚为主、用兵为辅，短短七个月，即彻底平定匪患，“自是境内大定”“远近惊为神”（《明史·王守仁传》）。阳明在匪患最严重的地方，奏设和平县，设立学校、择贤治理，此后百余年，匪患再未出现。

正德十四年（1519），阳明奉命处理福建军官叛乱事件，途经丰城时，听说宁王朱宸濠发动叛乱。阳明主动调兵平叛，“凡三十五日而贼平”，生擒朱宸濠，用兵之神速，古今罕见。然而，阳明的大功遭到皇帝和权臣的猜忌，有人诬陷阳明与宁王勾结。在极度艰难的处境之中，阳明因其学养，应对得当，危机才有缓解，阳明因此大功被封为新建伯爵位。事后，他竟悟得“致良知”之教，“益信‘良知’真足以忘患难，出生死”（《年谱·正德十六年》）。嘉靖元年（1522），阳明父亲王华去世，阳明依例回乡守制，开始了向往已久的讲学生活。据阳明弟子钱德洪记述，“四方来游者日进”，“先生每临讲座，前后左右环坐而听者，常不下数百人，送往迎来，月无虚日”。阳明阐发“致良知”之教，在师生问学思想激荡之中，其学术渐臻化境。他的弟子曾言“先生之学日进，感召之机，神变无方”。

嘉靖六年（1527），朝廷因广西的思恩、田州土著卢苏、王受反，总督姚镆不能定，召阳明前往平叛。阳明无奈，只得带病出征。临行前，与门人钱德洪、王汝中论道于天泉桥，将自己学术的宗旨概括为“四句教”，这就是中国哲学史上的“天泉证道”。阳明在广西，不足一年，通过军事威慑与良知感召，前后五个月而乱平。阳明上奏要求班师，因病势加剧，未等上谕到即启程。在归途中，一路皆有门人弟子往迎随侍，无奈天不假年，行至江西南安青龙铺，不幸病逝。临终前，门人周积泣问先生有何遗言，阳明告之“此心光明，亦复何求”八字。

纵观阳明一生，其追求圣贤之道的人格境界和身体力行的赫赫事功，恰如其分地诠释了儒家“内圣外王”的理想，更是他“知行合一”与“致良知”之学的完美例证。阳明一生饱经患难，然追求圣学之道未尝有断，他曾言：“某于‘良知’之说，从百死千难中得来，实千古圣圣相传一点滴骨血也。”阳明去世时，因权臣构陷，他的荣封被剥夺，他的学术被斥为“异学”遭禁。然而天理昭昭，嘉靖皇帝死后，隆庆帝为阳明平反，恢复荣封；万历帝下诏，令阳明从祀孔庙，成为明代从祀的四人之一。隆庆六年，谢廷杰巡抚浙江，请阳明弟子钱德洪等主持刻印《王文成公全集》，凡三十八卷。这是王阳明著作第一次结为全集，也是历代阳明著作的母本。《传习录》三卷，即是隆庆本《王文成公全集》的前三卷，代表了阳明学说的精华。本书所用底本，即是这个版本。

《传习录》堪称王门“圣经”，它涵盖了阳明的基本思想，在中国哲学史上具有崇高的地位。《传习录》的名字，典出《论语·学而》：“曾子曰：‘吾日三省吾身，为人谋而不忠乎？与朋友交而不信乎？传不习乎？’”朱熹注释曰：“‘传’谓受之于师，‘习’谓熟之于己。”阳明认为，“习”亦可训为“觉”。

《传习录》从首次刊刻到最终成书，经历了一个漫长的过程。今本《传习录》三卷，正好代表了《传习录》刊刻的三个时期。正德十三年

（1518）八月，门人薛侃首次刊刻《传习录》于虔州（今江西赣州），这是首次使用“传习录”这个书名，其内容主要是今本《传习录》上卷的内容。嘉靖三年（1524）十月，门人南大吉以薛侃刻印的《传习录》为上册，另补入阳明“论学书”九篇作为下册，刊刻于越（今浙江绍兴）。嘉靖三十五年（1556），钱德洪又收集一些同门的笔记，编成下卷，并把南大吉刊刻的改为问答形式，三卷合在一起，在湖北黄梅一并刊刻。隆庆六年，谢廷杰刊刻《王文成公全集》时，又请钱德洪在下卷中附录上《朱子晚年定论》。至此，今本《传习录》才通行于世。

《传习录》是儒家人生哲学的巅峰之作，为宋明时期日益僵化的儒学，注入了独立思考和个性解放的元素，对后世产生了诸多的积极影响，并且早在明末就远播海外，在日本、朝鲜等国有着重要的影响。历来学习阳明学者，无不从《传习录》入手。如梁启超说“读此（指《传习录》——编者注）可知王学梗概”，陈筑山说“忙中修养者，由此入手，必能却有所获”，钱穆则把《传习录》列为七部“中国人所人人必读的书”之一。

评点名著，是中国特色的一种著作体例，有着悠久的历史，至明清时期而大盛。明代袁无涯有言，名家评点名著，可以“于一部之旨趣，一回之警策，一字一句之精神”，无不拈出，起到“通作者之意，览读者之心”的作用。明代黄汝亨也说：“书之有注，犹食物之有本草；其有评，犹廷尉之覆驳、老吏之狱究；其为批点，犹画家之点眼、堪舆家之点穴，皆的有所据。”明代的出版，已经重视把原著和一些名家的评点汇集一处，称为“会评”、“汇评”或“评林”。这种会评的名著，评点者或指出一段的精华，或加入自己的理解，或与原作者“论辩”，种种形式，不一而足。对读者来说，这样的方式更容易理解原作者的精髓，开拓阅读的视野，取得事半功倍的阅读效果。因此，我们采取了这样的形式，广搜博采名人名家对《传习录》的评点，编纂出这部《名家会评传习录》。

本书所辑录的评语，包括了十余位中外名家，包括明代的冯柯、刘宗周、施邦曜，清代的孙奇逢、黄宗羲、陶浔霍，民国时期的孙锵、梁启超、许舜屏等人。他们或为学派宗师，或为饱学先生。虽有个别与阳明学不合之处，但都限于学术探讨，可以互为参照；大多数则为对阳明学造诣深厚之人，其中如刘宗周、施邦曜等，更是对阳明学身体力行，学术功业足为后人景仰。另外，自明末以来，阳明学传入并兴盛于日本，形成了日本幕府时期与朱子学、古学并立的阳明学派，产生了一大批学有专长的阳明学者。因此，本书还辑录了日本的阳明学者三轮执斋、佐藤一斋和东正纯等人对《传习录》的评语，以期读者一览域外阳明学之风采。

《传习录》一书，多为师生问答，语近平易浅白，今天的读者阅读起来难度不大；而其评语更是钩玄提要，与原著一起相得益彰。故本书未做白话翻译，仅就书中涉及古籍引文及人物之处，做出注释，以裨读者阅读。至若孔孟、程朱等国人耳熟能详之人，注释亦可免去，以节约篇幅及读者时间。本书是民国初年孙锵先生策划出版《传习录集评》之后的第一次以“会评本”形式出版《传习录》，而所收评语，远多于《传习录集评》，并加入了《传习录集评》中所不曾有的日本阳明学学者的评语。

在编纂本书过程中，我们参考了中外阳明学者的成果，在此一并谨致谢意。惟其编者水平所限，难免有疏漏之处，尚请读者、方家批评指正。

目 录

旧 序

门人有私录阳明先生之言者。先生闻之，谓之曰："圣贤教人，如医用药，皆因病立方，酌其虚实、温凉、阴阳、内外，而时时加减之，要在去病，初无定说。若拘执一方，鲜不杀人矣。今某与诸君不过各就偏蔽，箴切砥砺，但能改化，即吾言已为赘疣；若遂守为成训，他日误己误人，某之罪过，可复追赎乎？"

爱[1]既备录先生之教，同门之友有以是相规者。爱因谓之曰："如子之言，即又拘执一方，复失先生之意矣。孔子谓子贡尝曰'予欲无言'[2]，他日则曰'吾与回言终日'[3]，又何言之不一邪？盖子贡专求圣人于言语之间，故孔子以'无言'警之，使之实体诸心，以求自得；颜子于孔子之言，默识心通无不在己，故与之'言终日'，若决江河而之海也。故孔子于子贡之'无言'不为少，于颜子之'终日言'不为多，各当其可而已。今备录先生之语，固非先生之所欲，使吾侪常在先生之门，亦何事于此？惟或有时而去侧，同门之友又皆离群索居。当是之时，仪刑既远而规切无闻，如爱之驽劣，非得先生之言，时时对越警发之，其不摧堕靡废者几希矣。吾侪于先生之言，苟徒入耳出口，不体诸身，则爱之录此，实先生之罪人矣；使能得之言意之表，而诚诸践履之实，则斯录也，固先生'终日言之'之心也，可少乎哉？"

录成，因复识此于首篇，以告同志。

门人徐爱序。

【注释】

① 爱：徐爱（1487—1518），字曰仁，号横山，浙江余姚人（今属慈溪市），王阳明最早的入室弟子，曾任祁州知州、南京兵部员外郎、南京工部郎中等，王阳明称他为“吾之颜渊”，年31岁而逝。

② 见《论语·阳货》：子曰：“予欲无言。”子贡曰：“子如不言，则小子何述焉？”子曰：“天何言哉？四时行焉，百物生焉，天何言哉？”

③ 见《论语·阳货》：子曰：“吾与回言终日，不违，如愚。”

卷上

先生于《大学》格物诸说，悉以旧本[①]为正，盖先儒所谓“误本”[②]者也。爱始闻而骇，既而疑，已而殚精竭思，参互错综，以质于先生，然后知先生之说若水之寒，若火之热，断断乎百世以俟圣人而不惑者也。先生明睿天授，然和乐坦易，不事边幅。人见其少时豪迈不羁，又尝泛滥于词章，出入二氏[③]之学。骤闻是说，皆目以为立异好奇，漫不省究。不知先生居夷三载，处困养静，精一之功，固已超入圣域，粹然大中至正之归矣。爱朝夕炙门下，但见先生之道，即之若易，而仰之愈高；见之若粗，而探之愈精；就之若近，而造之愈益无穷。十余年来，竟未能窥其藩篱。世之君子，或与先生仅交一面，或犹未闻其謦欬[④]，或先怀忽易愤激之心，而遽欲于立谈之间，传闻之说，臆断悬度，如之何其可得也？从游之士，闻先生之教，往往得一而遗二，见其牝牡骊黄而弃其所谓千里者。故爱备录平日之所闻，私以示夫同志，相与考而正之，庶无负先生之教云。

门人徐爱书

【注释】

① 旧本：指《礼记》第四十二篇中的《大学》，汉代郑玄注，唐代孔颖达疏。明代通行本《大学》是宋儒程颢、程颐和朱熹改定的。

② “误本”：旧本《大学》“在亲民”句，程颐认为：“‘亲’，当作‘新’”，朱熹从之。阳明反对此说，认为：“《大学》古本乃孔门相传旧本耳。朱子疑其有所脱误而改正补辑之。在某，则谓其本无脱误，悉从其旧而已矣。”（参见第一条、第一七三条）

③ 二氏：指佛家和道家（即后文所言“仙家”）。

④ 謦欬：原意为咳嗽声，引申为谈笑。

【评语】

施邦曜评：动心忍性以入道，千古圣贤皆然。

徐爱录

一

爱问："'在亲民'，朱子谓当作'新民'，后章'作新民'之文似亦有据。先生以为宜从旧本'作亲民'，亦有所据否？"

先生曰："'作新民'之'新'，是自新之民，与'在新民'之'新'不同。此岂足为据？'作'字却与'亲'字相对。然非'亲'字义。下面'治国平天下'处，皆于'新'字无发明。如云'君子贤其贤而亲其亲，小人乐其乐而利其利'、'如保赤子'、'民之所好好之，民之所恶恶之，此之谓民之父母'①之类，皆是'亲'字意。'亲民'，犹孟子'亲亲仁民'②之谓。'亲之，'即仁之也。百姓不亲，舜使契为司徒，敬敷五教③，所以亲之也。《尧典》'克明峻德'，便是'明明德'。'以亲九族'至'平章、协和'，便是'亲民'④，便是'明明德于天下'。又如孔子言'修己以安百姓'⑤，'修己'便是'明明德'，'安百姓'便是'亲民'。说'亲民'便是兼教养意。说'新民'便觉偏了。"

【注释】

①"君子"句、"如保赤子"句、"民之"句：均见《大学》。

②亲亲仁民：见《孟子·尽心上》："君子之于物也，爱之而弗仁；于民也，仁之而弗亲。亲亲而仁民，仁民而爱物。"

③"敬敷五教"句：见《尚书·舜典》："帝曰：'契，百姓不亲，五品不逊。汝作司徒，敬敷五教，在宽。'"

④"克明峻德"句：见《尚书·尧典》："克明峻德，以亲九族。九族既睦，平章百姓。百姓昭明，协和万邦，黎明于变时雍。"

⑤"修己"句：见《论语·宪问》："（孔子）曰：'修己以安百姓，尧舜其犹病诸。'"

【评语】

施邦曜评：自知讲解，即服膺朱子"新民"之训，为再无二义。今领先生之说，觉万物一体之意，更脉然有动。

施邦曜评：明伦之教，不能行于平成播种之先，养民正是圣人裁成辅相之道。当先下手处，莫看得粗浅了。

许舜屏评：朱子以“亲民”为“新民”，不免近于武断，先生正其误，可谓独具只眼。其历举下文各语以为引证，尤为铁板注脚。

二

爱问：“‘知止而后有定’[①]，朱子以为‘事事物物皆有定理’[②]，似与先生之说相戾。”

先生曰：“于事事物物上求至善，却是义外也。至善是心之本体。只是‘明明德’到至精至一处便是。然亦未尝离却事物。本注所谓‘尽夫天理之极，而无一毫人欲之私’[③]者，得之。”

【注释】

①“知止”句：见《大学》。

②“事事”句：见朱熹《大学或问》：“能知所止，则方寸之间，事事物物皆有定理。”

③“尽夫”句：见朱熹《大学章句》。

【评语】

冯柯评：王氏曰“事事物物之理”皆统于心，以吾心求事物之理，使事物之理皆明于吾心，安得为义外？此辨不惟中阳明病根，且中陆子病根。公是公非，晓然具见。

刘宗周评：“天理人欲”四字，是朱、王印合处，奚必晚年定论？

孙奇逢评：不专在事物上，却亦不离却事物，便活。

施邦曜评：尧舜以精一相授受，若无光格诞敷之化，尧舜只成得一个佛祖道师，何以能开千圣道统之传？盖人心止此一个善，原是合天地鬼神，先圣后圣以为体的。稍有间杂，本体便亏。故学问到精而一，万事毕矣，夫子之所谓“一贯”即此。

许舜屏评：后人谓先生专尚陆学，而与朱子互相抵触。其实先生于朱子之说，亦何尝尽以为非？如此段谓“本注”云云，亦以朱注为然，何尝一概抹煞？

许舜屏评："天理人欲"四字，是朱王印合处。

三

爱问："至善只求诸心。恐于天下事理，有不能尽。"

先生曰："心即理也。天下又有心外之事、心外之理乎？"

爱曰："如事父之孝，事君之忠，交友之信，治民之仁，其间有许多理在，恐亦不可不察。"

先生叹曰："此说之蔽久矣。岂一语所能悟？今姑就所问者言之。且如事父，不成去父上求个'孝'的理？事君，不成去君上求个'忠'的理？交友治民，不成去友上、民上求个'信'与'仁'的理？都只在此心，心即理也。此心无私欲之蔽，即是天理，不须外面添一分。以此纯乎天理之心，发之事父，便是孝；发之事君，便是忠；发之交友治民便是信与仁。只在此心去人欲存天理上用功便是。"

爱曰："闻先生如此说，爱已觉有省悟处。但旧说缠于胸中，尚有未脱然者。如事父一事，其间温凊定省[①]之类，有许多节目，不亦须讲求否？"

先生曰："如何不讲求？只是有个头脑。只是就此心去人欲存天理上讲求。就如讲求冬温，也只是要尽此心之孝，恐怕有一毫人欲间杂；讲求夏凊，也只是要尽此心之孝，恐怕有一毫人欲间杂。只是讲求得此心。此心若无人欲，纯是天理，是个诚于孝亲的心，冬时自然思量父母的寒，便自要去求个温的道理。夏时自然思量父母的热，便自要去求个凊的道理。这都是那诚孝的心发出来的条件，却是须有这诚孝的心，然后有这条件发出来。譬之树木，这诚孝的心便是根，许多条件便是枝叶。须先有根，然后有枝叶。不是先寻了枝叶，然后去种根。《礼记》言'孝子之有深爱者，必有和气。有和气者，必有愉色。有愉色者，必有婉容'。须是有个深爱做根，便自然如此。"

【注释】

①"温凊"句：见《礼记·曲礼上》："凡为人子之礼，冬温而夏凊，昏定而晨省。"凊，音"庆"，清凉。

【评语】

刘宗周评：至善本在吾心，首赖先生恢复。

施邦曜评：人苟无真实，孝亲、忠君、信友、爱民之心，终日讲求，亦是虚话，必实实有此心后，讲求俱是天理发见流行处，只是说讲求者不可不知头脑，非谓尽孝忠信爱者不必讲求也。

孙奇逢评：除去人欲存天理，便无用功处。

陶浔霍评：读此知王学本无弊。

陶浔霍评：所谓头脑。

梁启超评：科学枝叶也，道学根也。

许舜屏评：先生于辞章训话之后，独能反求诸心而得其所性之觉曰"良知"。其所云之"心即理"也，实不见于至善本在吾心，吾不求之心以内，而转求之心以外，岂知心外之事，即心中之事；心外之理，亦即心内之理。人人同具此心，即人人同具此理。奈何舍其心而求理乎？此段告弟子之语，实为发明心理之要，为古人所未发，说得十分透彻。求心之学，莫妙于此。

三轮执斋评："心即理也""天下又有心外之事，心外之理乎？"是等言皆陆象山语。

三轮执斋评：下文载问："圣人应变不穷，莫亦是预先讲求否？"先生曰："如何讲求得许多"云云。又问："名物度数亦须先讲求否？"先生曰："人只要成就自家心体，则用在其中"云云。以上两说若与此所论异，但以求理于事物之间，为讲求者外求者也，故曰"如何讲求"许多；如所谓有头脑、就此心、去人欲、存天理上讲求者，即是克己之功，而博文约礼之实也，故曰"如何不讲求"。是各有所指，所谓因病药所以不同也。

四

郑朝朔[①]问："至善亦须有从事物上求者？"

先生曰："至善，只是此心纯乎天理之极便是，更于事物上怎生求？且试说几件看。"

朝朔曰："且如事亲，如何而为温凊之节，如何而为奉养之宜，须求个是当，方是至善。所以有学问思辨[②]之功。"

先生曰："若只是温清之节，奉养之宜，可一日二日讲之而尽，用得甚学问思辨？惟于温清时，也只要此心纯乎天理之极。奉养时，也只要此心纯乎天理之极。此则非有学问思辨之功，将不免于毫厘千里之谬。所以虽在圣人，犹加'精一'之训。若只是那些仪节，求得是当，便谓至善，即如今扮戏子，扮得许多温清奉养的仪节是当，亦可谓之至善矣。"

爱于是日又有省。

【注释】

① 郑朝朔：即郑一初（1476—1513），字朝朔，号紫坡，广东揭阳人，弘治十八年（1505）进士，官至监察御史。正德六年（1511）冬，经人介绍，入阳明门下受业。《王阳明全集》有阳明正德九年所撰《祭郑朝朔文》。

② "学问"句：见《中庸》："博学之，审问之，慎思之，明辨之，笃行之。"

【评语】

施邦曜评：此圣人于庸德庸言，兢兢、存一、不敢之心，正是此意。

陶浔霍评：如此从容。

陶浔霍评：吾说已明，但叩尔所疑，此清气不杂。

许舜屏评：温清奉养，只是外面的仪节，无诚心以将之，则孝道亦甚易为，人人皆可为孝子矣。先生言此心纯乎天理之极，直打破许多饰伪矜情者。伪儒阅之，能无汗下？

五

爱因未会先生"知行合一"之训，与宗贤①、惟贤②往复辩论，未能决，以问于先生。

先生曰："试举看。"

爱曰："如今人尽有知得父当孝、兄当弟者，却不能孝、不能弟。便是知与行分明是两件。"

先生曰："此已被私欲隔断，不是知行的本体了，未有知而不行者。知而不行，只是未知。圣贤教人知行，正是要复那本体。不是着你只恁的便罢。故《大学》指个真知行与人看，说'如好好色''如恶恶臭'，见好色属知，好好色属行。只见那好色时，已自‘好’了。不是见了后，又立个心去‘好’。闻恶臭属知，恶恶臭属行。只闻那恶臭时，已自恶了。不是闻了后，别立个心去‘恶’。如鼻塞人虽见恶臭在前，鼻中不曾闻得，便亦不甚恶，亦只是不曾知臭。就如称某人知孝，某人知弟，必是其人已曾行孝行弟，方可称他‘知孝知弟’。不成只是晓得说些孝弟的话，便可称为‘知孝知弟’？又如知痛，必已自痛了，方知痛；知寒，必已自寒了；知饥，必已自饥了。知行如何分得开？此便是知行的本体，不曾有私意隔断的。圣人教人，必要是如此，方可谓之知，不然，只是不曾知。此却是何等紧切着实的工夫？如今苦苦定要说知行做两个，是甚么意？某要说做一个，是什么意？若不知立言宗旨，只管说一个两个，亦有甚用？”

爱曰：“古人说知行做两个，亦是要人见个分晓，一行做知的工夫，一行做行的工夫，即工夫始有下落。”

先生曰：“此却失了古人宗旨也。某尝说‘知是行的主意，行是知的工夫；知是行之始，行是知之成’。若会得时，只说一个知，已自有行在。只说一个行，已自有知在。古人所以既说一个知，又说一个行者，只为世间有一种人，懵懵懂懂的，任意去做，全不解思惟省察，也只是个冥行妄作。所以必说个知，方才行得是。又有一种人，茫茫荡荡，悬空去思索，全不肯着实躬行，也只是个揣摸影响。所以必说一个行，方才知得真。此是古人不得已，补偏救弊的说话。若见得这个意时，即一言而足。今人却就将知行分作两件去做，以为必先知了，然后能行。我如今且去讲习讨论做知的工夫，待知得真了，方去做行的工夫。故遂终身不行，亦遂终身不知。此不是小病痛，其来已非一日矣。某今说个知行合一，正是对病的药，又不是某凿空杜撰。知行本体，原是如此。今若知得宗旨时，即说两个亦不妨。亦只是一个。若不会宗旨，便说一个，亦济得甚事？只是闲说话。”

【注释】

① 宗贤：即黄绾（1477—1551），字宗贤，又字叔贤，号久庵，又号石龙，浙江省黄岩（今浙江省温岭市）人，官至南京礼部尚书。正德五年（1510），与阳明相交；嘉靖元年（1522），拜阳明为师。著有《明道编》《石龙集》《久

庵文选》等。

② 惟贤：即顾应祥（1483—1565），字惟贤，号箬溪，浙江长兴人，弘治十八年（1505）进士，官至南京刑部尚书，少时受业于阳明。著有《传习录疑》《致良知说》《惜阴录》等。

【评语】

冯柯评：王氏曰知行互藏，非无此理。但指为本体，而谓无知行之分，又无先后之别，则失之远矣。

刘宗周评："只见那好色时，已是好了。不是见了后又立个心去好"，"只闻那恶臭时，已是恶了。不是闻了后又立个心去恶"。此是先生洞见心体处，既不是又立一个心去好恶，则决不是起个意去好恶，可知。固知意不可以起灭言也。

施邦曜评：读此可见意之动处，即关着天下国家。所谓诚意者不动而敬，不言而信，就裕笃恭而天下平之，实际如一毫走作。所关于天下国家不小，故君子必慎之于独。所以诚意为《大学》关键也，识先生好色恶臭之解于诚意之旨深矣。

施邦曜评：说得痛快，知行合一之旨了然。

施邦曜评：必理会得两个分明，方才会得只是一个。若只囫囵说一个，终是闲话。

陶浔霍评：旧说横在胸中，而不求此事于心也。

陶浔霍评：不见旧说，只见此事当如此也。

梁启超评：此语直令人无所逃遁。凡吾辈日言爱国而无实行者，皆未知国之可爱也。推之一切皆如此。

梁启超评：后此天泉四句之争辩，先生所谓只是闲话也。

许舜屏评："知而不行，只是未知"，此语最为明白得当。

许舜屏评：即知即行，本来不能偏废。若舍了行，去讲知，便不是先生所说的"良知"了。

许舜屏评：《大学》说"知至而后身修"，明是说知之便要去行。先生云"知是行的主意，行是知的工夫"，实足以发明大学之旨。

三轮执斋评：下卷《门人黄直录·五》："问：'知行合一。'先生曰：'此须识我立言宗旨，今人学问只因知行分作两件，故一念发动，虽是不善，却未曾行便不去禁止，我今说个知行合一，正要人晓得一念发动处便是行了，发动处不……，须要彻根彻底不使那一念不善潜伏在胸中，此我立言宗旨。”又下卷《曾才汉补录·六》曰“诸君要识我立言宗旨”云云。可参考。

六

爱问：“昨闻先生‘止至善’之教，已觉工夫有用力处。但与朱子格物之训，思之终不能合。”

先生曰：“格物是‘止至善’之功。既知‘至善’，即知‘格物’矣。”

爱曰：“昨以先生之教，推之格物之说，似亦见得大略。但朱子之训，其于《书》之‘精一’，《论语》之‘博约’，《孟子》之‘尽心知性’[①]，皆有所证据。以是未能释然。”

先生曰：“子夏笃信圣人，曾子反求诸己[②]。笃信固亦是，然不如反求之切。今既不得于心，安可狃于旧闻，不求是当？就如朱子亦尊信程子。至其不得于心处，亦何尝苟从？精一、博约、尽心，本自与吾说吻合，但未之思耳。朱子格物之训，未免牵合附会，非其本旨。精是一之功，博是约之功。曰仁既明知行合一之说，此可一言而喻。尽心知性知天，是生知安行事；存心养性事天，是学知利行事；‘夭寿不贰，修身以俟’，是困知勉行事[③]。朱子错训格物，只为倒看了此意，以尽心知性为物格知至，要初学便去做生知安行事，如何做得？”

爱问：“尽心知性，何以为生知安行？”

先生曰：“性是心之体，天是性之原，尽心即是尽性。‘惟天下至诚，为能尽其性，知天地之化育’[④]。存心者，心有未尽也。知天，如知州、知县之知，是自己分上事，已与天为一。事天，如子之事父，臣之事君，须是恭敬奉承，然后能无失。尚与天为二。此便是圣贤之别。至于‘夭寿不贰’其心，乃是教学者一心为善，不可以穷通夭寿之故，便把为善的心变动了，只去修身以俟命，见得穷通寿夭，有个命在。我亦不必以此动心。事天，虽与天为二，已自见得个天在面前。俟命，便是未曾见面，在此等候相似。此便是初学立心之始，有个困勉的意在。今却倒做了，所以使学者无下手处。”

爱曰："昨闻先生之教。亦影影见得工夫须是如此。今闻此说，益无可疑。爱昨晚思，格物的'物'字，即是'事'字，皆从心上说。"

先生曰："然。身之主宰便是心，心之所发便是意，意之本体便是知，意之所在便是物。如意在于事亲，即事亲便是一物；意在于事君，即事君便是一物；意在于仁民爱物，即仁民爱物便是一物；意在于视、听、言动，即视、听、言动便是一物。所以某说无心外之理，无心外之物。《中庸》言'不诚无物'，《大学》'明明德'之功，只是个诚意。诚意之功，只是个格物。"

【注释】

①"精一"：见《尚书·大禹谟》："人心惟危，道心惟微；惟精惟一，允执厥中。"宋儒推之为"十六字心传"。"博约"：见《论语·雍也》："子曰：'博学于文，约之以礼，亦可以弗畔矣夫。'""尽心知性"：见《孟子·尽心上》："尽其心者，知其性也。知其性，则知天矣。存其心，养其性，所以事天也。夭寿不贰，修身以俟之，所以立命也。"

②子夏：姓卜名商（公元前506—？），晋国温地（今河南省温县）人，一说为卫国人，孔子弟子，孔门七十二贤之一，曾为莒父宰，晚年讲学西河，为魏文侯师。曾子：即曾参（公元前505—公元前435），字子舆，鲁国南武城（今山东省平邑县）人，孔子弟子，孔门七十二贤之一，相传《大学》即为他的著作，后世尊奉为"宗圣"，是配享孔庙的四哲之一。

"子夏"句：参见《孟子·公孙丑上》曰："孟施舍似曾子，北宫黝似子夏。"朱熹《孟子集注》注此句曰："子夏笃信圣人，曾子反求诸己。故二子之与曾子、子夏，虽非等伦，然论其气象，则各有所似。"

③"困知勉行"：见《中庸》："或生而知之，或学而知之，或困而知之，及其知之，一也；或安而行之，或利而行之，或勉而行之，及其成功，一也。"

④"惟天下"句：见《中庸》。

【评语】

刘宗周评：以心之所发言意，意之所在言物，则心有未发之时。却如何格物耶？请以前好恶之说参之。

施邦曜评：博是约之功，一句格物致知之解，更无余义。自儿童之洒扫应对，以至大圣之精义入神，总不离此博之工夫。第知识有深浅，工夫有难易耳，论到至一之处，其实初学所格之物，即生知安行所格之物，非生安方能格物。初学舍此格物，别有一种工夫也。然得先生之说，可为学者躐等之戒。要知博学不仅是多闻多见之谓，盖道无往不在，圣贤无往非学，即瞑目静坐与视、听、言动皆博学也。慎思明辨笃行，总成就得一个博学。

施邦曜评：人看“物”字是死的，先生看“物”字是活的。

陶浔霍评：对下所在言。

许舜屏评：朱子之学，以道问学为主，意谓格物穷理，乃入圣之阶梯，是先有物而后有心，其说未免出于牵强。先生独以存心养性为本，使知心之所发，便是意，意既诚，则于物自无不格之理。此所谓无心外之理，无心外之物也，更举《中庸》之言“不诚无物”，与《大学》“明明德”之言以为证，尤为深切着明。

三轮执斋评：是语（指“只去修身以俟命”——编者注）非圣人分上事。《孟子·尽心上》：“尧舜，性之也；汤武，身之也。”《集注》（指朱熹的《孟子集注》，下文“注”同——编者注）云：“尧舜，天理浑然，全不假修习；汤武，身体道以复其性。”又下篇：“尧舜，性也；汤武，反之也。”注：“不假修为圣之至也，反之者，修为以复其性而至于圣人也。”下文又曰：“君子行法以俟命已矣。”注：“法由是立命，由此出圣人也。行法以俟命，君子也，圣人性之君子，所以复其性也。”朱子所注皆如是，而此独以修身俟命为圣人分上事者，恐偶然耳。

东正纯评：以心之所发为意，意之所发在物，则格物诚意已在发用上。于未发里面殆难著功也。殊不知意之所在为物。“所在”二字，既在未发上看来，未发已发毕竟一物矣。

七

先生又曰：“‘格物’如孟子‘大人格君心’之‘格’①。是去其心之不正，以全其本体之正。但意念所在，即要去其不正以全其正。即无时无处不是存天理。即是穷理。‘天理’即是‘明德’，‘穷理’即是‘明明德’。”

【注释】

①“大人”句：见《孟子·离娄上》：“人不足与适也，政不足间也。惟

大人为能格君心之非。”

【评语】

三轮执斋评：孟子语出《离娄上》，又书曰：“格其非心。”“格物”字义，中卷《启人论学书》详言之。

三轮执斋评：《近思录》：刘安礼问御史，明道先生曰：“正己以格物。”是亦以为“正物”之义。

八

又曰：“知是心之本体，心自然会知，见父自然知孝，见兄自然知悌，见孺子入井自然知恻隐①。此便是良知，不假外求②。若良知之发，更无私意障碍。即所谓‘充其恻隐之心，而仁不可胜用矣’③。然在常人不能无私意障碍，所以须用致知格物之功，胜私复理。即心之良知更无障碍，得以充塞流行，便是致其知，知致则意诚。”

【注释】

①“孺子入井”句：见《孟子·公孙丑上》：“所以谓‘人皆有不忍人之心’者，今人乍见孺子将入于井，皆有怵惕恻隐之心。”

②“良知”句：见《孟子·尽心上》：“人之所不学而能者，其良能也；所不虑而知者，其良知也。”

③“充其”句：见《孟子·尽心下》：“人能充无欲害人之心，而仁不可胜用也。”

【评语】

刘宗周评：既云“至善是心之本体”，又云“知是心之本体”，盖知只是知善知恶。知善知恶正是心之至善处。

刘宗周评：既谓之良知，决然私意障碍不得，常人与圣人同。

许舜屏评：孟子曰“孩提之童，无不知爱其亲也。及其长也，无不知爱其君也”，这个“知”便是良知。然则人人有孩提及长之时，即人人各具有良知。特人有此良知，而不知保守其良知，以致渐渐汩没。先生则由良知而研究其理，使心无罣碍，而良知便日积而日深。此其所以称为“大儒”欤?

东正纯评：会知之知即真知，决然私意不障碍，最看手势。盖王子致良知之说，始于正德辛巳，此录属壬申，已足以知宗旨焉，但未为主张耳。

九

爱问：“先生以‘博文’为‘约礼’工夫，[①] 深思之未能得，略请开示。”

先生曰：“‘礼’字即是‘理’字。‘理’之发见可见者谓之‘文’，‘文’之隐微不可见者谓之‘理’，只是一物。‘约礼’只是要此心纯是一个天理。要此心纯是天理，须就理之发见处用功：如发见于事亲时，就在事亲上学存此天理；发见于事君时，就在事君上学存此天理；发见于处富贵贫贱时，就在处富贵贫贱上学存此天理；发见于处患难夷狄时，就在处患难夷狄上学存此天理；至于作止语默，无处不然。随他发见处，即就那上面学个存天理。这便是‘博学之于文’，便是‘约礼’的工夫。‘博文’即是‘惟精’。‘约礼’即是‘惟一’。”

【注释】

①“博文”句：见《论语·子罕》：“颜渊喟然叹曰：‘夫子循循然善诱人，博我以文，约我以礼，欲罢不能。’”

【评语】

施邦曜评：此即子舆氏（即孟子——编者注）“博学而详说，将以反说约”之旨。识得此机括，上天下地，无往非文，无往非学，眼前俱是活泼泼地。时行物生，不假言说，道自灿然矣。颜子“博我以文”，其解是哉。

许舜屏评：以“精一”二字释博约之道，是直随时随地无一而非，即无一而非知之所存也。

一〇

爱问：“‘道心常为一身之主，而人心每听命’[①]。以先生‘精一’之训推之，此语似有弊。”

先生曰："然。心一也。未杂于人谓之道心，杂以人伪谓之人心；人心之得其正者即道心，道心之失其正者即人心。初非有二心也。程子谓'人心即人欲，道心即天理'[②]。语若分析，而意实得之。今曰'道心为主，而人心听命'，是二心也。天理人欲不并立，安有天理为主，人欲又从而听命者？"

【注释】

①"道心"句：见朱熹《中庸章句·序》。

②"程子"句：参见《二程遗书·卷十一·明道先生语一》："'人心惟危'，人欲也；'道心惟微'，天理也。"又见《二程遗书·卷十九·伊川先生语五》："人心，私欲也；道心，正心也。"

【评语】

冯柯评：人心之人，非杂以人伪而谓之人也。孟子所谓耳目口体之欲，小体也。道心之道，非以未杂于人而谓之道也。孟子所谓仁义礼智之心，大体也。"从其大体为大人，从其小体为小人。"道心为主，而人心听命，从其大体者也.道心不能为主，而反见役于人心，从其小体者也。朱子之言，分明出于孟子，岂有弊哉？

刘宗周评：先生说人道只是一心，极是。然细看来，依旧只是程朱之见，恐尚有剩义在。孟子曰"仁，人心也"，人心便只是"人心也"之人心；道心，即是仁字，以此思之，是一是二，人心本只是人之心，如何说他是伪心欲心？敢以质之先生。

施邦曜评：此即孔子"道二，仁与不仁"之说，出此入彼，只有一个，更无两个，可不慎哉？

许舜屏评：天理、人欲不并立，此理显然易晓。但未经先生道破，人欲却鲜有知之者。

三轮执斋评：语（指"道心常为"——编者注）出于《中庸》序。朱子亦尝以人心为人欲，然非本说。载《朱书节要》（指韩国大儒李退溪的《朱子书节要》——编者注），而李退溪论之。

佐藤一斋评：文成本意，在不歧道、人为二，非直认人为欲。虽在朱子，未尝谓有二心。而其语过于分析，则遂启错认为二之弊。故兹引程子，明人心为人欲之原耳。"今曰"以下，故本程子辩之。

东正纯评：程子"人心即人欲"之说，殆似不可解者。岂以气禀之欲为人欲欤？要之此条似泥乎辞矣，删之可也。

一一

爱问文中子[1]、韩退之[2]。

先生曰："退之，文人之雄耳；文中子，贤儒也。后人徒以文词之故，推尊退之。其实退之去文中子远甚。"

爱问："何以有拟经之失？"

先生曰："拟经恐未可尽非。且说后世儒者著述之意，与拟经如何？"

爱曰："世儒著述，近名之意不无，然期以明道。拟经纯若为名。"

先生曰："著述以明道，亦何所效法？"

曰："孔子删述六经，以明道也。"

先生曰："然则拟经独非效法孔子乎？"

爱曰："著述即于道有所发明。拟经似徒拟其迹，恐于道无补。"

先生曰："子以明道者，使其反朴还淳、而见诸行事之实乎？抑将美其言辞、而徒以哓哓[3]于世也？天下之大乱，由虚文胜而实行衰也。使道明于天下，则六经不必述。删述六经，孔子不得已也。自伏羲画卦至于文王、周公，其间言《易》，如《连山》《归藏》[4]之属，纷纷籍籍，不知其几，《易》道大乱。孔子以天下好文之风日盛，知其说之将无纪极，于是取文王、周公之说而赞之，以为惟此为得其宗。于是纷纷之说尽废，而天下之言《易》者始一。《书》《诗》《礼》《乐》《春秋》皆然。《书》自《典》《谟》[5]以后，《诗》自《二南》[6]以降，如《九丘》《八索》[7]，一切淫哇逸荡之词，盖不知其几千百篇，《礼》《乐》之名物度数，至是亦不可胜穷。孔子皆删削而述正之，然后其说始废。如《书》《诗》《礼》《乐》中，孔子何尝加一语？今之《礼记》诸说，皆后儒附会而成，已非孔子之旧。至于《春秋》，虽称孔子作之，其实皆鲁史旧文。所谓'笔'者，笔其旧；所谓'削'者，削其繁，是有减无增。孔子述六经，惧繁文之乱天下，惟简之而不得。使天下务去其文，以求其实，非以文教之也。《春秋》以后，繁文益盛，天下益乱。始皇焚书，得罪是出于私意，又不合焚六经。若当时志在明道，其诸反经叛理之说，悉取而焚之，亦正暗合‘删述’之意。自秦汉以降，文又日盛，若欲尽去之，断不能去。只宜取法孔子，录其近是者而表章之，则其诸怪悖之说，亦宜渐渐自废。不知文中子当时拟经之意如何，某切深有取于其事。以为圣人复起，不能易也。天下所以不治，只因文盛实衰，人出己见，新奇相高，以眩俗取誉，徒以乱天下之聪明，涂天下之耳目，使天下靡然，争务修饰文词以求知于世，而不复知有敦本尚实、反朴还淳之行。是皆著述者有以启之。”

爱曰：“著述亦有不可缺者。如《春秋》一经，若无《左传》，恐亦难晓。”

先生曰：“《春秋》必待《传》[⑧]而后明，是歇后谜语矣。圣人何苦为此艰深隐晦之词？《左传》多是鲁史旧文，若《春秋》须此而后明，孔子何必削之？”

爱曰：“伊川亦云‘《传》是案，《经》是断’[⑨]。如书弑某君，伐某国，若不明其事，恐亦难断。”

先生曰：“伊川此言，恐亦是相沿世儒之说，未得圣人作经之意。如书弑君，即弑君便是罪，何必更问其弑君之详？征伐当自天子出，书伐国，即伐国便是罪，何必更问其伐国之详？圣人述六经，只是要正人心，只是要存天理去人欲。于存天理去人欲之事，则常言之。或因人请问，各随分量而说。亦不肯多道，恐人专求之言语，故曰：‘予欲无言。’若是一切纵人欲灭天理的事，又安肯详以示人？是长乱导奸也。故孟子云：‘仲尼之门，无道桓文之事者，是以后世无传焉。’[⑩]此便是孔门家法。世儒只讲得一个伯者的学问，所以要知得许多阴谋诡计，纯是一片功利的心，与圣人作经的意思正相反，如何思量得通？”

因叹曰：“此非达天德[⑪]者，未易与言此也。”

又曰：“孔子云：‘吾犹及史之阙文也。’[⑫]孟子云：‘尽信书，不如无书。吾于《武成》取二三策而已。’[⑬]孔子删书，于唐虞夏四五百年间，不过数篇。岂更无一事，而所述止此？圣人之意可知矣。圣人只是要删去繁文，后儒却只要添上。”

爱曰：“圣人作经，只是要去人欲，存天理。如五伯以下事，圣人不欲详以示人，则诚然矣。至如尧舜以前事，如何略不少见？”

先生曰：“羲黄之世，其事阔疏，传之者鲜矣，此亦可以想见。其时全是淳庞朴素，略无文采的气象，此便是太古之治，非后世可及。”

爱曰：“如《三坟》之类，亦有传者。孔子何以删之？”

先生曰：“纵有传者，亦于世变渐非所宜，风气益开，文采日胜，至于周末，虽欲变以夏商之俗，已不可挽，况唐虞乎？又况羲黄之世乎？然其治不同，其道则一。孔子于尧舜，则祖述之；于文武，则宪章之。[14] 文武之法，即是尧舜之道。但因时致治，其设施政令，已自不同。即夏商事业，施之于周，已有不合。故周公思兼三王，其有不合，仰而思之，夜以继日。况太古之治，岂复能行？斯固圣人之所可略也。”

又曰：“专事无为，不能如三王之因时致治，而必欲行以太古之俗，即是佛老的学术。因时致治，不能如三王之一本于道，而以功利之心行之，即是伯者以下事业。后世儒者，许多讲来讲去，只是讲得个伯术。”

【注释】

① 文中子：即王通（580，一说584—617），字仲淹，门人私谥“文中子”，河东郡龙门县（今山西省万荣县）人，隋代哲学家、教育家，曾向隋文帝上“太平十二策”，未受重视，遂退而著书讲学，门人甚多，时称“河汾门下”。王通主张儒释道三教合一，以“圣人”自居，效仿孔子著《王氏六经》（已佚），有《中说》传世。

② 韩退之：即韩愈（768—824），字退之，河南河阳（今河南省孟州市）人，自称“郡望昌黎”，世称“韩昌黎”“昌黎先生”，唐代杰出的文学家、哲学家。贞元八年（792年）登进士第，官至吏部侍郎，卒谥号“文”，世称“韩文公”。韩愈是唐代古文运动的主要倡导者，后人尊为“唐宋八大家”之首，著作编为《昌黎先生集》。

③ 哓哓：音“挠”，争辩。

④《连山》《归藏》：相传是《周易》之前的古代《易》。

⑤《典》《谟》：指《尚书》中的《尧典》《舜典》《大禹谟》《皋陶谟》。

⑥《二南》：指《诗经》中的《周南》《召南》。

⑦《九丘》《八索》：传说中的古代典籍名，见《左传·昭公十二年》：“是

良史也，子善视之，是能读《三坟》《五典》《八索》《九丘》。”杜预注曰：“皆古书名。”

⑧《传》：指解读《春秋》的三部著作，即《左传》《公羊传》《谷梁传》。

⑨“伊川”句：见《二程遗书·卷十五·伊川先生语一》。

⑩“孟子”句：见《孟子·梁惠王上》。

⑪ 天德：见《中庸》：“苟不固聪明圣知，达天德者，其孰能知之？”

⑫“孔子”句：见《论语·卫灵公》。

⑬“孟子”句：见《孟子·尽心下》。

⑭“孔子”句：见《中庸》：“仲尼祖述尧舜，宪章文武。”

【评语】

施邦曜评：圣人雅欲无言，删述六经，诚非圣人得已，为多言乱道者防耳。学者不得其意，惟存见少烦称之而愈迷，得其意转存见多，反求之而即是先生此论，使圣人删述之旨晓然见于天下，大有羽翼圣真之功。

施邦曜评：大哉！六经之道，经辟天地，纲纪人物，无微不彻，无显不贯，终日言之，不能尽者也。然究之不外一心，《易》只是一个“易”，《尚书》只是一个“精一”，《诗》只是一个“思无邪”，《礼》只是一个“无不敬”，《春秋》只是一个“明大义”。故能见经于心，即千百言浑无一家。否则言仁言义，适为盗资，人苟执经求解，即日奉删述之训，犹未免对塔说轮相耳。

施邦曜评：始皇暴虐，至于焚书坑儒，其罪真万劫莫赎。然亦由章句腐儒致君无术，一惟引经泥古，触其暴虐之性心，以至于此。诸儒亦当分任其咎。

施邦曜评：此是先生感慨文胜之意，学者不得因是，便谓读书不必究其详。

施邦曜评：得是旨而存之，即六经亦糟粕矣。

施邦曜评：删去者，是删去其天理之所无；添上者，亦是添上其天理之所无，不争在言之多寡。

施邦曜评：圣人见道，常人见事。道则不言躬行而理自该，事则必多言繁称而求其备。说愈备而叛道弥甚矣。

孙奇逢评：六经总要正人心，正人心只是存天理。

陶浔霍评：引据的确。

许舜屏评：《文中子》一书，向尝阅过，亦以为徒抄袭圣人之语，无甚精义存于期间。今阅先生所言，始恍然于《文中子》之学术，固未可轻量也。末学浅陋，乌足以测之。

许舜屏评：孟子道性善，言必称尧舜，即是此意。不过孟子的话简单些，此则发明透彻，与孟子之言若合符节。

三轮执斋评：此段意思，中卷《答人论学书》中“拔本塞源论”说得详。

三轮执斋评：文成公尝作《五经臆说》，而今亡矣，其存者数条，《全书》(指《王文成公全书》——编者注)续编载之，可以类推。

三轮执斋评：《中庸》曰："仲尼祖述尧舜，宪章文武。”集注：祖述者，远宗其道；宪章者，近守其法。今按：尧舜之治，不宜于今，故祖述其道，而不由其法也；文武之法，则当今所用，故宪章之也。

佐藤一斋评：夫子虽崇《诗》《书》《礼》《乐》，而务在躬行，不仅凭诵读而已也，则吾窃疑其所谓删述，亦或无是事也。至于文中子，其事出于子弟门人之手，真伪固难定，古人亦尝言之。文成今不过姑用沿袭之说以论之，而至于此学不求繁文之意，则真能同见千古圣贤心事。要取其意而略其语可也。

一二

又曰："唐虞以上之治，后世不可复也，略之可也；三代以下之治，后世不可法也，削之可也。惟三代之治可行。然而世之论三代者，不明其本，而徒事其末，则亦不可复矣。”

【评语】

施邦曜评：信然。

许舜屏评：三代以下之治，亦有可法者，如汉文帝、唐太宗时之治，亦何可厚非耶?

三轮执斋评：伊川先生《春秋传序》云“后王知春秋之义，则虽德非禹汤，尚亦可以法三代之治”云云，是不明基本而徒事其末者，以开后世霸功之心。如孔孟无此议论，伊川盖忧世之切，而不觉其抑扬之甚过耳。

佐藤一斋评：明经亲民是本，制度器数是末。

一三

爱曰：“先儒论六经，以《春秋》为史。史专记事，恐与五经事体终或稍异。”

先生曰：“以事言，谓之史；以道言，谓之经，事即道，道即事。《春秋》亦经，五经亦史。《易》是包牺氏之史，《书》是尧舜以下史，《礼》《乐》是三代史。其事同，其道同，安有所谓异？”

【评语】

施邦曜评：先生此论甚快然。“二十一史”记事，与《春秋》无异，何以不并称《经》？盖《春秋》之称“经”者，非因记事也，因经圣人之笔削也，否则仍与诸史无异。孔子曰：“其义则丘窃取之”，大义明而道存乎其间，如止以事言，则五经皆史矣。

许舜屏评：以事言之谓之史，以道言之谓之经，是明明分而为两。下文言事即道，道即事，似乎自相矛盾。不若言事之中亦有道，道之中亦有事，较为含混。

佐藤一斋评：陈几亭谓《易》不涉一事，未可称史。愚则谓道外无事，事外无道。圣人之心，天地同体。其动静语默，与二气而消息；其理一。发之于《易》，则《易》何曾无事？虽曰“包牺氏起居注”可也。几亭之言，泥矣云云。

东敬治评：朱子《文语纂编·致知篇》论《春秋》曰：“孔子取而笔削之，而其义大明。孔子亦何尝有意说明某字使人知劝，用某字使知惧？不过如今之史书，直书其事。善者恶者了然在目”云云，则所谓先儒必指朱子。

一四

又曰：“五经亦只是史。史以明善恶、示训戒。善可为训者，时存其迹以示法；恶可为戒者，存其戒而削其事，以杜奸。”

爱曰：“存其迹以示法，亦是存天理之本然；削其事以杜奸，亦是遏人欲于将萌否？”

先生曰：“圣人作经，固无非是此意。然又不必泥着文句。”

爱又问："恶可为戒者，存其戒而削其事，以杜奸，何独于《诗》而不删《郑》《卫》？先儒谓'恶者可以惩创人之逸志'[①]，然否？"

先生曰："《诗》非孔门之旧本矣。孔子云'放郑声''郑声淫'[②]，又曰'恶郑声之乱雅乐也'[③]，'郑卫之音，亡国之音也'[④]，此是孔门家法。孔子所定三百篇，皆所谓雅乐，皆可奏之郊庙，奏之乡党，皆所以宣畅和平，涵泳德性，移风易俗，安得有此？是长淫导奸矣。此必秦火之后，世儒附会，以足三百篇之数。盖淫泆之词，世俗多所喜传，如今闾巷皆然。'恶者可以惩创人之逸志'，是求其说而不得，从而为之辞。"

【注释】

①"先儒"句：见朱熹《论语集注》。朱熹注《论语·为政》"诗三百"句云："善者可以感发人之善心，恶者可以惩创人之逸志。"

②"孔子"句：见《论语·卫灵公》。

③"又曰"句：见《论语·阳货》。

④"郑卫"句：见《礼记·乐记》。

【评语】

施邦曜评：问得好。

施邦曜评：此说虽无考据，以理揆之应如是。愚以为心存天理，即淫泆之词足为炯戒。以私欲之心读之，适为长淫导奸之藉。惩创之说，与先生之旨并焉也。

陶浔霍评：然则七子赋《诗》，皆未删之本也。

许舜屏评：《诗》非孔门之旧本，此说却未经人道。

三轮执斋评：上章论《春秋》说及"仲尼之徒无言桓文之事者，是孔门之家法"等话，皆当证"存戒削事，以杜奸"之意。

三轮执斋评：《诗》之为教，讽诵弦歌之间，使人生好善恶恶之心，以为劝惩之本。如今郑、卫之类，其将使人不歌谣之邪，人将何所闻以惩创其逸志；其果使人歌谣之邪，孔子有明戒。且未闻古人因张淫乐以惩创人之逸志者，是实求其说而不得，从而为之辞者也。且朱序曰："善之不足以为教，恶之不足以为戒者，则亦刊而却之，然而《郑风》中善恶之不足以为教戒者，固不可胜数。"按之可也。

东正纯评：以郑、卫之诗为淫辞，似为《集传》所误。以古序论之，不必以为淫辞。王子之说，虽于义正，未悉其实也。

徐爱跋

爱因旧说汩没[①]，始闻先生之教，实是骇愕不定，无入头处。其后闻之既久，渐知反身实践，然后始信先生之学，为孔门嫡传，舍是皆傍蹊小径，断港绝河矣。如说格物是诚意的工夫，明善是诚身的工夫，穷理是尽性的工夫，道问学是尊德性的工夫，博文是约礼的工夫，惟精是惟一的工夫。诸如此类，始皆落落难合，其后思之既久，不觉手舞足蹈。

【注释】

① 汩没：汩，音“骨”，沉没。

【评语】

刘宗周评：愚按，曰仁为先生入室弟子，所记语录，其言去人欲存天理者，不一而足。

刘宗周评：至善是心之本体，然未尝离事物。

刘宗周评：即尽乎天理之极处，则先生心宗教法，居然是宋儒矩镬，但先生提得头脑清楚耳。

许舜屏评：徐爱是先生入室弟子，所记语录，其言去人欲存天理者，不一而足，大都皆是发明良知之理。其言至善是心之本体，然未尝离乎事物，知先生心遵教法，不外乎宋儒矩矱，而发明透切，提得头脑清楚，使学者不致误入歧途，实大有功于圣教者也。

三轮执斋评：《年谱》：正德八年十月，先生四十一岁下，爱是年以祁州知州考满，进京升南京工部员外郎，与先生同舟归越，论《大学》宗旨，闻之踊跃，痛快如狂如醒者数日，胸中混沌复开。仰思尧舜、三王、孔孟千圣立言，人各不同，其旨则一。今之《传习录》所载首卷是也，其自叙曰“爱因旧说”云云。

陆澄录

一五

陆澄[1]问："主一之功，如读书，则一心在读书上；接客，则一心在接客上。可以为主一乎？"

先生曰："好色则一心在好色上，好货则一心在好货[2]上，可以为主一乎？是所谓逐物，非主一也，主一是专主一个天理。"

【注释】

①陆澄，字原静，又作元静，又字清伯，湖州归安人，正德十二年（1517）进士，官至刑部主事。正德九年（1514），入阳明门下。

②"好色"句：参见《孟子·梁惠王下》。

【评语】

刘宗周评：又拈出天理。

施邦曜评：凡逐物为主者，见在外也。物来简点，物往即弛。主一之学，动如是，静亦如是也。

许舜屏评：这一段比喻得好，使人不烦言而自解。

三轮执斋评：所谓"逐物"，《陆象山集》多言之，程朱亦尝有此言。

东正纯评：《伊川语录》曰："心无出入矣，逐物是欲。""逐物"之语始见于此。

一六

问立志。

先生曰："只念念要存天理，即是立志。能不忘乎此，久则自然心中凝聚，犹道家所谓'结圣胎'[1]也。此天理之念常存，驯至于'美、大、圣、神'[2]，亦只从此一念存养扩充去耳。"

【注释】

①结圣胎：道家修炼的工夫之一，喻指在精神凝聚之处，种下成圣的种子。

② 美、大、圣、神：参见《孟子·尽心下》："可欲之谓善，有诸己之谓信。充实之谓美，充实而有光辉之谓大，大而化之之谓圣，圣而不可知之之谓神。"

【评语】

施邦曜评：念念要存天理是立志，如此，然尚有许多工夫舍不得。学问思辨笃行，否则天理何能存？

孙奇逢评：离天理，志于何立？

陶浔霍评：十字括尽。

许舜屏评："立志"二字，亦有善恶之分，言念念要存天理即是立志，似觉稍偏。

三轮执斋评："结圣胎"言精神凝聚处，犹下圣种。《五车韵端》引《东轩录》云"养圣胎"，又《仁王经》："圣胎长养。"

一七

"日间工夫觉纷扰，则静坐；觉懒看书，则且看书：是亦因病而药。"

【评语】

许舜屏评：此乃强制之功，非求诸心不可。

三轮执斋评："日间工夫"是乃克己之实功，非惟可施之静坐、读书而已。日用所为，当皆如此矣。然其谓"觉懒看书，则看书"者，盖就惰心生以养之。而贪看文字以致病者，又非此类。按《近思录》："问：'目恐尖物，此事不得放过。'曰：'便与克下。室中率置尖物，须以理胜他，尖必不刺人也，何畏之有？'"是其意畏不同，其用功处实无异，可以为良法矣。

佐藤一斋评：日间工夫，句绝。

一八

"处朋友，务相下则得益，相上则损。"

一九

孟源[①]有自是好名之病，先生屡责之。

一日，警责方已，一友自陈日来工夫，请正，源从傍曰："此方是寻着源旧时家当。"

先生曰："尔病又发。"

源色变，议拟欲有所辩。

先生曰："尔病又发。"

因喻之曰："此是汝一生大病根。譬如方丈地内，种此一大树。雨露之滋，土脉之力，只滋养得这个大根。四傍纵要种些嘉谷，上面被此树叶遮覆，下面被此树根盘结，如何生长得成？须用伐去此树，纤根勿留，方可种植嘉种。不然，任汝耕耘培壅，只是滋养得此根。"

【注释】

① 孟源：字伯生，滁州人（今安徽滁县），生平不详。正德九年，阳明在滁州督马政，钱德洪曰："滁阳为师讲学首地，四方弟子，从游日众。"孟源有可能是这时入阳明门下的。

【评语】

梁启超评：此是小子一生大病根。

许舜屏评：一着之错，全体皆非。所以凡事总要务求其本。

二〇

问："后世著述之多，恐亦有乱正学。"

先生曰："人心天理浑然。圣贤笔之书，如写真传神，不过示人以形状大略，使之因此而讨求其真耳。其精神意气，言笑动止，固有所不能传也。后世著述，是又将圣人所画，摹仿誊写，而妄自分析加增，以逞其技，失真愈远矣。"

【评语】

施邦曜评：后世著述之谬，俱由逞自己意见、发自己才情，故失圣人传神之旨，甚至题盗跖以曾史，岂不有乱正学？孟子云："诵诗读书，必要论世知人。"此方是著述大手。

许舜屏评：著述以纂发圣贤宗旨为要，若无当于圣贤之道，虽多亦奚以为？

三轮执斋评：《象山集要》第五曰："吾尝与晦翁书云，揣量摹写之工，依放假借之似，其条画足以自信，其节目足以自安。"此言切中晦翁之膏肓，亦是此意与。书见《集要》第一卷。

二一

问："圣人应变不穷，莫亦是预先讲求否？"

先生曰："如何讲求得许多？圣人之心如明镜，只是一个明，则随感而应，无物不照，未有已往之形尚在，未照之形先具者。若后世所讲，却是如此，是以与圣人之学大背。周公制礼作乐，以文天下，皆圣人所能为，尧舜何不尽为之，而待于周公？孔子删述六经，以诏万世，亦圣人所能为，周公何不先为之，而有待于孔子？是知圣人遇此时，方有此事。只怕镜不明，不怕物来不能照。讲求事变，亦是照时事。然学者却须先有个明的工夫。学者惟患此心之未能明，不患事变之不能尽。"

曰："然则所谓'冲漠无朕，而万象森然已具'① 者，其言何如？"

曰："是说本自好。只不善看，亦便有病痛。"

【注释】

①"冲漠"句：《二程遗书·卷十五·伊川先生语一》："冲漠无朕，万象森然已具，未应不是先，已应不是后。"

【评语】

施邦曜评：圣人只是一点灵明，上下高深，往来今古，森然毕具，凡一切制作，无其事而已有其理，此圣人所谓退藏于密也。如就事变上讨求，必把宇宙事业一手做完，方成个圣人，尧舜将以此贬圣矣，岂有是理。

陶浔霍评：王学大旨。

孙奇逢评：遇此时，方有此事。

许舜屏评：圣人之心，本来空明透彻，故无物不照，无时不明，真如明镜一般。明镜屡照不疲，圣人之心亦屡用而不懈。只怕镜不明，不怕物来不能照。自是深切之论。

三轮执斋评：《近思录·道体》："伊川先生曰：'冲漠无朕，而万象森然已具。'"《字汇》：冲，虚也。《老子》："大盈若虚。"虚作冲。朕，《字汇》：几微萌兆谓之朕。

吉村秋阳评：此问答俱以中和为前后二时，犹是旧说。

二二

"义理无定在，无穷尽。吾与子言，不可以少有所得，而遂谓止此也。再言之十年，二十年，五十年，未有止也。"

他日又曰："圣如尧舜，然尧舜之上，善无尽；恶如桀纣，然桀纣之下，恶无尽。使桀纣未死，恶宁止此乎？使善有尽时，文王何以'望道而未之见'？[①]"

【注释】

①"文王"句：语出《孟子·离娄下》："文王视民如伤，望道而未之见。"

【评语】

施邦曜评：圣人不自以为圣，是实实见得道无穷尽。如此，非谦辞也。

许舜屏评：圣人言："譬如为山，未成一篑，止吾止也；譬如平地，虽覆一篑，进吾往也。"又云："加我数年，五十以学易。"俱是此意。

佐藤一斋评：前一段，言善无穷；后一段，言善恶两无穷。毕竟见物理与天地同一无穷之意。

二三

问："静时亦觉意思好，才遇事，便不同。如何？"

先生曰："是徒知静养，而不用克己工夫也，如此临事便要倾倒。人须在事上磨，方立得住，方能静亦定、动亦定。[①]"

【注释】

①"方能"句：语出朱熹、吕祖谦编《近思录·卷二》："明道先生曰：'所谓定者，动亦定，静亦定，无将迎，无内外。'"

【评语】

刘宗周评：先生又说个“克己”，即存理去欲之别名。

施邦曜评：人多疑先生致知之说堕于空虚，读到此处，却要人于实地上用功，特不得其解者，自失之耳。

孙奇逢评：事上磨，方立得住。

陶浔霍评：愈见知行不可不合一。

许舜屏评：明乎克己之道，便是保守其良知，便是由“尊德性”而“道问学”的工夫。

三轮执斋评：原静功夫，每好静，故先生教以“事上磨”，第二卷《答原静书》可以见，而“事上磨”，固先生之家法。

二四

问上达[1]工夫。

先生曰：“后儒教人，才涉精微，便谓上达未当学，且说下学。是分下学、上达为二也。夫目可得见，耳可得闻，口可得言，心可得思者，皆下学也。目不可得见，耳不可得闻，口不可得言，心不可得思者，上达也。如木之栽培，灌溉，是下学也；至于日夜之所息[2]，条达畅茂，乃是上达。人安能预其力哉？故凡可用功、可告语者，皆下学。上达只在下学里。凡圣人所说，虽极精微，俱是下学。学者只从下学里用功，自然上达去，不必别寻个上达的工夫。”

【注释】

① 上达：见《论语·宪问》：“子曰：‘不怨天，不尤人，下学而上达。知我者，其天乎？’”

② 日夜之所息：见《孟子·告子上》：“牛山之木尝美矣，以其郊于大国也，斧斤伐之，可以为美乎？是其日夜之所息，雨露之所润，非无萌蘖之生焉，牛羊又从而牧之，是以若彼濯濯也。”

【评语】

王应昌评：有气力可用，便是助手，如何唤得是达？达者自此而通彼，不用气力而气力自到，所谓即此用离此用者。请以质诸先生。

施邦曜评：即此可识格物之旨。天地间舍却可见可闻可言可思之理，安得复有不可见闻不可言思之理？惟格者得之耳。盖人见物是物，圣人见此物即吾心。活活泼泼之理，绝无精粗内外之隔。

孙奇逢评：上达只在下学里。

陶浔霍评：划得开断得煞。

许舜屏评：下学便能上达，所以只要反求诸心，心之知日以睿，则应用自无穷无尽。人奈何放弃其良知耶？

二五

问："'惟精''惟一'，是如何用功？"

先生曰："'惟一'是'惟精'主意，'惟精'是'惟一'工夫。非'惟精'之外复有'惟一'也。'精'字从'米'。姑以米譬之。要得此米纯然洁白，便是'惟一'意。然非加舂簸筛拣'惟精'之工，则不能纯然洁白也。舂簸筛拣，是'惟精'之功。然亦不过要此米到纯然洁白而已。博学，审问，慎思，明辨，笃行者，皆所以为'惟精'而求'惟一'也。他如'博文'者即'约礼'之功，'格物致知'者即'诚意'之功①，'道问学'即'尊德性'之功②，'明善'即'诚身'之功③，无二说也。"

【注释】

①"格物"句：参见《大学》："物格而后知至，知至而后意诚，意诚而后心正。"

②"道问学"句：参见《中庸》："君子尊德性而道问学，致广大而尽精微。"

③"明善"句：参见《中庸》："诚身有道。不明乎善，不诚乎身矣。"

【评语】

施邦曜评：人性止此一善，原无有二，惟人欲杂之，而一者始二。惟还其无杂者，自全体浑然至善，故曰"惟精是惟一之功"。一者，即先生"专主一个天理"之谓。已发未发，俱只是一个天理，更无两个也。

唐九经评：至论也！晦庵、象山两人同首肯矣。

许舜屏评：此是先生常言之语，非深有得于此者，不能道亦不能解也。

二六

“知者行之始，行者知之成。圣学只一个工夫，知、行不可分作两事。”

【评语】

许舜屏评：可知良知非但徒知而已，必由知而身体力行。

佐藤一斋评：“始”字，“成”字，诠出于徐录（见第五条——编者注）。

二七

“漆雕开[①]曰：‘吾斯之未能信。’[②]夫子说之。子路[③]使子羔[④]为费宰，子曰：‘贼夫人之子。’[⑤]曾点[⑥]言志，夫子许之[⑦]。圣人之意可见矣。”

【注释】

① 漆雕开（前540—？）：字子开，又字子若，春秋时鲁国人，孔子的学生，孔门七十二贤之一，以德行著称，著有《漆雕子》。

②“吾斯”句：见《论语·公冶长》：“子使漆雕开仕。对曰：‘吾斯之未能信。’子说。”

③ 子路：即仲由（前542—前480），字子路，又字季路，春秋时鲁国人，孔子的学生，孔门七十二贤之一，以政事见称。

④ 子羔：即高柴（约前521—？），字子羔，又称子高、子皋、季高。春秋时卫国人（一说齐国人），孔子的学生，孔门七十二贤之一，以尊老孝亲著称。

⑤“子曰”句：见《论语·先进》：“子路使子羔为费宰。子曰：‘贼夫人之子。’”

⑥ 曾点（前545—？）：字皙，春秋时鲁国人，孔子的学生，孔门七十二贤之一，与其子曾参同师孔子。

⑦ 夫子许之：参见《论语·先进》：“子路、曾皙、冉有、公西华侍坐。子曰：‘……如或知尔，则何以哉？’子路率尔而对曰：‘千乘之国，……由也为之，比及三年，可使有勇，且知方也。’夫子哂之。‘求，尔何如？’对曰：‘方六七十，……求也为之，比及三年，可使足民。如其礼乐，以俟君子。’‘赤，尔何如？’对曰：‘非曰能之，愿学焉。宗庙之事，……愿为小相焉。’‘点，

尔何如？’……曰：‘莫春者，春服既成，冠者五六人，童子六七人，浴乎沂，风乎舞雩，咏而归。’夫子喟然叹曰：‘吾与点也！’”

【评语】

许舜屏评：这便是先生所说“义理无定在、无穷尽”的道理。

陶浔霍评：谓明德即亲民，学之理即仕之理也。

二八

问：“宁静存心时，可为‘未发之中’[①]否？”

先生曰：“今人存心，只定得气。当其宁静时，亦只是气宁静。不可以为‘未发之中’。”

曰：“未便是中。莫亦是求中工夫？”

曰：“只要去人欲存天理，方是工夫。静时念念去人欲存天理，动时念念去人欲，存天理，不管宁静不宁静。若靠那宁静，不惟渐有喜静厌动之弊，中间许多病痛，只是潜伏在，终不能绝去，遇事依旧滋长。以循理为主，何尝不宁静？以宁静为主，未必能循理。”

【注释】

① 未发之中：见《中庸》：“喜怒哀乐之未发，谓之中；发而皆中节，谓之和。”

【评语】

刘宗周评：此所谓“念”，是“无念之念”，莫错会。不然才起一念，已是欲也。故曰：“凡有所向，便是欲。”然先生之教，自是真切。

施邦曜评：识得宁静真伪之辨，方可与存天理。

施邦曜评：以宁静为主，便是靠着宁静一边，心已驰于宁静矣，安得谓中？

孙奇逢评：不靠宁静。

许舜屏评：先生一身，得力的便是“去人欲存天理”这六个字。盖人欲既去，则良知便能保守，自然合于天理了。此六字工夫，本是一贯，非去人欲一事，存天理又一事也。

二九

问："孔门言志，由、求任政事，公西赤任礼乐，多少实用？及曾皙说来，却似耍的事。圣人却许他，[1]是意何如？"

曰："三子是有意、必。有意、必，便偏着一边，能此未必能彼。曾点这意思却无意、必[2]，便是'素其位而行，不愿乎其外。素夷狄，行乎夷狄。素患难，行乎患难。无入而不自得矣'[3]。三子所谓'汝器也'[4]，曾点便有'不器'[5]意。然三子之才，各卓然成章，非若世之空言无实者。故夫子亦皆许之。"

【注释】

①"圣人"句：参见第二七条注7。

②意、必：见《论语·子罕》："子绝四：毋意、毋必、毋固、毋我。"

③"素其"句：见《中庸》。

④汝器也：见《论语·公冶长》："子贡问曰：'赐也何如？'子曰：'汝器也。'"

⑤不器：见《论语·为政》："子曰：'君子不器。'"

【评语】

许舜屏评：曾皙之志，便是要扩充他的良知，使这个心中，空空洞洞，不离一些人欲，此所以与三子不同。

三轮执斋评：此《论语·先进》卒章。下卷《黄省曾录·十》亦论曾点，可并案。

三〇

问："知识不长进，如何？"

先生曰："为学须有本原，须从本原上用力，渐渐盈科而进[1]。仙家说婴儿[2]，亦善譬。婴儿在母腹时，只是纯气，有何知识？出胎后，方始能啼，既而后能笑，又既而后能识认其父母兄弟，又既而后能立、能行、能持、能负，卒乃天下之事无不可能。皆是精气日足，则筋力日强，聪明日开，不是出胎日便讲求推寻得来，故须有个本原。圣人到'位天地、育万物'，[3]也只从'喜怒哀乐未发之中’[4]上养来。后儒不明格物之说，见圣人无不知、无不能，便欲于初下手时讲求得尽，岂有此理？”

又曰：“立志用功，如种树然。方其根芽，犹未有干；及其有干，尚未有枝；枝而后叶，叶而后花实。初种根时，只管栽培灌溉，勿作枝想，勿作叶想，勿作花想，勿作实想，悬想何益？但不忘栽培之功，怕没有枝叶花实？”

【注释】

① 盈科而进：见《孟子·离娄下》：“孟子曰：‘源泉混混，不舍昼夜，盈科而后进，放乎四海。有本者如是，是之取尔。’”

② 婴儿：参见《老子》：“专气致柔，能婴儿乎？”“我独泊兮其未兆，如婴儿之未孩”，“复归于婴儿”。

③ 位天地、育万物：参见《中庸》：“致中和，天地位焉，万物育焉。”

④ 未发之中：见第二八条注1。

【评语】

王应昌评：此篇学问，全从养气上看来，是良知的发展。后面几个“勿作”，想俱是“必有事而勿正”。

唐九经评：能拟先生学问之变化处。

施邦曜评：要识养此未发之中，既不可从讲求得，如闭目冥心以为养，又堕宁静为主之病，究竟从何处下手？盖人自堕胎后，无息不与物接，此物物之，则在吾心。即此是未发之中，乃所谓天理也。君子只是戒慎恐惧，一心在天理上，任他耳听目视手持足行，定盘星一毫不走，方是有本原之学。

孙奇逢评：功深力到，当有自得之时，要在勿忘勿助。

陶浔霍评：真是落实工夫。

许舜屏评：《大学》言：“物有本末，事有终始。”这便是本根，这便是始基，由本而及末，由始以及终，循序渐进，不容躐等，这是就事实上说。若心之良知，则自始至终终不能变也。

三一

问：“看书不能明，如何？”

先生曰："此只是在文义上穿求，故不明。如此，又不如为旧时学问。他倒看得多，解得去。只是他为学虽极解得明晓，亦终身无得。须于心体上用功，凡明不得、行不去，须反在自心上体当，即可通。盖四书五经，不过说这心体。这心体即所谓道，心体明即是道明，更无二。此是为学头脑处。"

【评语】

施邦曜评：人若不于身心上实体，即读尽天下书，终是空花。

许舜屏评：为学之道，先须反求诸心，心与道合，自无不明之处。若但就文义上推求，鲜有能贯通者。此圣人之道，所以贵"一以贯之"也。

三轮执斋评："读书之法"于是，更以下卷《陈九川录·十七》"九川问此功夫"条，下卷《黄易修录·五》"问读书"条及下卷《黄省曾录·五》"一友问读书"条合观之，其意交尽功夫有下落处。

三二

"'虚灵不昧，众理具而万事出。'[1] 心外无理，心外无事。"

【注释】

① "虚灵"句：见朱熹《大学章句》注"明明德"："明，明之也。明德者，人之所得乎天，而虚灵不昧，以具众理而应万事者也。"

【评语】

许舜屏评：这个心如明镜一般，澈内澈外，亦即一贯之理。

三轮执斋评：朱子《大学章句》曰："具众理，应万事，然是犹似万事外看之。"孟子曰："万物皆备于我矣。"其意可观。

佐藤一斋评：心外无理，故众理具；心外无事，故万事出。晦庵旧语，点铁成金。

三三

或问："晦庵先生曰：'人之所以为学者，心与理而已。'[1] 此语如何？"

曰："心即性，性即理。下一'与'字，恐未免为二。此在学者善观之。"

【注释】

①“人之”句：见朱熹《大学或问·格物章》。

【评语】

冯柯评：盖以人而言，则心即性，性即理。若下“与”字，是二之也。以人对事物而言，则在人为心，在物为理。不下“与”字，又无别也。朱子此言，为格致而发。致知者，致吾心之知也；格物者，格事物之理也，不无内外精粗之别。故下一“与”字，非专指人心而言也。所谓言，固各有攸当也，正如孟子尝斥“食色性也”之非矣。而其自言，又曰“口之于味也，目之于色也，耳之于声也，鼻之于臭也，四肢之于安佚也，性也”，岂可据其前说，而谓后说之非乎？程子亦有“性即理也”之说矣，而他日又曰“恶亦不可不谓之性”，岂可信其前说而疑后说之反乎？盖道不可以一端尽也，而言亦不可以一概断也。有偏者、有全者、有异者、有同者、有前后不相应者、有彼此互发者、有文词不类而意实同者、有形迹吻合而道殊绝者，苟不参伍以通其变，融会以要其归，或以文害词，或以词害意，或滞其迹而不稽其心，或得其一而不知其二，是为高叟之固、咸丘蒙之执矣，几何不以小弁之怨为小人，北山之说为臣父哉？周公思兼三王，以施四事，其有不合者，仰而思之，夜以继日，幸而得之，坐以待旦。朱子“心与理”之言，正其不合而可以处，使阳明如周公之仰思继日，将必有幸而得之者矣。而遂指斥其下字之非，盖由不根究其语意所字。徒见“此语何如”之问，遂以己意答之而已。呜呼！先辈不可轻议也，如议之，当如老吏断狱，必搜寻其案卷，钩当其情由，的的焉无毫发可借而后决之，然后被罪者心服而无辞。若阳明者，不尽其辞而诀之者也。设晦庵复生，其肯伏之乎？其能无辞乎？或曰，是固然矣，但不以理属人而属之物，是人之灵不如物矣，不能无疑曰是。不然“心即性，性即理”言心则理，自该故只言心无害也。若事物则不可以言心，但有理而已，故不得属之尔。且如孔子言“仁者人也”，孟子则言“仁人心也”，朱子又言“仁者心之德爱之理也”。岂孔子之言不如孟子之切，而孟子之言又不及朱子之切乎？要之，孔子只言一“人”字，而孟子、朱子之言，固在其中矣。朱子只言一“心”字，而理亦在其中矣，不必拘于说之同也。况朱子此言之下，明继之曰：“心虽主乎一身，而其体之虚灵，足以管乎天下之理。理虽散在万事，而其用之微妙，实不外乎一人之心。初不可以内外精粗论也。”则是晦庵于心、物、理，且知其不可以内外精粗论。况心中所具之理，而反不知其不可以二之乎？然则是言也，信非朱子下字之误，乃阳明看书之误尔。

王应昌评：下一“与”字，心、理为二。如先生下一“性”字，将如何？莫不成三段去否？也须善观始得。

许舜屏评：与其言“心与理”，不如言“心即理”。此是先生胜于晦庵处。

佐藤一斋评：彭定求曰：“心即性，性即理。与程子‘性者心之理’之说无异也。”

三四

或曰：“人皆有是心，心即理，何以有为善，有为不善？”

先生曰：“恶人之心失其本体。”

【评语】

许舜屏评：孟子之性善，即是此义。

东敬治评：此即孟子“乃若其情，即可以为善，乃所谓善也”之意。

三五

问：“‘析之有以极其精而不乱，然后合之有以尽其大而无余’，[1] 此言如何？”

先生曰：“恐亦未尽。此理岂容分析？又何须凑合得？圣人说‘精一’，自是尽。”

【注释】

①“析之”句：见朱熹《大学或问》。

【评语】

许舜屏评：心与理融洽则自无所谓“析”，亦无所谓“合”了。

三六

“省察是有事时存养，存养是无事时省察。”

【评语】

许舜屏评：有循环不已之道。

三七

澄尝问象山[①]“在人情事变上做工夫”之说[②]。

先生曰：“除了人情事变，则无事矣。喜怒哀乐非人情乎？自视听言动以至富贵贫贱患难死生，皆事变也。事变亦只在人情里，其要只在‘致中和’[③]，‘致中和’只在‘谨独’。”

【注释】

① 象山：即陆九渊（1139—1193），字子静，号象山，谥文安，世称存斋先生，江西抚州市金溪县人，南宋著名理学家、思想家和教育家，宋明“心学”开山祖师，与朱熹齐名。淳熙二年（1175），曾与朱熹举行“鹅湖之辩”，为中国哲学史上一次关于“心”与“理”的大辩论。阳明继承并发展象山之学，形成“陆王心学”学派。著作编为《象山先生全集》。

② “在人情”句：见《象山先生全集·卷三十四》：“复斋家兄一日见问曰：‘吾弟今在何处做功夫？’某答云：‘在人情事势物理上做些工夫。’复斋应而已。若知物价之低昂，与夫辨物之美恶真伪，则吾不可不谓之能。然吾志所谓做工夫，非此之谓也。”

③ 致中和：参见第三〇条注 3。

【评语】

刘宗周评：千圣相传，只“慎独”二字为要诀。先生言“致良知”，正指此。但此“独”字换“良”字，觉于学者好易下手耳。

王应昌评：谨独只在明善，愚欲于此再加一语。

施邦曜评：君子非除了人情事变，又有谨独工夫也。沉沉默默之中所戒慎恐惧者，惟此人情事变之理，即纷应杂投之时，而沉默之地主张自在，此动静合一之学。

陶浔霍评：谨独只在不分动静，念念去人欲以存天理。

许舜屏评：喜怒哀乐之未发谓之中。中者存于心者也，发而皆中节，是致其良知矣。故先生以“致中和”为训。

佐藤一斋评：彭定求云：“《大学》于诚意，既两言慎独；《中庸》于‘戒慎不睹，恐惧不闻’之下，亦言慎独。明乎曾子、子思授受心传，在慎独也。邹东廓问于阳明先生曰：‘子思受学曾子者，《大学》先格致，《中庸》首揭慎独。何也？’阳明先生曰：‘独即所谓良知也。慎独者，所以致其良知也。戒慎恐惧，所以慎其独也。《大学》《中庸》之旨一也。’”所引邹东廓问答，出处未考。

三八

澄问：“仁义礼智之名，因已发而有。”

曰：“然。”

他日澄曰：“恻隐羞恶辞让是非①，是性之表德邪？”

曰：“仁义礼智也是表德。性一而已，自其形体也谓之天，主宰也谓之帝，流行也谓之命，赋于人也谓之性，主于身也谓之心。心之发也，遇父便谓之孝，遇君便谓之忠。自此以往，名至于无穷，只一性而已。犹人一而已，对父谓之子，对子谓之父。自此以往，名至于无穷，只一人而已。人只要在性上用功，看得一性字分明，即万理灿然。”

【注释】

①“恻隐”句：见《孟子·公孙丑上》：“恻隐之心，仁之端也；羞恶之心，义之端也；辞让之心，礼之端也；是非之心，智之端也。”

【评语】

施邦曜评：圣人只是一尽性，此外更无能事。然与初学言浑论说一个性字，又无从下手处。先生说要看得一性字分明，此语可思。

施邦曜评：必实实身体力行，方能识得此光景。

孙奇逢评：一“性”字分明，万理灿然。

许舜屏评：此与孟子"存其心、养其性"之说，相为表里。人能养性，便能保其良知，故看的性字分明，便能万理灿然也。

佐藤一斋评：以仁义礼智为表德，前人所未发。此意最宜体察而自得之。盖知此，则知未发之中矣。

东正纯评：以仁义礼智为表德，前儒所未有，可谓千古卓见矣。程朱以仁义礼智为性，块然乎未发中。于是性分本然气质，分道心人公。云理云气，支离纷淆，至不可收拾。盖其病坐不知仁义礼智为表德也。虽然，表德亦可谓之性。故先下"亦是"字而决之。"性一而已"一句，辞义完全无遗憾矣。

三九

一日，论为学工夫。

先生曰："教人为学不可执一偏。初学时心猿意马，拴缚不定，其所思虑多是人欲一边。故且教之静坐息思虑；久之，俟其心意稍定。只悬空静守，如槁木死灰，亦无用，须教他省察克治。省察克治之功，则无时而可间，如去盗贼，须有个扫除廓清之意。无事时，将好色好货好名等私，逐一追究搜寻出来，定要拔去病根，永不复起，方始为快。常如猫之捕鼠，一眼看着，一耳听着，①才有一念萌动，即与克去，斩钉截铁，不可姑容与他方便，不可窝藏，不可放他出路，方是真实用功，方能扫除廓清。到得无私可克，自有端拱时在。虽曰'何思何虑'②，非初学时事。初学必须思省察克治，即是思诚，只思一个天理。到得天理纯全，便是'何思何虑'矣。"

【注释】

① 猫之捕鼠：参见朱熹《朱子文集·卷七十一·偶读漫记》："释氏有清草堂者，有名丛林间，其始学时，若无所入。有告之者，曰：'不见猫之捕鼠乎？四足据地，首尾一直，目睛不瞬，心无他念。唯其不动，动则鼠无所逃矣。'清用其言，乃有所入。彼之所学，虽与吾异，然其所以得之者，则无彼此之殊。学者宜以是而自警。"

② 何思何虑：见《易经·系辞》："天下何思何虑？天下同归而殊途，一致而百虑。"

【评语】

施邦曜评：孔子告颜子："一日克己复礼"，正是此工夫。非有大勇者不能！

孙奇逢评：扫除廓清。

陶浔霍评：看先生说到此处，何等抖擞精神！精此"兵书"，破"心中贼"，已得算矣。

陶浔霍评：呜呼！恐到做鬼时，此根仍在也。

许舜屏评：私欲一起，则妨害从多。故颜渊问仁，夫子先告以克己。清思无益，故季文三思，而夫子非之。盖思之多，则私欲易起，或转至于迷惑，而失其良知。此所以要有斩钉截铁地工夫，方能做这个克己的学问。

三轮执斋评："心猿意马"，多出佛书。

三轮执斋评：《易·系辞》曰"天下何思何虑？天下同归而殊途，一致而百虑"云云。今按：以"何思何虑"为自然的地头，故曰"非初学时事"，是盖先生前说乎。中卷《答周道通书》曰"《系辞》言'何思何虑'，是言所思所虑只是一个天理，更无别思别虑耳"云云。可交考。

佐藤一斋评：到得天理纯全，是所谓"不勉而中，不思而得，从容中道"者。故曰："何思何虑"。

东正纯评：何思何虑，王子亦初年以效验说之。

四〇

澄问："有人夜怕鬼者，奈何？"

先生曰："只是平日不能'集义'[①]而心有所慊[②]，故怕。若素行合于神明，何怕之有？"

子莘[③]曰："正直之鬼不须怕。恐邪鬼不管人善恶，故未免怕。"

先生曰："岂有邪鬼能迷正人乎？只此一怕即是心邪。故有迷之者，非鬼迷也，心自迷耳。如人好色，即是色鬼迷；好货，即是货鬼迷；怒所不当怒，是怒鬼迷；惧所不当惧，是惧鬼迷也。"

【注释】

① 集义：见《孟子·公孙丑上》："'敢问何谓浩然之气？'（孟子）曰：'难

言也。其为气也，至大至刚，以直养而无害，则塞于天地之间。其为气也，配义与道；无是，馁也。是集义所生者，非义袭而取之也。'”

②慊：音“欠”，不满，怨恨。

③子莘：即马明衡，生卒年不详，字子莘，福建莆田人，正德九年（1514）进士，授太常博士，后为御史，因上书言事被削职为民，阳明门人。

【评语】

施邦曜评：怕鬼者只是心怯，故夫子说“敬鬼神而远之”。敬者，惟恐一事有乖天理，即是集义。若近而媚之，即是怕矣。

许舜屏评：此亦邪不胜正之理，鬼神之说，本是渺茫，看心术不正，则事事有鬼，处处有鬼，不怕而自怕了。

四一

“定者，心之本体，天理也；动静，所遇之时也。”

【评语】

许舜屏评：心之本体，原是一“定”，能保其心，则事交之来，胥能应付。孟子的“不动心”，就是这个道理。

三轮执斋评：明道先生《定性》一书，此语一句道尽。

佐藤一斋评：此条讼定性书之旨。时有动静，理无动静。故睹闻思为，常一于理。则所遇动静，亦常定也

四二

澄问《学》《庸》同异。

先生曰：“子思[①]括《大学》一书之义，为《中庸》首章。”

【注释】

①子思：即孔伋（约前483—前402），字子思，孔子的嫡孙，受业于孔子的弟子曾参，孟子为其再传弟子，后人把子思、孟子之学并称为思孟学派，传说他是《中庸》的作者。

【评语】

许舜屏评：《学》《庸》本是一贯。

四三

问："孔子正名[①]，先儒说上告天子，下告方伯，废辄立郢，[②]此意如何？"

先生曰："恐难如此。岂有一人致敬尽礼，待我而为政，我就先去废他？岂人情天理？孔子既肯与辄为政，必已是他能倾心委国而听。圣人盛德至诚，必已感化卫辄，使知无父之不可以为人，必将痛哭奔走，往迎其父。父子之爱，本于天性，辄能悔痛真切如此，蒯聩岂不感动底豫？蒯聩既还，辄乃致国请戮。聩已见化于子，又有夫子至诚调和其间，当亦决不肯受，仍以命辄。群臣百姓又必欲得辄为君，辄乃自暴其罪恶，请于天子，告于方伯诸侯，而必欲致国于父。聩与群臣百姓，亦皆表辄悔悟仁孝之美，请于天子，告于方伯诸侯，必欲得辄而为之君。于是集命于辄，使之复君卫国，辄不得已，乃如后世上皇故事，率群臣百姓尊聩为太公，[③]备物致养，而始退复其位焉。则君君、臣臣、父父、子子[④]，名正言顺，一举而可为政于天下矣。孔子正名或是如此。"

【注释】

① 正名：见《论语·子路》"子路曰：'卫君待子而为政，子将奚先？'子曰：'必也正名乎。'"

② "先儒"句：朱熹《论语集注》在注"必也正名乎"时说："胡氏云：'卫世子蒯聩，耻其母南子之淫乱，欲杀之不果而出奔。灵公欲立公子郢，郢辞。公卒，夫人立之，又辞。乃立蒯聩之子辄，以拒蒯聩。夫蒯聩欲杀母，得罪于父，而辄据国以拒父，皆无父之人也，其不可有国也明矣。夫子为政，而以正名为先。必将具其事之本末，告诸天王，请于方伯，命公子郢而立之。则人伦正，天理得。名正言顺而事成矣。'"蒯聩，即卫后庄公（前480—前478在位），卫灵公之子，春秋时期卫国国君。辄，即卫出公（前476—前456在位），蒯聩之子，春秋时期卫国国君。

③ "后世上皇"句：参见《史记·高祖本纪》："六年，高祖五日一朝太公，如家人父子礼。太公家令说太公曰：'天无二日，土无二王。今高祖虽子，

人主也；太公虽父，人臣也。奈何令人主拜人臣！如此，则威重不行。’后高祖朝，太公拥篲，迎门却行。高祖大惊，下扶太公。太公曰：‘帝，人主也，奈何以我乱天下法！’于是高祖乃尊太公为太上皇。”

④“君君”句：见《论语·颜渊》：“齐景公问政于孔子。孔子对曰：‘君君、臣臣、父父、子子。’”

【评语】

施邦曜评：必盛德感化卫辄，方能如此处置，然难处正在此。否则以仲由之贤，于父子大义岂不晓得，竟以身为殉？信惟圣人能处人伦之变。

施邦曜评：此是天理人情之极，则舍此别无处法。如废辄立郢之说，便是腐儒之所为。

许舜屏评：辄之拒聩，实已丧其良知。孔子“正名”，殆欲复其良知，使其知父之当慈、子之当孝。所谓感动者，便是复其良知也。良知既复，则父父、子子，自不致再有争执了。

三轮执斋评：以下卷《钱德洪录·三五》条观之，先生是论实自得心言。

佐藤一斋评：“正名”之说，与苏子由《古史论》所论更类，而此为理更精矣。

四四

澄在鸿胪寺①仓居②。忽家信至，言儿病危。澄心甚忧闷不能堪。

先生曰：“此时正宜用功。若此时放过，闲时讲学何用？人正要在此等时磨炼。父之爱子，自是至情，然天理亦自有个中和处，过即是私意。人于此处多认做天理当忧，则一向忧苦，不知已是‘有所忧患，不得其正’③。大抵七情所感，多只是过，少不及者，才过，便非心之本体，必须调停适中始得。就如父母之丧，人子岂不欲一哭便死，方快我心？然却曰‘毁不灭性’④。非圣人强制之也，天理本体，自有分限，不可过也。人但要识得心体，自然增减分毫不得。”

【注释】

①鸿胪寺：明朝政府机构之一，主管朝贺庆典等事。

②仓居：临时居住，一说是衙舍。

③“有所”句：见《大学》。

④“毁不”句：见《孝经》：“毁不灭性，此圣人之政，丧不过三年，示民有终。”

【评语】

许舜屏评：讲学的人，往往有这种矫情镇物之说。先生殆亦不能免矣。

三轮执斋评：《礼记·檀弓上》：“子夏丧其子而丧其明，曾子曰：‘丧尔子，丧尔明，尔罪’”云云，可并按。《大学》曰：“有所忧患，不得其正。”

四五

“不可谓‘未发之中常人俱有’[1]。盖‘体用一源’[2]，有是体，即有是用。有‘未发之中’，即有‘发而皆中节之和’[3]。今人未能有‘发而皆中节之和’，须知是他‘未发之中’亦未能全得”。

【注释】

① 未发之中：见第二八条注 1。

② 体用一源：见《伊川易传·序》：“体用一源，显微无间。”

③ 中节之和：见第二八条注 1。

【评语】

施邦曜评：此是就后来养成工夫论。若论天命，赋予常人都是有的。

许舜屏评：体用本是一贯的，有体即有用，其能发而中节者，须由于良知之未失。若失其良知，自然不能发而皆中节矣。

三轮执斋评：此条及下文四十九条疾病之喻，《求是编》讥之。然朱子亦尝有此论及此譬。何其无稽之甚？

四六

“《易》之辞是‘初九潜龙勿用’[1]六字；《易》之象是初画；《易》之变是值其画；《易》之占是用其辞。”[2]

【注释】

①"初九"句：见《易经·乾卦》的爻辞。

②《易》之句：参见《易经·系辞》："易有圣人之道四焉：以言者尚其辞，以动者尚其变，以制器者尚其象，以卜筮者尚其占。"

【评语】

三轮执斋评：是举其例耳，非限初九、初画。

东正纯评：辞变象占，说归一处。从来说《易》，无是直径。以此推六十四卦，触处豁然。应无全牛。

四七

"'夜气'①是就常人说。学者能用功，则日间有事无事，皆是此气翕聚发生处。圣人则不消说'夜气'"。

【注释】

①夜气：语出《孟子·告子上》："孟子曰：'牛山之木尝美矣，……是其日夜之所息，雨露之所润，非无萌蘖之生焉，牛羊又从而牧之，是以若彼濯濯也。人见其濯濯也，以为未尝有材焉，此岂山之性也哉？虽存乎人者，岂无仁义之心哉？其所以放其良心者，亦犹斧斤之于木也，旦旦而伐之，可以为美乎？其日夜之所息，平旦之气，其好恶与人相近也者几希，则其旦昼之所为，有梏亡之矣。梏之反覆，则其夜气不足以存；夜气不足以存，则其违禽兽不远矣。'"

【评语】

许舜屏评：夜气所存，就是良知。圣人之"不消说夜气"者，便是时时发现其良知也。

四八

澄问"操存舍亡"①章。

曰："'出入无时，莫知其乡'②。此虽就常人心说，学者亦须是知得心之本体，亦元是如此，则操存工夫，始没病痛。不可便谓出为亡，入为存。若论本体，元是无出无入的。若论出入，则其思虑运用是出。然主宰常昭昭在此，何出之有？既无所出，何入之有？程子所谓‘腔子’[3]，亦只是天理而已。虽终日应酬，而不出天理，即是在‘腔子’里。若出天理，斯谓之放，斯谓之亡。”

又曰：“出入亦只是动静。动静无端，岂有‘乡’邪？”

【注释】

①“操存”句：见《孟子·告子上》：“孔子曰：‘操则存，舍则亡；出入无时，莫知其乡。’惟心之谓欤？”

②“出入”句：同上。

③腔子：见《近思录·卷四》，朱熹引程颐语：“心要在腔子里。”

【评语】

施邦曜评：即此便可识养之工夫，不专在守着一腔子。

许舜屏评：孟子言“求其放心”，就是此理。

三轮执斋评：“腔子即是天理”。今按，腔子谓躯壳，是语活说耳，亦只是三字可见。然人是天地之心，则实以天为躯壳者，岂虚语乎？

四九

王嘉秀[1]问：“佛以‘出离生死’诱人入道，仙以‘长生久视’[2]诱人入道，其心亦不是要人做不好。究其极至，亦是见得圣人上一截，然非入道正路。如今仕者，有由科、有由贡、有由传奉，一般做到大官，毕竟非入仕正路，君子不由也。仙佛到极处，与儒者略同。但有了上一截，遗了下一截，终不似圣人之全。然其上一截同者，不可诬也。后世儒者又只得圣人下一截，分裂失真，流而为记诵、辞章、功利、训诂，亦卒不免为异端。是四家者，终身劳苦于身心，无分毫益。视彼仙佛之徒，清心寡欲，超然于世累之外者，反若有所不及矣。今学者不必先排仙佛，且当笃志为圣人之学。圣人之学明，则仙佛自泯。不然，则此之所学，恐彼或有不屑，而反欲其俯就，不亦难乎？鄙见如此，先生以为何如？”

先生曰："所论大略亦是。但谓上一截、下一截，亦是人见偏了。如此若论圣人大中至正之道，彻上彻下，只是一贯，更有甚上一截、下一截？'一阴一阳之谓道，但仁者见之便谓之仁，知者见之便谓之智，百姓又日用而不知，故君子之道鲜矣。'③仁、智岂可不谓之道？但见得偏了，便有弊病。"

【注释】

①王嘉秀：字实夫，生平不详，阳明门人，好谈仙、佛。

②长生久视：见《老子》："是谓深根固柢，长生久视之道。"

③"一阴"句：见《易经·系辞》："一阴一阳之谓道。继之者善也，成之者性也。仁者见之谓之仁，知者见之谓之智，百姓日用而不知，故君子之道鲜矣。"

【评语】

施邦曜评：儒与佛俱向心上问消息。但佛只说个明心，不知穷理，便归空寂。儒者只是能穷理，不越一心，而万物皆备。参赞事业，俱本于一心。大《易》云，"穷理尽性以至于命"。学者舍穷理亦何哉？

许舜屏评：儒者之道，犹如皎日，佛与仙殆月与星耳。日光明朗，则月、星自不觉其光。犹之圣道既明，则仙佛之学，自可不必排斥。此段所论，可见先生之所谓良知，并非入于禅理。后人何转以此诬先生耶？

三轮执斋评："今学者不先排仙佛"云云，此一段好议论。

五〇

"蓍固是《易》，龟亦是《易》。"

【评语】

冯柯评：蓍出于羲，龟出于禹。蓍数用偶，龟数用奇。蓍所以筮，龟所以卜；蓍繇以易，龟繇以畴。较然不同，审矣。阳明何所见而谓龟亦是易哉？

三轮执斋评：《求是编》讥之，然是不知"固""亦"二字之意者，先生岂言蓍、龟无别乎？是言决嫌疑，定犹豫，则为龟易无异耳。盖为固滞蓍、龟之殊者破之也。

佐藤一斋评：朱子《启蒙》曰："以卜筮者尚其占，莫大于蓍龟。易之书岂有龟与卜之法乎？言其理无二而已。"则朱子之意既与此条同，冯柯《求是编》驳之，何邪？

五一

问："孔子谓武王未尽善[1]，恐亦有不满意。"

先生曰："在武王自合如此。"

曰："使文王未殁，毕竟如何？"

曰："文王在时，天下三分已有其二[2]。若到武王伐商之时，文王若在，或者不致兴兵，必然这一分亦来归了。文王只善处纣，使不得纵恶而已。"

【注释】

①"武王"句：见《论语·八佾》："子谓《韶》：'尽美矣，又尽善也。'谓《武》：'尽美矣，未尽善也。'"《韶》，舜帝之乐；《武》，武王之乐。

②"天下"句：见《论语·泰伯》："三分天下有其二，以服事殷。周之德，其可谓至德也已矣。"

【评语】

许舜屏评：此是文之所以为文，武之所以为武也。魏武父子，焉能比拟。

五二

问："孟子言'执中无权，犹执一'[1]。"

先生曰："中只是天理，只是易。随时变易，如何执得？须是因时制宜，难预先定一个规矩在。如后世儒者要将道理一一说得无罅漏。立定个格式，此正是执一。"

【注释】

①"执中"句：见《孟子·尽心上》："执中无权，犹执一也。"

【评语】

许舜屏评：天理如何可以立定个格式的？此后世执一者所以多也。

五三

唐诩[1]问："立志是常存个善念，要为善去恶否？"

曰："善念存时，即是天理。此念即善，更思何善？此念非恶，更去何恶？此念如树之根芽，立志者，长立此善念而已。'从心所欲，不逾矩'[2]，只是志到熟处。"

【注释】

① 唐诩：一作唐翊，江西新淦人，生平不详，阳明门人。

② "从心"句：见《论语·为政》。

【评语】

刘宗周评：又举天理。

刘宗周评：念本无念，故是天理，有念可存，即非天理。

施邦曜评：人心原只有一个善，惟无君无主，恶斯乘之。善念常惺，安得有恶？故曰：苟志于仁矣，无恶也。

陶浔霍评：人欲净尽，完我一"万物皆备"之真我。

许舜屏评：长立此善念，是长保其良知也。从心所欲不逾矩者，常常存此善念，自然不逾矩了。

三轮执斋评：立志之解说。

五四

"精神、道德、言动，大率收敛为主。发散是不得已，天地人物皆然。"

【评语】

施邦曜评：要晓得诚自形外，只自不着意表。暴圣人虽道德功业满天壤，精神仍是翕如。

陶浔霍评：说详本卷。

五五

问："文中子是如何人？"

先生曰："文中子庶几'具体而微'[1]，惜其早死。"

问："如何却有续经之非？"

曰："续经亦未可尽非。"

请问。

良久，曰："'更觉良工心独苦'[2]。"

【注释】

① 具体而微：见《孟子·公孙丑上》："子夏、子游、子张皆有圣人之一体；冉牛、闵子、颜渊则具体而微。"

② "更觉"句：见杜甫《题李尊师松树障子歌》："已知仙客意相亲，更觉良工心独苦。"

【评语】

许舜屏评：与对徐爱之言（指第一一条——编者注）参看。

五六

"许鲁斋[1]谓'儒者以治生为先'之说[2]，亦误人。"

【注释】

① 许鲁斋：即许衡（1209—1281），字仲平，号鲁斋，世称"鲁斋先生"，谥文正，怀庆路河内（今河南省焦作市）人，元初著名理学家、教育家，曾任集贤大学士兼国子监祭酒，又领太史院事，追封魏国公，从祭孔庙。著有《鲁斋遗书》等。

② "儒者"句：参见《鲁斋遗书·卷十三》，"为学者治生最为先务。苟生理不足，则于为学之道有所妨。彼旁求妄进，及作官嗜利者，殆亦窘于生理所致也。治生者，农工商贾。士君子多以务农为生，若以教学与作官规图生计，恐非古人之意也。商贾虽为逐末，亦有可为者。果处之不失义理，或以姑济一时，亦无不可。"

【评语】

许舜屏评：鲁斋为元大儒，其言学亦注重良知，尝言“圣人是因人心固有良知良能，上扶接将去”。又云“圣人只是于发达推扩，就他原有底本领上进将去，不是将人心上原无底强将去”。其所云学者治生最为先务，苟生理不足，则于为学之道有所妨诸语，殆有鉴于旁求妄进及做官谋利者，往往窘于生理，而丧其良知。其言原是有为而发，然学者或以为生理之重于学术，则得矣。故先生以其说为误人。

佐藤一斋评：鲁斋本意在治家，不在货殖。然谓以治生为先，则语有弊，不免误人。

五七

问仙家元气、元神、元精。

先生曰：“只是一件。流行为气，凝聚为精，妙用为神。”

【评语】

许舜屏评：仙家是分而为三，先生是合二为一。

三轮执斋评：仙家，中卷《答原静书》详之。

五八

“喜怒哀乐，本体自是中和[①]的。才自家着些意思，便过、不及，便是私。”

【注释】

① 中和：参见第二八条注 1。

【评语】

陶浔霍评：自揣，纯是着些意，皆私也，气也。

陶浔霍评：不着点意，说得深至。

五九

问“哭，则不歌”[①]。

先生曰："圣人心体，自然如此。"

【注释】

①"哭"句：见《论语·述而》："子食于有丧者之侧，未尝饱。子是日哭，则不歌。"

【评语】

许舜屏评：圣人纯任自然，绝非强制。

六〇

"克己须要扫除廓清，一毫不存，方是。有一毫在，则众恶相引而来。"

【评语】

施邦曜评：着一毫意思，便不是率性。

施邦曜评：须要时时存此念，即此念尽净若一念，放下则私欲便萌。

许舜屏评：所谓"除恶务尽"也。

六一

问《律吕新书》[①]。

先生曰："学者当务为急，算得此数熟，亦恐未有用，必须心中先具礼乐之本方可。且如其书说，多用管以候气，然至冬至那一刻时，管灰之飞，或有先后须臾之间，焉知那管正值冬至之刻？须自心中先晓得冬至之刻始得。此便有不通处。学者须先从礼乐本原上用功。"

【注释】

①《律吕新书》：南宋蔡元定所著音乐论著，朱熹为之作序。蔡元定（1135—1198），字季通，世称"西山先生"，建宁府（今福建省建阳区）人，著名理学家、律吕学家、堪舆学家，著有《律吕新书》《西山公集》等。

【评语】

陶浔霍评：尽守此说，或恐废学之病。然照新书用心，真是逐末，可以耽误一生。如天文历法皆然。

许舜屏评：此说似乎不确。盖心中如能先晓得冬至之刻，何必再用管以候气？正惟其不晓得，故须用管来试验耳。殆亦徒成为上艺成而下，不欲以术数之学，误其学耶？

三轮执斋评：吾心得中和是礼乐之本，故去人欲，存天理，是下文所谓“礼乐本原上用功”。

六二

曰仁云：“心犹镜也。圣人心如明镜，常人心如昏镜。近世格物之说[①]，如以镜照物，照上用功，不知镜尚昏在，何能照？先生之格物，如磨镜而使之明，磨上用功，明了后亦未尝废照。”

【注释】

① 格物之说：指程朱理学的格物说。

【评语】

施邦曜评：磨上亦要许多工夫，废不得学问、思辨、笃行。然只向里面用，无精无粗，方是能格物。

佐藤一斋评：《两浙名贤集》曰：“徐爱性警敏闻言即语。时四方同志云集，文成公至不能答，每令爱分接之，成得所欲而去。”此条恐曰仁接时语也。

六三

问道之精粗。

先生曰：“道无精粗，人之所见有精粗。如这一间房，人初进来，只见一个大规模如此，处久便柱壁之类，一一看得明白。再久，如柱上有些文藻，细细都看出来，然只是一间房。”

【评语】

许舜屏评：这个譬喻恰是至当。

东正纯评：学术之分，概坐所是之精粗。不独儒家，虽禅佛老伯，皆非无所是。比之圣人，不免为粗耳。

六四

先生曰："诸公近见时，少疑问，何也？人不用功，莫不自以为已知为学，只循而行之是矣。殊不知私欲日生，如地上尘，一日不扫，便又有一层。着实用功，便见道无终穷，愈探愈深，必使精白无一毫不彻方可。"

【评语】

施邦曜评：学所以要时习。

许舜屏评：许鲁斋亦是最喜人问，尝云教人与用人正相反，用人当用其所长，教人当教其所短。先生之言，却更深一层。

六五

问："知至然后可以言诚意[1]。今天理人欲，知之未尽，如何用得克己工夫？"

先生曰："人若真实切己用功不已，则于此心天理之精微，日见一日，私欲之细微，亦日见一日。若不用克己工夫，终日只是说话而已，天理终不自见，私欲亦终不自见。如人走路一般，走得一段，方认得一段，走到歧路处，有疑便问，问了又走，方渐能到得欲到之处。今人于已知之天理不肯存，已知之人欲不肯去，且只管愁不能尽知。只管闲讲，何益之有？且待克得自己无私可克，方愁不能尽知，亦未迟在。"

【注释】

①"知至"句：语出《大学》："物格而后知至，知至而后意诚。"

【评语】

施邦曜评：不实用功，只愁不知者，总是无实为圣贤之志，如仲由，未之能行，唯恐有闻，庶几近之。

施邦曜评：近日连知也不去求，如以患得患失为明白正大之事，有讲究及此者，反指之为迂阔怪诞，不亦可哀哉？

陶浔霍评：知行合一之妙。

陶浔霍评：此条是王学宗旨。

梁启超评：此正是发挥知行合一，语语直抉学者病源。

许舜屏评：这便是充其良知之用。知天理之当存，固是良知；知人欲之当去，亦是良知。知其当存而存之，知其当去而去之，便是克己工夫。

六六

问："道一而已[①]。古人论道，往往不同，求之亦有要乎？"

先生曰："道无方体[②]，不可执着，却拘滞于文义上求道，远矣。如今人只说天，其实何尝见天？谓日月风雷即天，不可；谓人物草木不是天，亦不可。道即是天，若识得时，何莫而非道？人但各以其一隅之见，认定以为道止如此，所以不同。若解向里寻求，见得自己心体，即无时无处不是此道，亘古亘今，无终无始，更有甚同异？心即道，道即天，知心则知道、知天。"

又曰："诸君要实见此道，须从自己心上体认，不假外求始得。"

【注释】

①"道一"句：见《孟子·滕文公上》："夫道，一而已矣。"

②"道无"句：见《易经·系辞》："故神无方而《易》无体。"

【评语】

施邦曜评：数言可悟一贯之旨，然非实实体验，不能见得。故孟子曰"道一而已矣"，究而言之，曰"有为者亦若是"。

王应昌评：直告以求道于改，岂不捷？便类象山之"尊德性"。遍告以风云草木上求，甚实际，又类晦庵之耑"道问学"。故惟致吾良知于物，而天下之物，无一不与我良知相符。才是先生囊括朱陆之平。

许舜屏评：即心即道，即道即天，心与道合为一，道与道合为一。然则心与天亦一而已矣。彼管窥蠡测者，不足与言天，即不足与言道，亦不足与言心。

六七

问："名物度数[①]，亦须先讲求否？"

先生曰："人只要成就自家心体，则用在其中。如养得心体果有未发之中，自然有发而中节之和[②]，自然无施不可。苟无是心，虽预先讲得世上许多名物度数，与己原不相干，只是装缀，临时自行不去。亦不是将名物度数全然不理，只要'知所先后，则近道'[③]。"

又曰："人要随才成就，才是其所能为。如夔之乐，稷之种[④]，是他资性合下便如此。成就之者，亦只是要他心体纯乎天理。其运用处，皆从天理上发来，然后谓之才。到得纯乎天理处，亦能不器。使夔、稷易艺而为，当亦能之。"

又曰："如'素富贵，行乎富贵。素患难，行乎患难'[⑤]，皆是不器。此惟养得心体正者能之。"

【注释】

① 名物度数："名物"，指某些事类物品的名称；"度数"又称"制度"，指法令、礼俗等规范。

②"养得"句：参见第二八条注1。

③"知所"句：见《大学》。

④ 夔之乐，稷之种：典出《尚书·舜典》："帝曰：'夔，命汝典乐，教胄子。'""帝曰：'汝后稷，播时百谷。'"

⑤"素富贵"句：见《中庸》。

【评语】

施邦曜评：只是向里边理会，日讲求名物象数，皆是至道。

施邦曜评：此只就才之所能论。若君子之入道，无有单习一事，以为指归者，如此，便是业擅专门而已，安得语道？所以为学工夫，止有安利困勉不同，其归则一也。

许舜屏评：名物度数，只是外物，运用之道，仍在一心，心体既得，自能发而中节。虽不可全然不理，亦不必过于讲求。盖倒得纯任自然的时候，自能感而遂通也。

东正纯评：不器之说，但纯天理。富贵患难，养得心体尽之。夔、稷易艺，不必说之，却将启学人纷纭之议焉。删之可也。

六八

“与其为数顷无源之塘水，不若为数尺有源之井水，生意不穷。”时先生在塘边坐，傍有井，故以之喻学云。

【评语】

许舜屏评：此所谓随地皆学问也。

三轮执斋评：《孟子·离娄篇》第四下第十八章曰：“原泉混混，不舍昼夜，盈科而后进，放乎四海：有本者如是。”

六九

问：“世道日降，太古时气象，如何复见得？”

先生曰：“一日便是一元[①]。人平旦时起坐，未与物接，此心清明景象，便如在伏羲时游一般。”

【注释】

① 一元：宋儒邵雍在《皇极经世》中说，一元十二会，一会三十运，一运十二世，一世三十年。一元即是十二万九千六百年。

【评语】

许舜屏评：平旦之气，乃浑然元气。故与太古时无异。

七〇

问：“心要逐物，如何则可？”

先生曰：“人君端拱清穆，六卿分职，天下乃治。心统五官，亦要如此。今眼要视时，心便逐在色上；耳要听时，心便逐在声上。如人君要选官时，便自去坐在吏部；要调军时，便自去坐在兵部。如此，岂惟失却君体，六卿亦皆不得其职。”

【评语】

施邦曜评：学问要在得大头脑，视、听、言、动，自然各得其职。知颜子四勿之功，不专在外面简点。

许舜屏评：心为五官之主宰。孟子曰："先立乎其大者，则其小者不能夺也。"人所以要存心养性也。

七一

"善念发而知之，而充之；恶念发而知之，而遏之。知与充与遏者，志也，天聪明也。圣人只有此，学者当存此。"

【评语】

许舜屏评：圣人能尽其良知之用，学者亦当保守此良知。

七二

澄曰："好色、好利、好名等心，固是私欲。如闲思杂虑，如何亦谓之私欲？"

先生曰："毕竟从好色、好利、好名等根上起，自寻其根便见。如汝心中，决知是无有做劫盗的思虑，何也？以汝元无是心也。汝若于货色名利等心，一切皆如不做劫盗之心一般，都消灭了，光光只是心之本体，看有甚闲思虑？此便是'寂然不动'[1]，便是'未发之中'[2]，便是'廓然大公'[3]，自然'感而遂通'[4]，自然'发而中节'[5]，自然'物来顺应'[6]。"

【注释】

① 寂然不动：见《易经·系辞》："《易》无思也，无为也，寂然不动，感而遂通天下之故。"

② 未发之中：见第二八条注1。

③ 廓然大公：程颐语，见《河南程氏粹言·卷二·心性篇》："君子之学，莫若廓然而大公，物来而顺应。"

④ 感而遂通：见本条注1。

⑤ 发而中节：见第二八条注1。

⑥ 物来顺应：见本条注 3。

【评语】

孙奇逢评：自寻其根便见。

陶浔霍评：慧眼。

许舜屏评：孟子说不动心之学，其中经历，亦只是如此。

七三

问志至气次[①]。

先生曰："'志之所至，气亦至焉'之谓，非'极至次贰'之谓。'持其志'，则养气在其中。'无暴其气'，则亦持其志矣。孟子救告子[②]之偏，故如此夹持说。"

【注释】

① 志至气次：见《孟子·公孙丑上》："（公孙丑问）曰：'敢问夫子之不动心，与告子之不动心，可得闻与？''……夫志，气之帅也；气，体之充也。夫志至焉，气次焉。故曰：持其志，无暴其气。'"

② 告子：名不详，一说名不害，战国时期思想家，与孟子同时，但思想对立。《孟子·告子》记载了两人的一些辩论。

【评语】

许舜屏评：告子是专尚气者，孟子对症发药，故作此言，并非析志与气为二事。学者无误会也。

七四

问："先儒曰：'圣人之道，必降而自卑；贤人之言，则引而自高。'[①]如何？"

先生曰："不然，如此却乃伪也。圣人如天，无往而非天。三光之上，天也；九地之下，亦天也，天何尝有降而自卑？此所谓'大而化之'[②]也。贤人如山岳，守其高而已。然百仞者不能引而为千仞，千仞者不能引而为万仞，是贤人未尝引而自高也。引而自高，则伪矣。"

【注释】

①“圣人”句：程颐语，见《二程外书·卷三》：“圣人之教人，俯就之若此，犹恐众人以为高远而不亲也。圣人之言，必降而自卑，不如此则人不亲；贤人之言，必引而自高，不如此则道不尊。观于孔子、孟子，则可见矣。”

②大而化之：见《孟子·尽心下》：“充实而有光辉之谓大，大而化之之谓圣，圣而不可知之之谓神。”

【评语】

施邦曜评：圣贤分量之别，自是如此。然圣贤之心，实未常见得有此，只是日进无疆而已。故曰：贤希圣，圣希天。

许舜屏评：圣贤之区别如此。

三轮执斋评：《论语·子罕》有鄙夫问，《章句集注》程子曰：“圣人之言，必降而自卑，不如此则人不亲；贤人之言，引而自高，不如此则道不尊，观于孔子、孟子，则可见矣。”下卷《钱德洪录·五四》曰：先生譬如泰山在前，有不知仰者，须是无目人。先生曰：“泰山不如平地大，平地有何可见”云云，是圣贤之辨也。

七五

问：“伊川谓‘不当于喜怒哀乐未发之前求中’①，延平②却教学者看未发之前气象。何如？”

先生曰：“皆是也。伊川恐人于未发前讨个中，把中做一物看，如吾向所谓认气定时做中，故令只于涵养省察上用功。延平恐人未便有下手处，故令人时时刻刻求未发前气象，使人正目而视惟此，倾耳而听惟此，即是‘戒慎不睹，恐惧不闻’③的工夫。皆古人不得已诱人之言也。”

【注释】

①“伊川”句：见《二程遗书·卷十八·伊川先生语四》。

②延平：即李侗（1093—1163），字愿中，世称“延平先生”，南剑州剑浦（属今福建南平）人，南宋理学家、教育家，程颐的再传弟子，与朱熹之父同师罗从彦，朱熹曾入其门下，并将其语录编为《延平答问》。著作编为《李延平集》。

③“戒慎”句：见《中庸》：“是故君子戒慎乎其所不睹，恐惧乎其所不闻。莫见乎隐，莫显乎微。故君子慎其独也。”

【评语】

刘宗周评：只为本无前后际故也，先生颇主程子说。

施邦曜评：舍戒慎恐惧，实无涵养省察工夫。

孙奇逢评：古人不得已诱人之言，原各有是处，执之又成聚讼矣。

许舜屏评：人谓先生与朱子恒相抵触。观此段评论，于朱子之学初无贬辞。然则先生固非与朱子有所不慊也。延平即朱子。

七六

澄问：“喜怒哀乐之中和[①]，其全体常人固不能有。如一件小事当喜怒者，平时无有喜怒之心，至其临时，亦能中节，亦可谓之中和乎？”

先生曰：“在一时一事，固亦可谓之中和，然未可谓之大本达道。[②]人性皆善，中和是人人原有的，岂可谓无？但常人之心既有所昏蔽，则其本体虽亦时时发见，终是暂明暂灭，非其全体大用矣。无所不中，然后谓之大本，无所不和，然后谓之达道。惟天下之至诚，然后能立天下之大本。”

曰：“澄于中字之义尚未明。”

曰：“此须自心体认出来，非言语所能喻。中只是天理。”

曰：“何者为天理？”

曰：“去得人欲，便识天理。”

曰：“天理何以谓之中？”

曰：“无所偏倚。”

曰：“无所偏倚，是何等气象？”

曰：“如明镜然，全体莹彻，略无纤尘染着。”

曰：“偏倚是有所染着，如着在好色、好利、好名等项上，方见得偏倚。若未发时，美色名利皆未相着，何以便知其有所偏倚？”

曰：“虽未相着，然平日好色、好利、好名之心，原未尝无。既未尝无，即谓之有，既谓之有，则亦不可谓无偏倚。譬之病疟之人，虽有时不发，而病根原不曾除，则亦不得谓之无病之人矣。须是平日好色、好利、好名等项一应私心，扫除荡涤，无复纤毫留滞，而此心全体廓然，纯是天理，方可谓之‘喜怒哀乐未发之中’[3]，方是天下之大本。”

【注释】

①“喜怒”句：参见第二八条注1。

②大本达道：见《中庸》：“中也者，天下之大本也；和也者，天下之达道也。”

③“喜怒”句：见第二八条注1。

【评语】

冯柯评：今乃以不发之疟，况未发之中。是未发之中，特其好色、好利、好名之心未形见者耳。何以为天下之大本耶？何其与明镜之言自相戾耶？

刘宗周评：此即朱子至静之中，无少偏倚之说。先生则直以“良知”二字贯之，终不着静时一项工夫。“平日”二字，亦约略言之耳。

施邦曜评：一时一事之中和，亦是全体之发见。若能因此而充之，便是大本达道。子舆氏云：“苟能充之，足以保四海。”常人之与至诚，只争能充与不能充耳。

施邦曜评：扫除荡涤当于何处下手？只是常存一戒慎恐惧之心，念念归到天理上，寂然不动，如是也；感而应物，亦如是也。如只向静中存想，不从事境上磨练得过，终是虚想。如未见色而言不好色，那见得不好，必如操万斛之舟，于狂风巨浪之中，指南针不走，方见得是中。

孙奇逢评：虽未相着，原未尝无。

陶浔霍评：如此周市。

许舜屏评：人人皆有良知，故人人皆有中和能保其良知，则谓之大本达道。如何能保其良知？便是要平日好色、好利、好名等项，一应私心扫除荡涤，这就是克己的工夫。做到此地步，便能全体廓然，不失其良知耳。

吉村秋阳评：此问答，俱以中和为前后二时，犹是旧说。尝谓，盖自性言之，即中即和，固一时事，下条“万象森然”是也。自心言之，则中主无事，和主有事；分属为二，亦无不可。古语往往有知此者，然即中而和在，即和而中存，毕竟非二时，在善体会之。

七七

问："'颜子没而圣学亡。'[①]此语不能无疑。"

先生曰："见圣道之全者惟颜子，观喟然一叹[②]可见。其谓'夫子循循然善诱人，博我以文，约我以礼'[③]，是见破后如此说。博文约礼，如何是善诱人？学者须思之。道之全体，圣人亦难以语人，须是学者自修自悟。颜子'虽欲从之，末由也已'，即'文王望道'未见意[④]。望道未见，乃是真见。颜子没，而圣学之正派，遂不尽传矣。"

【注释】

①"颜子"句，语出王阳明《别湛甘泉序》。颜子，即颜回（前521—前481？），字子渊，春秋时期鲁国人，孔子最得意的门生，孔门七十二贤之首，年四十岁早逝。

②喟然一叹：语出《论语·子罕》："颜渊喟然叹曰：'仰夫子弥高，钻之弥坚瞻之在前，忽焉在后。夫子循循然善诱人，博我以文，约我以礼，欲罢不能。既竭吾才，如有所立卓尔。虽欲从之，末由也已。'"

③"夫子"句：见本条注2。

④"文王"句：见第二二条注1。

【评语】

施邦曜评：得道者文礼亦是筌蹄。

七八

问："身之主为心，心之灵明是知，知之发动是意，意之所着为物，是如此否？"

先生曰："亦是。"

【评语】

陶浔霍评："亦是"云者，盖先生本意谓"心之发为意，意之本体为知，意之所着为物”也，方与《大学》之序合。

许舜屏评：此即致知格物之功也。

七九

“只存得此心常见在，便是学。过去未来事，思之何益？徒放心耳！”

【评语】

施邦曜评：一息放下，学问、思辨、笃行，心便不存。

八〇

“言语无序，亦足以见心之不存。”

【评语】

许舜屏评：心既放去，自然言语无序了。

八一

尚谦[①]问孟子之“不动心”[②]与告子异。

先生曰：“告子是硬把捉着此心，要他不动。孟子却是集义[③]到自然不动。”

又曰：“心之本体原自不动。心之本体即是性，性即是理，性元不动，理元不动。集义是复其心之本体。”

【注释】

① 尚谦：即薛侃（1486—1546），字尚谦，世称“中离先生”，潮州府揭阳人（今广东省潮安县）人，正德十二年（1517）进士，明代岭南大儒。阳明在赣州时，入阳明门下；晚年隐居中离山讲学，从学者甚众，《明史》称“自是王氏学盛行于岭南”。著有《训俗垂规》《图书质疑》《经传论义》《研几录》《鲁论真诠》等。

② 不动心：见《孟子·公孙丑上》。

③ 集义：见第四〇条注 1。

【评语】

施邦曜评：集义如云事合于义，便是义外，不可不辨。

许舜屏评：孟子是集义之功，故能存心养性；告子的不动，是强制的。强制的只可暂时，不能久而不变。惟能出于自然，则久久亦不失其良知。此孟子之“不动心”所以异于常人也。

八二

“万象森然时，亦冲漠无朕；冲漠无朕，即万象森然。[①] 冲漠无朕者，一之父；万象森然者，精之母。一中有精，精中有一。”

【注释】

①“万象”句：见第二一条注1。

【评语】

佐藤一斋评：心之本体，寂然不动，即冲漠无朕也；心之大用，感而遂通，即万物森然也。一中有精，本体工夫也；精中有一，工夫本体也。

吉村秋阳评：“道亦器，器亦道”，正知体用合一之本意。

东正纯评：万象森然，即冲漠无朕。下“时亦”二字似不莹。岂在合心境，而与下句不同邪？一中有精，扮即一。精中有一，一即精。于是本体功夫合焉。

八三

“心外无物。如吾心发一念孝亲，即孝亲便是物。”

【评语】

许舜屏评：心为主，物为从，故心之所发，形而为物。盖万物均根心而起也。

八四

先生曰：“今为吾所谓格物之学者，尚多流于口耳。况为口耳之学者，能反于此乎？天理人欲，其精微必时时用力省察克治，方日渐有见。如今一说话之间，虽只讲天理，不知心中倏忽之间，已有多少私欲。盖有窃发而不知者，虽用力察之，尚不易见，况徒口讲而可得尽知乎？今只管讲天理来顿放着不循，讲人欲来顿放着不去，岂格物致知之学？后世之学，其极至，只做得个义袭而取[1]的工夫。”

【注释】

① 义袭而取：见《孟子·公孙丑上》：“其为气也，至大至刚，以直养而无害，则塞于天地之间。其为气也，配义与道；无是，馁也。是集义所生者，非义袭而取之也。”

【评语】

施邦曜评：数语俗学病根，尽数拈出。

许舜屏评：致知在乎力行，能行乃不负其知。先生一生致力于此，固非口耳之学所能望其昂背。

八五

问格物。

先生曰：“格者，正也。正其不正，以归于正也。”

八六

问：“‘知止’者，知至善只在吾心，元不在外也，而后志定。”[1]

曰：“然”。

【注释】

①“知止”句：参见《大学》：“知止而后志定。”

八七

问：“格物于动处用功否？”

先生曰：“格物无间动静，静亦物也。孟子谓‘必有事焉’[1]，是动静皆有事。”

【注释】

① 必有事焉：见《孟子·公孙丑上》：“必有事焉，而勿正，心勿忘，勿助长也。”

【评语】

施邦曜评：如分动为格物，则是君子于静时便是禅寂。

陶浔霍评：如此，彻。

许舜屏评：动静皆有物，故无往非物。即无往不用其格，物格而后知至，故亦无往而不竭吾知也。

佐藤一斋评：静时格物，戒惧慎独即此。

八八

“工夫难处，全在格物致知上，此即诚意之事。意既诚，大段心亦自正，身亦自修。但正心、修身工夫，亦各有用力处。修身是已发边，正心是未发边。心正则中，身修则和。”

【评语】

刘宗周评：此是先生定论。先生他日每言“意在于事亲，即事亲为一物”云云。余窃转一语：“意不在于事亲时，是恁物？”先生又曰：“工夫难处，全在格物致知上，此即诚意之事。意既诚，大段心亦自正，身亦自修，但正心修身工夫，亦各有用力处。修身是已发边，正心是未发边，心正则中，身修则和”云云。先生既以良知二字冒天下之道，安得又另有正、修工夫？只因将“意”字看作已发，故工夫不尽，又要正心，又要修身。意是已发，心是未发，身又是已发。先生每讥宋学支离，而躬自蹈之，千载而下，每欲起先生于九原质之，而无从也。

施邦曜评：以诚意为主去格物，格物即是择善。

许舜屏评：凡事均难于初时，知既致，则以后均顺流而下。但当守而勿失其得也。

八九

“自‘格物致知’至‘平天下’，只是一个‘明明德’。虽亲民，亦明德事也。明德是此心之德，即是仁。‘仁者，以天地万物为一体’①，使有一物失所，便是吾仁有未尽处。”

【注释】

①“仁者”句：见《二程遗书·卷二·二先生语二上》。

【评语】

施邦曜评：此明德察苍天、入重渊，天地民物，那一件不是明德中事？圣人舍却明明德，更有何工夫？

许舜屏评：仁所未尽之处，便是心所未安之处。

三轮执斋评：此意先生《大学问》及《文录·第七·亲民堂记》详尽。又第九卷《书朱子礼》卷一编，并见其实用。

九〇

“只说‘明明德’，而不说‘亲民’，便似老、佛。”

【评语】

许舜屏评：先生不信佛，于此处可见。

三轮执斋评：朱子《大学或问》既有此说，然与先生所说意自别。

九一

“至善者，性也。性元无一毫之恶，故曰至善；止之，是复其本然而已。”

【评语】

许舜屏评：本然者，良知也。

九二

问："知至善即吾性，吾性具吾心，吾心乃至善所止之地，则不为向时之纷然外求，而志定矣。定则不扰扰而静，静而不妄动则安，安则一心一意只在此处。千思万想，务求必得此至善，是能虑[①]而得矣。如此说是否？"

先生曰："大略亦是。"

【注释】

① 能虑：见《大学》："知止而后在定，定而后能静，静而后能安，安而后能虑，虑而后能得。"

九三

问："程子云'仁者，以天地万物为一体'[①]，何墨氏'兼爱'[②]，反不得谓之仁？"

先生曰："此亦甚难言，须是诸君自体认出来始得。仁是造化生生不息之理，虽弥漫周遍，无处不是，然其流行发生，亦只有个渐，所以生生不息。如冬至一阳生，必自一阳生，而后渐渐至于六阳，若无一阳之生，岂有六阳？阴亦然。惟其渐，所以便有个发端处；惟其有个发端处，所以生；惟其生，所以不息。譬之木，其始抽芽，便是木之生意发端处。抽芽然后发干，发干然后生枝生叶，然后是生生不息。若无芽，何以有干有枝叶？能抽芽，必是下面有个根在，有根方生，无根便死，无根何从抽芽？父子兄弟之爱，便是人心生意发端处，如木之抽芽。自此而仁民，而爱物，便是发干生枝生叶。墨氏兼爱无差等，将自家父子兄弟与途人一般看，便自没了发端处。[③]不抽芽，便知得他无根，便不是生生不息，安得谓之仁？孝弟为仁之本[④]，却是仁理从里面发生出来。"

【注释】

①"仁者"句：见第八九条注1。

② 墨氏，即战国时期墨家学派创始人墨子，"兼爱"说是其主张之一，

详见《墨子·兼爱》。

③“墨氏”句：孟子极力反对墨子的“兼爱”说，曾说：“杨氏为我，是无君也；墨氏兼爱，是无父也。无父无君，是禽兽也。”（见《孟子·滕文公下》）

④“孝弟”句：见《论语·学而》：“有子曰：‘其为人也孝弟，而好犯上者，鲜矣；不好犯上，而好作乱者，未之有也。君子务本，本立而道生。孝弟也者，其为仁之本欤！’”

【评语】

刘宗周评：只此便可勘佛氏之学。

施邦曜评：要识墨氏亦是毅然以仁为己任者，但是他只看得仁之大规模，不曾晓得仁之真本体。据其万物一体之念，看途人当无异于父子兄弟，全不顾父子兄弟，不可并途人。总是不能学问、思辨、笃行晰理未精故也。如有子云孝弟为仁之本，是为得之。

许舜屏评：良知具于吾心，推而行之，主于万事万物，全靠这一心做去。故人心发端之处，如木之抽芽，必有其本也。孝弟为仁之本，有子所言，实已先示人正心之学矣。

九四

问：“延平云‘当理而无私心’[①]。‘当理’与‘无私心’，如何分别？”

先生曰：“心即理也。‘无私心’即是当理；未当理便是私心。若析心与理言之，恐亦未善。”

又问：“释氏于世间一切情欲之私，都不染着，似无私心。但外弃人伦，却似未当理。”

曰：“亦只是一统事，都只是成就他一个私己的心。”

【注释】

①“当理”句：见朱熹编《延平答问》。

【评语】

冯柯评：“当理”以事言，“无私心”以心言，此“当理”与“无私心”之别也。

黄宗羲评：释氏于天地万物之理，一切置之度外，更不复讲，而止守此明觉；世儒则不恃此明觉，而求理于天地万物之间，所为绝异。然其归理于天地万物，归明觉于吾心，则一也。向外寻理，终是无源之水，无根之木，纵使合得，本体上已费转手，故沿门乞火，与合眼见暗，相去不远。先生点出心之所以为心，不在明觉而在天理，金镜已坠而复收，遂使儒、释疆界，渺若山河，此有目者所共睹也。

许舜屏评：儒家的心与佛家的心，其所异者在此。

施邦曜评：看来还只是"无私心"为主。心无私，自然当理。释氏之未当于理，亦是他在出入生死上起见，所以究竟成得一个私己，不得成位育事业。

薛侃录

九五

侃问："持志如心痛。一心在痛上，安有工夫说闲话，管闲事？"

先生曰："初学工夫如此用亦好，但要使知'出入无时，莫知其乡'①。心之神明，原是如此，工夫方有着落。若只死死守着，恐于工夫上又发病。"

【注释】

①"出入"句：参见第四八条注1。

【评语】

许舜屏评：告子的不动心，便是死死守着的原故。所以不能同孟子的不动心一样。

佐藤一斋评：几亭谓心痛时岂但闲事？即要紧事亦管不来。持志若果如之，岂不是死工夫？安得物来顺应？所以先生亦自救其说。愚案，先生诲人，随人不同。如持志条，其语原静者如是。盖亦对症药方尔。在尚谦则工夫又不可如此用，故有此言。恐非自救之谓也。

九六

侃问："专涵养而不务讲求，将认欲作理，则如之何？"

先生曰："人须是知学。讲求，亦只是涵养；不讲求，只是涵养之志不切。"

曰："何谓知学？"

曰："且道为何而学？学个甚？"

曰："尝闻先生教，学是学存天理。心之本体，即是天理。体认天理，只要自心地无私意。"

曰："如此，则只须克去心意便是，又愁甚理欲不明？"

曰："正恐这些私意认不真。"

曰："总是志未切。志切，目视耳听皆在此，安有认不真的道理？'是非之心，人皆有之'，[①] 不假外求。讲求亦只是体当自心所见，不成去心外别有个见。"

【注释】

①"是非"句：见《孟子·告子上》："恻隐之心，人皆有之；羞恶之心，人皆有之；恭敬之心，人皆有之；是非之心，人皆有之。"

【评语】

冯柯评：使果以讲求为只是涵养，则朱子即物穷理，正讲求之事也。何独不以为涵养，而谓之玩物丧志哉？吾闻佛氏善遁。……阳明学于佛氏，故得其邪遁之法，以为周遮之说。

施邦曜评：学问只要心地无私，如笼统说个大概，是直头直脑工夫。细寻其发端，究竟是间不容发。今试举"仁义"二字言仁义，曷尝有私？然墨氏认那兼爱为仁，究其害，直到无父田地。杨氏认那为我是义，究其害，直到无君田地。二氏发念，未尝有私，只是察识不精，流害遂至于此。讲求之功，是必不可已。第不容徒役役于闻见外用其精神耳。

孙奇逢评：总是志未切。

许舜屏评：这就是持志的道理。

佐藤一斋评：涵养、讲求一也。体认天理，克去私意，求之于身心，即是讲求，即是涵养。至于询诸父兄，质诸师父，稽诸古圣贤遗训，亦涵养之志。切至处自能如是，则不可谓之心外事。就如今日侃问而先生答，便是多少讲求，多少涵养，并不出于心外。此等处学者亦须要认得不误。

九七

先生问在坐之友："比来工夫何似？"

一友举虚明意思。先生曰："此是说光景。"

一友叙今昔异同。先生曰："此是说效验。"

二友惘然，请是。

先生曰："吾辈今日用功，只是要为善之心真切。此心真切，见善即迁，有过即改，方是真切工夫。如此则人欲日消，天理日明。若只管求光景、说效验，却是助长外驰病痛，不是工夫。"

【评语】

刘宗周评： 依旧只是去人欲存天理。

施邦曜评： 只就改过迁善上用功，此心惟日见不足，自无光景、效验之可言。

陶浔霍评： 不见光景，亦不计较真无上妙谛。

许舜屏评："见善即迁"二语，圣贤学问多由于此。

九八

朋友观书，多有摘议晦庵者。

先生曰："是有心求异，即不是。吾说与晦庵时有不同者，为入门下手处有毫厘千里之分，不得不辩。然吾之心与晦庵之心，未尝异也。若其余文义解得明当处，如何动得一字？"

【评语】

施邦曜评： 即此可见先生之心独善。

许舜屏评： 后人动即谓先生毁谤晦庵，殆未见集中此等语也。

九九

希渊[1]问："圣人可学而至，然伯夷[2]、伊尹[3]于孔子，才力终不同，其同谓之圣者[4]安在？"

先生曰："圣人之所以为圣，只是其心纯乎天理，而无人欲之杂。犹精金之所以为精，但以其成色足而无铜铅之杂也。人到纯乎天理方是圣，金到足色方是精。然圣人之才力，亦有大小不同，犹金之分两有轻重。尧、舜犹万镒，文王、孔子犹九千镒，禹、汤、武王犹七八千镒，伯夷、伊尹犹四五千镒。才力不同，而纯乎天理则同，皆可谓之圣人；犹分两虽不同，而足色则同，皆可谓之精金。以五千镒者而入于万镒之中，其足色同也；以夷、尹而厕之尧、孔之间，其纯乎天理同也。盖所以为精金者，在足色而不在分两；所以为圣者，在纯乎天理而不在才力也。故虽凡人而肯为学，使此心纯乎天理，则亦可为圣人；犹一两之金，比之万镒，分两虽悬绝，而其到足色处，可以无愧。故曰'人皆可以为尧、舜'[5]者以此。学者学圣人，不过是去人欲而存天理耳，犹炼金而求其足色。金之成色所争不多，则锻炼之工省而功易成，成色愈下，则锻炼愈难；人之气质，清浊粹驳，有中人以上，中人以下。其于道，有生知安行，学知利行，其下者，必须人一己百，人十己千，[6]及其成功则一。后世不知作圣之本是纯乎天理，却专去知识才能上求圣人，以为圣人无所不知，无所不能，我须是将圣人许多知识才能，逐一理会始得。故不务去天理上着工夫，徒弊精竭力，从册子上钻研，名物上考索，形迹上比拟，知识愈广而人欲愈滋，才力愈多而天理愈蔽。正如见人有万镒精金，不务锻炼成色，求无愧于彼之精纯，而乃妄希分两，务同彼之万镒，锡铅铜铁，杂然而投，分两愈增，而成色愈下，既其梢末，无复有金矣。"

时曰仁在旁，曰："先生此喻，足以破世儒支离之惑，大有功于后学。"

先生又曰："吾辈用功，只求日减，不求日增。减得一分人欲，便是复得一分天理，何等轻快脱洒！何等简易！"

【注释】

①希渊：即蔡宗兖，生卒年不详，字希渊，号我斋，浙江山阴（今浙江

省绍兴市）人，明代哲学家，正德十二年（1517）进士，曾任太学助教、南考功郎、四川提学佥事等，正德二年（1507）入阳明门下，是阳明最得意的弟子之一，在任白鹿洞书院洞主时，曾邀请阳明到白鹿洞书院讲学，著有《蔡氏律同》等。

② 伯夷：生卒年不详，商末孤竹国（今河北卢龙）国君长子，与弟叔齐推让王位，后一起逃到西岐。武王伐纣时，因反对以臣伐君，力谏阻止。商朝灭亡后，耻食周粟，逃隐于首阳山采薇。

③ 伊尹：姓伊，名挚，商初大臣，曾辅佐商汤讨伐夏桀。太甲继位后，不遵守商汤的制度，伊尹将其放逐桐宫，三年后太甲悔过，伊尹将其接回复位。

④ “同谓”句：见《孟子·万章下》：“孟子曰：‘伯夷，圣之清者也；伊尹，圣之任者也；柳下惠，圣之和者也；孔子，圣之时者也。孔子之谓集大成。’”

⑤ “人皆可”句：见《孟子·告子下》。

⑥ “人一”句：见《中庸》：“人一能之己百之，人十能之己千之。”

【评语】

刘宗周评：又只举天理比勘，真是旷古眼孔。

施邦曜评：才力限于气禀，必求才力之同，便见圣人非人所能为，只求纯乎天理而不论才力。所以人皆可以为尧舜。

施邦曜评：舍内务外，俗学之病，信然。总之是无真为圣人之心。

王应昌评：论工夫故曰“日益”，论本体故曰“日损”。此为学为道之别，须根上章看来。

梁启超评：崇拜科学而蔑道学者，与夫误认科学以为道学者，读此当悟然。

许舜屏评：这是论心术之同，心之纯乎天理同，故其为圣亦同。至于才力之不同，则其后焉者耳。人人同此心，即人人皆可为圣。若但在册子上、名物上、形迹上考求，则其心已放，安能有入圣的希望。

佐藤一斋评：精金分量之喻，卷内“德章条”（即第一〇七条——编者注）可参。

一〇〇

士德[1]问曰:“格物之说,如先生所教,明白简易,人人见得。文公[2]聪明绝世,于此反有未审。何也?”

先生曰:“文公精神气魄大,是他早年合下便要继往开来,故一向只就考索著述上用功。若先切己自修,自然不暇及此。到得德盛后,果忧道之不明。如孔子退修六籍,删繁就简,开示来学,亦大段不费甚考索。文公早岁便著许多书,晚年方悔,是倒做了。”

士德曰:“晚年之悔,如谓‘向来定本之误’[3],又谓‘虽读得书,何益于吾事?’[4]又谓‘此与守书籍,泥言语,全无交涉’[5],是他到此方悔从前用功之错,方去切己自修矣。”

曰:“然。此是文公不可及处。他力量大,一悔便转,可惜不久即去世,平日许多错处,皆不及改正。”

【注释】

① 士德:即杨骥,生卒年不详,字士德,广东潮州人,先从游湛若水,后入阳明门下,是粤中王学的代表人物。

② 文公:指朱熹。朱熹的谥号“文”,后世尊称为“文公”。

③“向来”句:见阳明编《朱子晚年定论》第一书《答黄直卿》。

④“虽读”句:见阳明编《朱子晚年定论》第六书《与吕子约》。

⑤“此与”句:见阳明编《朱子晚年定论》第三书《答何叔京》。

【评语】

冯柯评:孔子赞《易》,韦编三绝。谓其不费考索,诬矣。

施邦曜评:愚谓朱晦翁晚年之悔,正是恍然有悟处,所谓得鱼忘筌者,此也。

许舜屏评:这又是先生不谤毁朱子之证。按:朱子云“熹旧时亦要无所不学,禅、道、文章、楚辞、诗、兵法,事事要学。一日忽思之,曰,且慢,我只一个,浑身如何兼得许多?自此逐将去了。学者须是主一上做工夫,若无主一工夫,则所讲的义理,无安著处”云云;又云“观此流行之体,初无间断处,有下工夫处。乃知日前自诳二人之罪,盖不可胜赎也”。均是朱子晚年之论。

三轮执斋评：孔子盛时欲行道于天下，而周流于四方，及其知终不可行之当世也，不得已而退修六籍，以诏后世耳。修六籍者，夫子不得已之所为，非其素志。

一〇一

侃去花间草，因曰："天地间何善难培，恶难去？"

先生曰："未培未去耳。"

少间，曰："此等看善恶，皆从躯壳起念，便会错。"

侃未达。

曰："天地生意，花草一般。何曾有善恶之分？子欲观花，则以花为善，以草为恶；如欲用草时，复以草为善矣。此等善恶，皆由汝心好恶所生，故知是错。"

曰："然则无善无恶乎？"

曰："无善无恶者，理之静；有善有恶者，气之动。不动于气，即无善无恶，是谓至善。"

曰："佛氏亦无善无恶，何以异？"

曰："佛氏着在无善无恶上，便一切都不管，不可以治天下。圣人无善无恶，只是无有作好，无有作恶，不动于气。然遵王之道，会其有极，[1]便自一循天理，便有个裁成辅相。[2]"

曰："草既非恶，即草不宜去矣？"

曰："如此却是佛、老意见。草若有碍，何妨汝去？"

曰："如此又是作好作恶？"

曰："不作好恶，非是全无好恶，却似无知觉的人。谓之不作者，只是好恶一循于理。不去，又着一分意思。如此即是不曾好恶一般。"

曰："去草如何是一循于理，不着意思？"

曰："草有妨碍，理亦宜去，去之而已。偶未即去，亦不累心。若着了一分意思，即心体便有贻累，便有许多动气处。"

曰："然则善恶全不在物。"

曰："只在汝心。循理便是善，动气便是恶。"

曰："毕竟抑无善恶。"

曰："在心如此。在物亦然，世儒惟不知此，舍心逐物。将格物之学错看了。终日驰求于外，只做得个义袭而取[3]。终身行不著，习不察。[4]"

曰："如好好色，如恶恶臭，则如何？"

曰："此正是一循于理。是天理合如此。本无私意作好作恶。"

曰："如好好色，如恶恶臭。安得非意？"

曰："却是诚意。不是私意。诚意只是循天理。虽是循天理，亦着不得一分意。故有所懥好乐，则不得其正。须是廓然大公[5]，方是心之本体。知此即知未发之中[6]。"

伯生曰："先生云'草有妨碍，理亦宜去'。缘何又是躯壳起念？"

曰："此须汝心自体当。汝要去草，是甚么心？周茂叔[7]窗前草不除，是甚么心？[8]"

【注释】

① "无有"句：见《尚书·洪范》："无有作好，遵王之道；无有作恶，遵王之路。无偏无党，王道荡荡；无党无偏，王道平平；无反无侧，王道正直。会其有极，归其有极。"

② "一循"句：见《易经·泰卦·象辞》："后以裁成天地之道，辅相天地之宜。"

③ 义袭而取：见第八四条注1。

④ "终身"句：见《孟子·尽心上》："孟子曰：'行之而不著焉，习矣而不察焉，终身由之而不知其道者，众也。'"

⑤ 廓然大公：见第七二条注3。

⑥ 未发之中：见第二八条注1。

⑦ 周茂叔：即周敦颐（1017—1073），又名元皓，字茂叔，号濂溪先生，道州营道（今湖南省道县）人，北宋著名哲学家，理学思想的开山之祖。著有《太极图说》《周子通书》等。

⑧ "窗前"句：见《二程遗书·卷三·二先生语三》："周茂叔窗前草不除去，问之，云：'与自家意思一般。'"

【评语】

刘宗周评：先生之言，自是端的，与天泉证道之说迥异。

施邦曜评：天地间物之善恶，原有恰当宜好宜恶处，容不得一毫私意。圣人只是因物付物，脑中不曾偏执。有可好可恶之物，便是万物咸若气象。若常人，于己之所欲者而好之，己之不欲者而恶之，眼前便多不恰意之物，即此可识公私之辨。

施邦曜评：好恶一动于气，便是恶，真发先儒所未发。

施邦曜评：可思。

许舜屏评：好恶根于心，非因物而发，以心应物，不能舍心逐物。此圣贤所以贵存心养性也。

陶浔霍评：此三句，乃醒出非本心善恶意。

一〇二

先生谓学者曰："为学须得个头脑，工夫方有着落。纵未能无间，如舟之有舵，一提便醒。不然，虽从事于学，只做个义袭而取。只是行不著，习不察，非大本、达道也。"

又曰："见得时，横说竖说皆是。若于此处通，彼处不通，只是未见得。"

【评语】

许舜屏评：头脑工夫，便是在心术上用功。心术正则头头是道，无往而不宜矣。

一〇三

或问："为学以亲故，不免业举之累。"

先生曰："以亲之故而业举，为累于学，则治田以养其亲者，亦有累于学乎？先正云'惟患夺志'[①]。但恐为学之志不真切耳。"

【注释】

① 惟患夺志：程颢语，见《二程外书·卷十一》："故科举之事，不患妨功，惟患夺志。"

【评语】

许舜屏评：这就是曹交请假馆之说。

三轮执斋评：《文录·第五·寄闻人邦英邦正》第二书曰："谓举业与圣人之学相戾者，非也。程子云：'心苟不忘，则虽应接俗事，莫非实学，无非道也。'而况于举业乎？谓举业与圣人之学不相戾者，亦非也，程子云：'心苟忘之，则虽终身由之，只是俗事。'而况于举业乎？忘与不忘之间不能以发，要在深思默识所指谓不忘者果何事耶，知此则知学"云云。《外集八·示徐曰仁应试》曰："君子穷达，一听于天，但既业举子，便须入场，亦事宜尔。若期在必得，以自窘辱，则大惑矣。入场之日，切勿以得失横在胸中，令人气馁志分，非徒无益，而又害之。场中作文，先须大开心目，见得题意大概了了，即放胆下笔；纵昧出处，词气亦条畅。今人入场，有志气局促不舒展者，是得失之念为之病也。夫心无二用，一念在得，一念在失，一念在文字，是三用矣，所事宁有成耶？只此便是执事不敬，便是人事有未尽处，虽或幸成，君子有所不贵也"云云。

一〇四

崇一[①]问："寻常意思多忙。有事固忙，无事亦忙，何也？"

先生曰："天地气机，元无一息之停。然有个主宰。故不先不后，不急不缓。虽千变万化，而主宰常定。人得此而生。若主宰定时，与天运一般不息。虽酬酢万变，常是从容自在。所谓'天君泰然，百体从令'[②]。若无主宰，便只是这气奔放，如何不忙？"

【注释】

① 崇一：即欧阳德（1496—1554），字崇一，号南野，泰和（今江西省泰和县）人，著名理学家。嘉靖二年（1523）进士，官至礼部尚书，卒后赠太子少保，谥文庄。阳明得意门生，阳明去世后，奋起护卫对王学的攻击，宣称"致良知"说为"正学"，居家时以讲学为事，有"南野门人者半天下"之称，是阳明后学之江右王门的主要代表人物。

② "天君"句：语出北宋范浚《香溪集·卷五·心箴》，朱熹《孟子集注》曾引用。天君，指心。

【评语】

孙奇逢评：有个主宰。

施邦曜评：君子富贵贫贱夷狄患难，无不涉历，卒无入不自得，何等自在，亦只是其主宰常定，故曰自得彼多忙者，只是无得故耳。

许舜屏评：天君者，心也。心有主宰，便必求助于气，应付自从容的了。

一〇五

先生曰："为学大病在好名。"

侃曰："从前岁自谓此病已轻，比来精察，乃知全未。岂必务外为人？只闻誉而喜，闻毁而闷，即是此病发来。"

曰："最是。名与实对，务实之心重一分，则务名之心轻一分；全是务实之心，即全无务名之心；若务实之心，如饥之求食，渴之求饮，安得更有工夫好名？"

又曰："'疾没世而名不称'①，'称'字去声读，亦'声闻过情，君子耻之'②之意。实不称名，生犹可补，殁则无及矣。'四十、五十而无闻'③，是不闻道，非无声闻也。孔子云'是闻也，非达也'④，安肯以此望人？"

【注释】

①"疾没"句：见《论语·卫灵公》。

②"声闻"句：见《孟子·离娄下》。

③"四十"句：见《论语·子罕》。

④"是闻"句：见《论语·颜渊》。

【评语】

施邦曜评：今人并名亦不好，是又好名者之罪人矣。因思"三代以下，惟恐不好名"此语，有无限感慨。

施邦曜评：解闻字妙。

陶浔霍评：搔着心中痒处。

陶浔霍评：如此切至，但说莫务名，则要他何所务乎？三代以上，士患好名，得此乃亲切的当下，可以反求其心也。

陶浔霍评：更进一解，而常解亦在中。

许舜屏评：古人之学，其病在好名；今人之学，其病在于不好名。盖古人恐好名，则减其务实之功；今人不好名，则并无务实之希望也。

一〇六

侃多悔。

先生曰："悔悟是去病之药，然以改之为贵。若留滞于中，则又因药发病。"

【评语】

施邦曜评：人终日说悔悟，俱是借以文过之词。

许舜屏评：孔子云"过则勿惮改"，便是此意。

一〇七

德章[1]曰："闻先生以精金喻圣，以分两喻圣人之分量，以锻炼喻学者之工夫，最为深切。惟谓尧、舜为万镒，孔子为九千镒，疑未安。"

先生曰："此又是躯壳上起念，故替圣人争分两。若不从躯壳上起念，即尧、舜万镒不为多，孔子九千镒不为少。尧、舜万镒，只是孔子的，孔子九千镒，只是尧、舜的，原无彼我。所以谓之圣，只论精一，不论多寡。只要此心纯乎天理处同，便同谓之圣。若是力量气魄，如何尽同得？后儒只在分两上较量，所以流入功利。若除去了比较分两的心，各人尽着自己力量精神，只在此心纯天理上用功，即人人自有，个个圆成，便能大以成大，小以成小，不假外慕，无不具足。此便是实实落落'明善诚身'[2]的事。后儒不明圣学，不知就自己心地良知良能上体认扩充，却去求知其所不知，求能其所不能，一味只是希高慕大，不知自己是桀、纣心地，动辄要做尧、舜事业，如何做得？终年碌碌，至于老死，竟不知成就了个甚么，可哀也已！"

【注释】

① 德章：生平不详，只知姓刘，可能是阳明门人。

② 明善诚身：见《中庸》："诚身有道：不明乎善，不诚乎身矣。"

【评语】

冯柯评：使果以替圣人争分两为躯壳起念，则阳明前日以分两喻圣人分两者，独非躯壳起念乎？使前日之喻非躯壳起念，何独以今日之疑，为躯壳起念乎？既自以为不从躯壳起念，不替圣人争分两，何不以孔子为万镒，尧、舜为九千镒乎？

陶浔霍评：其意旨不重论古人重要，人自全其天理耳。

陶浔霍评：今日后人尚有以此言訾议者，何不再玩。

许舜屏评：此不过是个譬喻之言，必欲泥定分量论圣人，安得人人而秤之耶？盖分量个人不同，不像心术是各圣皆同的。所以学圣贤，须要从心术上去用功。

一〇八

侃问："先儒以心之静为体，心之动为用，[①]如何？"

先生曰："心不可以动静为体用。动静，时也，即体而言用在体，即用而言体在用，是谓'体用一源'[②]。若说静可以见其体，动可以见其用，却不妨。"

【注释】

①"先儒"句：见《河南程氏文集·卷九·与吕大临论中书》："心，一也。有指体而言者（自注：寂然不动是也），有指用而言者（感而遂通天下之故是也）。"

② 体用一源：见第四五条注2。

【评语】

刘宗周评：心并无动静可言，必不得已。可说动可以见体，静可以见用。

施邦曜评：佛氏认着体，墨氏认着用，均失之。如《中庸》所云，合内外之道始得。

孙奇逢评：体用一源。

许舜屏评：心是主宰，时有动静，以心运之，故说静可以见其体，说动可以见其用。

三轮执斋评：先儒谓程朱，共有此说，然《文录第四·答伦彦式书》曰："心无动静者也，其静也者，以言其体也；其动也者，以言其用也"云云。又曰："心一而已，静其体也，动其用也"云云，是似与此条相反，然不泥言语而善观其意者，就全文求其意，于自己心上，则实见其不相反。

一〇九

问："上智下愚，如何不可移？[①]"

先生曰："不是不可移，只是不肯移。"

【注释】

①"上智"句：参见《论语·阳货》："子曰：'唯上知与下愚不移。'"

【评语】

施邦曜评：二字大有警省人处。

陶浔霍评：本注亦是如此。

一一〇

问"子夏门人问交"章[①]。

先生曰："子夏是言小子之交，子张[②]是言成人之交。若善用之，亦俱是。"

【注释】

①"子夏"句：见《论语·子张》："子夏之门人问交于子张。子张曰：'子夏云何？'对曰：'子夏曰："可者与之，其不可者拒之。"'子张曰：'异乎吾所闻：君子尊贤而容众，嘉善而矜不能。我之大贤与，于人何所不容？我之不贤与，人将拒我，如之何其拒人也？'"

②子张：即颛孙师（前503—？），名师，字子张，春秋末年陈国（一说鲁国）人，孔子弟子，孔门七十二贤之一。

【评语】

许舜屏评：子夏、子张两人情性不同，故尔两人之论交，亦不同。

以小子之交、成人之交分别之，最宜。

一一一

子仁[①]问："'学而时习之，不亦说乎'[②]，先儒以学为效先觉之所为，[③]如何？"

先生曰："学是学去人欲存天理。从事于去人欲存天理，则自正诸先觉，考诸古训，自下许多问辨思索、存省克治工夫，然不过欲去此心之人欲，存吾心之天理耳。若曰效先觉之所为，则只说得学中一件事，亦似专求诸外了。'时习'者，'坐如尸'[④]，非专习坐也，坐时习此心也；'立如斋'[⑤]，非专习立也，立时习此心也。'说'是'理义之说我心'[⑥]之'说'，人心本自说理义，如目本说色，耳本说声，惟为人欲所蔽所累，始有不说。今人欲日去，则理义日洽浃，安得不说？"

【注释】

① 子仁：即冯恩（约1496—1576），字子仁，号南江，松江府华亭县（今上海市松江区）人。嘉靖五年（1526）进士。曾任南京御史、大理寺丞等职。阳明征思田时，以行人使其军，入阳明门下。

② "学而"句：见《论语·学而》。

③ "先儒"句：朱熹《论语集注》注《论语》中"学而时习之，不亦说乎"句时说："学之为言效也，人性皆善，而觉有先后，后觉者必效先觉之所为，乃可以明善而复其初也。"

④ 坐如尸：见《礼记·曲礼》："若夫坐如尸，立如斋。礼从宜，使从俗。"

⑤ 立如斋：同上注。

⑥ "理义"句：见《孟子·告子上》："理义之说我心，犹刍豢之说我口。""说"，通"悦"。

【评语】

施邦曜评：本注云：明善而复其初，原解得极精善即先生所谓天理也。凡物俱有去来，有晦明，独此善存于心，日用饮食，昼夜衾影，无时或离。君子之学，所以明善。求一可容不善之时不可得，讲求诵读，止是习中之一端，不可以竟习之事。时习者，动静语默，无往非习，即向晦入晏息，求不愧衾，亦无非习。只是常提此善，不令之昏昧放逸，此自有欲一息丢下不可得者，便是说。即如点之童冠咏归看来，便不过是闲耍。然胸中自有见得处，亦是习，是悦。即此，可晓然于“时习”之解矣。

许舜屏评：去人欲存天理，是学中最要紧的节目，亦是学时不可须臾离的工夫，所以说“时习”也。至于“说”，则所谓渣滓去而清光大来矣。

陶浔霍评：平心静想，定在精至切实。

三轮执斋评：《论语》首章说明白简易，无过之者，与《集注》合考，当入口知其味。

一一二

国英[①]问：“曾子三省虽切，恐是未闻一贯时工夫。[②]”

先生曰：“一贯是夫子见曾子未得用功之要，故告之。学者果能忠恕上用功，岂不是一贯？一如树之根本，贯如树之枝叶。未种根，何枝叶之可得？体用一源，体未立，用安从生！谓‘曾子于其用处，盖已随事精察而力行之，但未知其体之一’[③]，此恐未尽。”

【注释】

① 国英：即陈杰，字国英，福建莆田人，为阳明门人，其余不详。

② “三省”，见《论语·学而》：“曾子曰：‘吾日三省吾身，为人谋而不忠乎？与朋友交而不信乎？传不习乎？’”“一贯”，语出《论语·里仁》：“子曰：‘参乎！吾道一以贯之。’”

③ “曾子”句：见朱熹《论语集注·里仁》。

【评语】

陶浔霍评：能一空旧解，照白文，将此语深味，何等实落。

陶浔霍评：如此看，觉此章极其易解，又人人可以下手。如旧说，则“一贯”与“忠恕”总多扭捏，况加而已矣。三字及自然，勉然天道人道之异乎？

许舜屏评：有根本然后有枝叶，这是一定之理。“忠”字、“恕”字，都从“心”字，可见心术是最关紧要的。朱子谓曾子于其用处，盖已随事精察而力行之，但未知其体之耳。这便是说仅有枝叶而无根本。夫岂其然。

一一三

黄诚甫[①]问"汝与回也孰愈"章[②]。

先生曰："子贡[③]多学而识，在闻见上用功，颜子在心地上用功。故圣人问以启之，而子贡所对，又只在知见上。故圣人叹惜之，非许之也。"

【注释】

① 黄诚甫（？—1536）：即黄宗贤，字诚甫，号致斋，浙江宁波人，正德九年（1514）进士，官至兵部右侍郎，阳明门人，阳明对他曾深致厚望。

②"汝与"句：见《论语·公冶长》："子谓子贡曰：'女与回也孰愈？'对曰：'赐也何敢望回？回也，闻一以知十，赐也，闻一以知二。'子曰：'弗如也，吾与女弗如也！'"

③ 子贡：即端木赐（前520—前456），字子贡，春秋时期卫国人，孔子的得意弟子，以"言语"著称，善于雄辩，曾任鲁国、卫国之相，是孔门七十二贤之一。

一一四

"颜子'不迁怒，不贰过'[①]，亦是有未发之中[②]，始能。"

【注释】

①"颜子"句：见《论语·雍也》："哀公问：'弟子孰为好学？'孔子对曰：'有颜回者好学，不迁怒，不贰过。不幸短命死矣！今也则亡，未闻好学者也。'"

② 未发之中：见第二八条注1。

【评语】

许舜屏评：此亦与朱注互异者。

一一五

"种树者必培其根，种德者必养其心。欲树之长，必于始生时删其繁枝；欲德之盛，必于始学时去夫外好。如外好诗文，则精神日渐漏泄在诗文上去，凡百外好皆然。”

又曰：“我此论学，是无中生有的工夫。诸公须要信得及，只是立志。学者一念为善之志，如树之种，但勿助勿忘，只管培植将去，自然日夜滋长，生气日完，枝叶日茂。树初生时，便抽繁枝，亦须刊落，然后根干能大。初学时亦然。故立志贵专一。”

【评语】

施邦曜评：外好不独功名富贵诗文之类，即稍存一见小欲速之心，皆外好也。故必勿助勿忘，专一不二，方谓真立志。立志者辨之。

陶浔霍评：此则抛空“吾与女”三字也。

许舜屏评：心术正则凡事皆正，犹树之根本既厚，则枝叶必繁。若不先正其心术，则外好得而乘之，安有深造之理。

三轮执斋评：《小学》及《近思录》载明道先生曰：“忧子弟之轻俊者，只教以经学，念书不得，令作文字。子弟凡百玩好，皆夺志，至书札于儒者，事最近然。”明道先生以记诵博识为玩物丧志，云云，皆须并案。

一一六

因论先生之门，某人在涵养上用功，某人在识见上用功。

先生曰：“专涵养者，日见其不足；专识见者，日见其有余。日不足者，日有余矣；日有余者，日不足矣。”

【评语】

许舜屏评：否泰之理，循环不已，便是如此。

三轮执斋评：是条与上卷《薛侃录·五》“求日减，不求日增”之意。《象山集要》第五语：显仲云：“风括浪静中滋味深长，人资性长短虽不同，然同进一步则皆失，同退一步则皆得。”

一一七

梁日孚[①]问：“居敬、穷理是两事，先生以为一事，如何？”

先生曰：“天地间只有此一事，安有两事？若论万殊，礼仪三百，威仪三千，又何止两？公且道居敬是如何？穷理是如何？”

曰：“居敬是存养工夫，穷理是穷事物之理。”

曰：“存养个甚？”

曰：“是存养此心之天理。”

曰：“如此，亦只是穷理矣。”

曰：“且道如何穷事物之理？”

曰：“如事亲，便要穷孝之理；事君，便要穷忠之理。”

曰：“忠与孝之理，在君、亲身上？在自己心上？若在自己心上，亦只是穷此心之理矣。且道如何是敬？”

曰：“只是主一。”

曰：“如何是主一？”

曰：“如读书，便一心在读书上；接事，便一心在接事上。”

曰：“如此则饮酒便一心在饮酒上，好色便一心在好色上，却是逐物，成甚居敬工夫？”

日孚请问。

曰：“一者，天理。主一，是一心在天理上。若只知主一，不知一即是理，有事时便是逐物，无事时便是着空。惟其有事无事，一心皆在天理上用功，所以居敬亦即是穷理。就穷理专一处说，便谓之居敬；就居敬精密处说，便谓之穷理。却不是居敬了，别有个心穷理；穷理时，别有个心居敬。名虽不同，工夫只是一事。就如《易》言‘敬以直内，义以方外’[②]，敬即是无事时义，义即是有事时敬，两句合说一件。如孔子言‘修己以敬’[③]，即不须言义；孟子言‘集义’[④]，即不须言敬。会得时，横说竖说，工夫总是一般。若泥文逐句，不识本领，即支离决裂，工夫都无下落。”

问：“穷理何以即是尽性？”

曰：“心之体，性也，性即理也。穷仁之理，真要仁极仁；穷义之理，真要义极义。仁义只是吾性，故穷理即是尽性。如孟子说‘充其恻隐之心，至仁不可胜用’[⑤]，这便是穷理工夫。”

日孚曰：“先儒谓‘一草一木亦皆有理，不可不察’，[⑥]如何？”

先生曰：“夫我则不暇，公且先去理会自己性情，须能尽人之性，然后能尽物之性。”

日孚悚然有悟。

【注释】

① 梁日孚：即梁焯，字日孚，生卒年不详，广东南海人，正德九年（1514）进士，官职职方司主事，阳明门人。

② “敬以”句：见《易经·坤卦·文言》。

③ 修己以敬：见《论语·宪问》。

④ 集义：见第四〇条注1。

⑤ “充其”句：见第八条注3。

⑥ “先儒”句：见《二程遗书·卷十八·伊川先生语四》：“求之性情，固是切于身，然一草一木皆有理，须是察。”

【评语】

施邦曜评：其实事物之理，即此心之理，人见为事物，自见道者视之，活活泼泼，何莫非性命之理。故夫子曰：“天何言哉！四时行焉，百物生焉。”时物皆外也。悟则即外皆内也，不得道者，一膜之外尽成睽隔。得道者，天地万物皆一体，穷理者须放大眼孔。事物纷拏而理惟一。若以专于事为敬，便是逐境而留息荒甚矣。安云居敬哉？惟凭一理为主，即千变万化无弗专一，方是主敬之学。

施邦曜评：人生只此灵虚之体谓之心。然却有因物付物之根底，停停当当，在中故曰“理”，从生而即有故曰“性”。非更有一个理在心中，有一个性在心中也。所谓穷理，要就心中穷究此根底。

孙奇逢评：居敬即是穷理。

许舜屏评：天地间的事有万端，而吾心则一，存其心养其性，故虽万事万变，而吾只以一心应之。居敬者此心，穷理者亦此心，安得分而为二。

一一八

惟乾[①]问：“‘知’如何是心之本体？”

先生曰：“‘知’是理之灵处。就其主宰处说便谓之心，就其禀赋处说便谓之性。孩提之童，无不知爱其亲，无不知敬其兄[②]。只是这个灵能不为私欲遮隔，充拓得尽，便完全是他本体，便‘与天地合德’[3]。自圣人以下，不能无蔽，故须格物以致其知。”

【注释】

① 惟乾：即冀元亨（1482—1521），字惟乾，号暗斋，常德府武陵县（今湖南省常德市）人，阳明赴龙场途中，开始就学于阳明。阳明起复后，一直随事阳明。宁王朱宸濠曾问学阳明，阳明派其赴宁王处作答。宁王之乱后，被权臣诬陷助宁王谋反，阳明一直设法营救。嘉靖继位后方才出狱，出狱五日后去世。

② “孩提之童”句：见《孟子·尽心上》：“孩提之童无不知爱其亲者，及其长也，无不知敬其兄也。”

③ 与天地合德：见《易经·乾卦·文言》：“夫‘大人’者，与天地合其德，与日月合其明，与四时合其序，与鬼神合其吉凶。”

【评语】

许舜屏评：知爱亲敬兄，此便是良知。不为私欲所隔，便是能保守其良知。再由此为扩充之，便可与天地合德，良知之功效如此。

一一九

守衡[1]问：“《大学》工夫只是诚意，诚意工大只是格物、修、齐、治、平，只诚意尽矣。又有正心之功，有所忿懥好乐，则不得其正[2]。何也？”

先生曰：“此要自思得之。知此则知未发之中[3]矣。”

守衡再三请。

曰：“为学工夫有浅深，初时若不着实用意去好善、恶恶，如何能为善去恶？这着实用意，便是诚意。然不知心之本体原无一物，一向着意去好善恶恶，便又多了这分意思，便不是廓然大公[4]。《书》所谓‘无有作好作恶’[5]，方是本体。所以说有所忿懥好乐，则不得其正。正心只是诚意工夫。里面体当自家心体，常要鉴空衡平，这便是未发之中。”

【注释】

① 守衡：阳明门人，生平不详。

②“有所”句：见《大学》：“所谓修身在正其心者，身有所忿懥，则不得其正，有所恐惧，则不得其正，有所好乐，则不得其正，有所忧患，则不得其正。”

③ 未发之中：见第二八条注 1。

④ 廓然大公：见第七二条注 3。

⑤“无有”句：见《尚书·洪范》：“无偏无陂，遵王之义；无有作好，遵王之道；无有作恶，遵王之路。”

【评语】

许舜屏评：正心由诚意得来，此种工夫，极为微妙。先生说要自思得之，真所谓刻意会而不可言传者。

三轮执斋评：大学功夫是古本《大学·序》之语，而《传习录》中卷答聂文蔚第二书明辨此意。

东正纯评：按《大学》之要，唯是诚意，诚意外无别功。故正心之传，仅举公所以不得正，而不及正之功。故谓诚意工夫即正心工夫。未有有表而无里，有里而无表者。盖以正公诚意，一浑说来，是王子之本意也。后儒往往以颠倒本末驳之，概坐不善观者。

一二〇

正之[1]问：“戒惧是己所不知时工夫，慎独是己所独知时工夫，[2]此说如何？”

先生曰：“只是一个工夫。无事时固是独知，有事时亦是独知。人若不知于此独知之地用力，只在人所共知处用功，便是作伪，便是‘见君子而后厌然’[3]。此独知处便是诚的萌芽。此处不论善念恶念，更无虚假，一是百是，一错百错，正是王霸、义利、诚伪善恶界头。于此一立立定，便是端本澄源，便是立诚。古人许多诚身的工夫，精神命脉，全体只在此处。真是莫见莫显，无时无处，无终无始，只是此个工夫。今若又分戒惧为己所不知，即工夫便支离，亦有间断。既戒惧，即是知。己若不知，是谁戒惧？如此见解，便要流入断灭禅定。”

曰：“不论善念恶念，更无虚假。则独知之地，更无无念时邪？”

曰："戒惧亦是念。戒惧之念，无时可息。若戒惧之心稍有不存，不是昏聩，便已流入恶念。自朝至暮，自少至老，若要无念，即是己不知。此除是昏睡，除是槁木死灰。"

【注释】

① 正之：即黄宏纲（1492—1561），字正之，号洛邨，江西雩都人，阳明得意门生，随事阳明多年，阳明去世后才出仕，官至刑部主事。著述编为《黄洛邨集》二卷。

②"戒惧"句：见第七五条注3。

③"见君子"句：见《大学》："小人闲居为不善，无所不至，见君子而后厌然，掩其不善而著其善。"

【评语】

刘宗周评：无虚假便是诚，便是善。更何恶念？

刘宗周评：戒惧不是念，可言是思。思只是思诚，思是心之本官。思而动于欲为念，故念当除而思不可除。后人专喜言无思，至于念，则以为是心之妙用，不可除，是倒说了。他只要除理障耳。

施邦曜评：独知本是合动静而为言，如人日用云为，众所共见。就中一念隐微，惟己独知，即昏夜熟睡，魂交成梦，亦是知之不灭处。是即先生良知之说，故欲慊此独知，不是冥心静坐，便尽独知工夫，必静时体认天理一念不走错，亦必日用所行事事尽合天理，方能不愧此独知。故孟子曰："行有不慊于心，则馁矣。"君子之学，所以动静皆有事，究之，只成个内省不疚。

孙奇逢评：一个工夫。

孙奇逢评：诚身工夫，全体只在此处。

许舜屏评：独知处是诚的萌芽，亦即是心的萌芽。讲求心术者，尤当于"慎独"二字加之意也。

三轮执斋评：正之之问，则朱子《章句》之意也，而虽朱说亦非如是断然偏着，《中和集说》所载，可以见之。然到剖判精微之处，则有亦不免支离间断之病者，不可不察。

一二一

志道[1]问："荀子云'养心莫诚于诚'[2]。先儒非之[3]，何也？"

先生曰："此亦未可便以为非。'诚'字有以工夫说者：诚是心之本体，求复其本体，便是思诚的工夫。明道说'以诚敬存之'[4]，亦是此意。《大学》'欲正其心，先诚其意'。荀子之言固多病，然不可一例吹毛求疵。大凡看人言语，若先有个意见，便有过当处。'为富不仁'之言，孟子有取于阳虎。[5]此便见圣贤大公之心。"

【注释】

① 志道：生平不详。

② "荀子"句：见《荀子·不苟》。

③ 先儒非之：《二程遗书·卷二·二先生语二上》载："孟子言'养心莫善于寡欲，欲寡则心自诚。'荀子言'养心莫善于诚'，既诚矣，又何养？此已不识诚，又不知所以养。"

④ 以诚敬存之：见《二程遗书·卷二·二先生语二上》："识得此理，以诚敬存之而已，不须防检，不须穷索。"

⑤ "为富"句：见《孟子·滕文公上》："是故贤君必恭俭礼下，取于民有制。阳虎曰：'为富不仁矣，为仁不富矣。'"阳虎，春秋时期鲁国人，与孔子同时代，为季氏家臣，专权，后叛鲁，儒家对其评价很低。

【评语】

刘宗周评：戒惧不是念，可言是思。思只是思，诚思是心之本，官思而动于欲为念，故念当除而思不可除，后人则喜言无思。至于念则以为是心之妙用不可除，是倒说了他，只要除理障耳。

王应昌评：究竟寡欲离不了诚。先生为荀子、明道说合，亦是自家要与紫阳（即朱子——编者注）息争。

许舜屏评：此可为看书之法。

一二二

萧惠[1]问："己私难克，奈何？"

先生曰："将汝己私来，替汝克。[2]"

先生曰："人须有为己之心，方能克己；能克己，方能成己。"

萧惠曰："惠亦颇有为己之心，不知缘何不能克己？"

先生曰："且说汝有为己之心是如何？"

惠良久曰："惠亦一心要做好人，便自谓颇有为己之心。今思之，看来亦只是为得个躯壳的己，不曾为个真己。"

先生曰："真己何曾离着躯壳？恐汝连那躯壳的己也不曾为。且道汝所谓躯壳的己，岂不是耳、目、口、鼻、四肢？"

惠曰："正是为此，目便要色，耳便要声，口便要味，四肢便要逸乐，所以不能克。"

先生曰："美色令人目盲，美声令人耳聋，美味令人口爽，驰骋田猎令人发狂，[3]这都是害汝耳、目、口、鼻、四肢的，岂得是为汝耳、目、口、鼻、四肢？若为着耳、目、口、鼻、四肢时，便须思量耳如何听，目如何视，口如何言，四肢如何动，必须非礼勿视、听、言、动，[4]方才成得个耳、目、口、鼻、四肢。这个才是为着耳、目、口、鼻、四肢。汝今终日向外驰求，为名为利，这都是为着躯壳外面的物事。汝若为着耳、目、口、鼻、四肢，要非礼勿视、听、言、动时，岂是汝之耳、目、口、鼻四肢自能勿视、听、言动？须由汝心。这视、听、言、动，皆是汝心。汝心之视发窍于目，汝心之听发窍于耳，汝心之言发窍于口，汝心之动发窍于四肢。若无汝心，便无耳、目、口、鼻、四肢。所谓汝心，亦不专是那一团血肉。若是那一团血肉，如今已死的人，那一团血肉还在，缘何不能视、听、言、动？所谓汝心，却是那能视、听、言、动的，这个便是性，便是天理。有这个性，才能生这性之生理，便谓之仁。这性之生理，发在目便会视，发在耳便会听，发在口便会言，发在四肢便会动，都只是那天理发生，以其主宰一身，故谓之心。这心之本体，原只是个天理，原无非礼。这个便是汝之真己。这个真己，是躯壳的主宰，若无真己，便无躯壳，真是有之即生，无之即死。汝若真为那个躯壳的己，必须用这个真己，便须常常保守着这个真己的本体。'戒慎不睹，恐惧不闻'，[5]惟恐亏损了他一些，才有一毫非礼萌动，便如刀割，如针刺，忍耐不过，必须去了刀，拔了针。这才是有为己之心，方能克己。汝今正是认贼作子[6]，缘何却说有为己之心，不能克己？”

【注释】

① 萧惠：阳明门人，生平不详。

② “将汝”句：参见《景德传灯录·卷三》：“光（即禅宗二祖慧可——编者注）曰：‘我心未宁，乞师与安。’师（即禅宗初祖达摩——编者注）曰：‘将心来，与汝安。’曰：‘觅心了，不可得。’师曰：‘我与汝安心竟。’”

③ “美色”句：参见《老子》：“五色令人目盲，五音令人耳聋，五味令人口爽，驰骋畋猎令人心发狂，难得之货令人行妨。”

④ “非礼”句：见《论语·颜渊》：“子曰：‘非礼勿视，非礼勿听，非礼勿言，非礼勿动。’”

⑤ “戒慎”句：见第七五条注3。

⑥ 认贼作子：参见《楞严经·卷一》：“由汝无始至于今生，认贼为子，失汝元常，故受轮转。”

【评语】

刘宗周评：“天理”二字是家当。先生又每每说“克己”二字，正求所以保住此家当耳。

施邦曜评：形色，天性也。惟圣人然后可以践形，形色岂轻视得？使一身之耳目视听，件件合于天理，方是践形。且圣人合天下以为身，即尽人尽物，参赞天地，总不过完得聪明睿智，践此耳目视听而已。舍躯壳而另求克己，便入空幻。一路总是见道未明。

施邦曜评：快读一过，如愦而醒，如喑而鸣，今后方知有身。

施邦曜评：子舆氏云，所以考其善不善者，岂有他哉！于己取之而已，便是此意。

陶浔霍评：所谓真己，不离躯壳。

陶浔霍评：谓心之本体本无私也。

许舜屏评：讲心字最为透彻，声色等能惑吾之视听，而有非礼勿视听言动之心以持之，自然能克去其私，而留一纯粹无私之心，则不特可为己，并可克己矣。然则克己之学，殆即正心之学欤？

一二三

有一学者病目，戚戚甚忧。先生曰：“尔乃贵目贱心。”

一二四

萧惠好仙、释。

先生警之曰：“吾亦自幼笃志二氏，自谓既有所得，谓儒者为不足学。其后居夷三载，见得圣人之学，若是其简易广大，始自叹悔错用了三十年气力。大抵二氏之学，其妙与圣人只有毫厘之间。汝今所学，乃其土苴，辄自信自好若此，真鸱鸮窃腐鼠耳①。”

惠请问二氏之妙。

先生曰：“向汝说圣人之学，简易广大，汝却不问我悟的，只问我悔的。”

惠惭谢，请问圣人之学。

先生曰：“汝今只是了人事问。待汝办个真要求为圣人的心，来与汝说。”

惠再三请。

先生曰：“已与汝一句道尽，汝尚自不会。”

【注释】

①“鸱鸮”句：参见《庄子·秋水》：“夫鹓鸰（凤凰之类——编者注）发于南海而飞于北海，非梧桐不止，非练实不食，非醴泉不饮。于是鸱（猫头鹰之类——编者注）得腐鼠，鹓鸰过之，仰而视之曰：‘吓！今子欲以子之梁国而吓我邪？’”

【评语】

施邦曜评：如冷水洗背，令人猛然一惊。

陶浔霍评：如“未知生，焉知死”之答，不答已答尽无余了。

许舜屏评：此先生晚年见道之语。圣人之学，简易广大，无非由心术做起。

一二五

刘观时[①]问：“未发之中[②]是如何？”

先生曰：“汝但戒慎不睹，恐惧不闻，[③]养得此心纯是天理，便自然见。”

观时请略示气象。

先生曰：“哑子吃苦瓜，与你说不得。你要知此苦，还须你自吃。”

时曰仁在傍曰：“如此才是真知，即是行矣。”

一时，在座诸友皆有省。

【注释】

① 刘观时：武陵（今湖南省常德市）人，生平不详。

② 未发之中：见第二八条注1。

③ “戒慎”句：见第七五条注3。

【评语】

刘宗周评：又举“天理”二字。

施邦曜评：凡到真处，俱是无容言说。可以言解者，即落第二义。

陶浔霍评：从行而后知，看出对面。

许舜屏评：人人具此心，人人具此理，自己不能反求诸心，而要他人提撕警觉，这便不是哑子吃苦瓜景象？

一二六

萧惠问死生之道。

先生曰：“知昼夜即知死生。”

问昼夜之道。

曰：“知昼则知夜。”

曰：“昼亦有所不知乎？”

先生曰：“汝能知昼？懵懵而兴，蠢蠢而食，行不著，习不察，终日昏昏，只是梦昼。惟‘息有养，瞬有存’[①]，此心惺惺明明，天理无一息间断，才是能知昼。这便是天德[②]，便是通乎昼夜之道而知，更有甚么死生？”

【注释】

①“息有”句：见张载《正蒙·有德篇》：“言有教，动有法；昼有为，宵有得；息有养，瞬有存。”

②天德：见第一一条注11。

【评语】

刘宗周评：即夫子答子路意。先生言死生之道，只是如此。何曾及父母未生前，及死时带得去的消息来？

施邦曜评：体得此道，真是万古不夜，万古不死矣。

许舜屏评：惺惺明明之心，便是不失其良知的心。

三轮执斋评：《论语·先进》：季路问死。子曰：“未知生，焉知死？”先生答萧惠，亦是此意，而如此知岂不与行合一乎？与彼穷格物之理者，其味自别，真是圣门正统学问。

一二七

马子莘问：“修道之教[①]，旧说谓圣人品节，吾性之固有，以为法于天下，若礼乐刑政之属。[②]此意如何？”

先生曰：“道即性即命，本是完完全全，增减不得，不假修饰的，何须要圣人品节？却是不完全的物件。礼乐刑政，是治天下之法，固亦可谓之教，但不是子思本旨。若如先儒之说，下面由教入道的，缘何舍了圣人礼乐刑政之教，别说出一段戒慎恐惧[③]工夫？却是圣人之教为虚设矣。”

子莘请问。

先生曰：“子思性、道、教，皆从本原上说。天命于人，则命便谓之性。率性而行，则性便谓之道。修道而学，则道便谓之教。率性是诚者事，所谓‘自诚明，谓之性’也；修道是诚之者事，所谓‘自明诚，谓之教’也。[④]圣人率性而行，即是道。圣人以下，未能率性于道，未免有过不及，故须修道。修道则贤知者不得而过，愚不肖者不得而不及，都要循着这个道，则道便是个教。此‘教’字与‘天道至教，风雨霜露，无非教也’[⑤]之‘教’同，‘修道’字与‘修道以仁’[⑥]同。人能修道，然后能不违于道，以复其性之本体，则亦是圣人率性之道矣。下面‘戒慎’恐惧便是修道的工夫，‘中和’便是复其性之本体。如《易》所谓‘穷理尽性，以至于命’⑦，中和位育，便是尽性至命。”

【注释】

① 修道之教：见《中庸》：“天命之谓性，率性之谓道，修道之谓教。”

② “旧说”句：参见朱熹《中庸章句集注》对上句的注释：“修，品节之也。性道虽同，而气禀或异，故不能无过不及之差，圣人因人物之所当行者而品节之，以为法于天下，则谓之教，若礼、乐、刑、政之属是也。”

③ 戒慎恐惧：见第七五条注3。

④ “自明诚”句：见《中庸》：“自诚明，谓之性；自明诚，谓之教。诚则明矣，明则诚矣。”

⑤ “天道”句：见《礼记·孔子闲居》：“天有四时，春秋冬夏，风雨霜露，无非教也。”

⑥ 修道以仁：见《中庸》。

⑦ “穷理”句：见《易经·说卦》。

【评语】

施邦曜评：得了本原，礼乐刑政亦自在其中，所谓横说竖说皆是也。如后章文之无忧、武之达孝、语哀之九经，何尝不在制作上说？只要得其本原耳。

施邦曜评：如此说来，真是了彻。

陶浔霍评：即为后天人、两路伏脉。

陶浔霍评：此亦天然合拍。

许舜屏评：性、道、教三字，是相辅而行的，不能离性以言道，亦不能舍道以立教。故率性而行，乃可为道。修道而学，乃可为教。明乎此，则穷理尽性以立于命，仍不外乎此心而已。

三轮执斋评：《中庸》首章之章句语。《文录八·修道说》曰：“率性之谓道，诚者也；修道之谓教，诚之者也。故曰自诚明谓之性，自明诚谓之教。《中庸》为诚之者，而作修道之事也。道也者，性也，不可须臾离也，而过焉、不及焉，离也。是故君子有修道之功，戒慎乎其所不睹，恐惧乎其所不闻，微之显诚之不可掩也。修道之功若是其无间诚之也，夫然后喜怒哀乐之未发谓之中，发而皆中节谓之和。道修而性复矣，致中和则大本立，而达道行知天地之化育矣，非至诚尽性其孰能于此哉？是修道之极功也，而世之言修道者离矣，故特著其说。”下卷《黄直录·九》亦详说之。

一二八

黄诚甫问：“先儒以孔子告颜渊为邦之问，是立万世常行之道。[1] 如何？”

先生曰：“颜子具体圣人[2]，其于为邦的大本大原，都已完备。夫子平日知之已深，到此都不必言，只就制度文为上说。此等处亦不可忽略，须要是如此方尽善。又不可因自己本领是当了，便于防范上疏阔，须是要‘放郑声，远佞人’。盖颜子是个克己向里、德上用心的人，孔子恐其外面末节，或有疏略，故就他不足处帮补说。若在他人，须告以‘为政在人，取人以身，修身以道，修道以仁’，达道九经，及诚身许多工夫，[3] 方始做得这个，方是万世常行之道。不然，只去，行了夏时，乘了殷辂，服了周冕，作了《韶》《舞》，天下便治得？后人但见颜子是孔门第一人，又问个为邦，便把做天大事看了。”

【注释】

①“先儒”句：“孔子告颜渊”句，见《论语·卫灵公》：“颜渊问为邦。子曰：‘行夏之时，乘殷之辂，服周之冕，乐则《韶》《舞》、放郑声，远佞人。郑声淫，佞人殆。’”朱熹《论语集注》注此篇时，引程子之言曰：“问政多矣，惟颜渊告之以此。盖三代之制，皆因时损益，及其久也，不能无弊。周衰，圣人不作，故孔子斟酌先王之礼，立万世常行之道，发此以为之兆尔。由是求之，则余皆可考也。”

②“颜子”句：参见第五五条注1。

③“为政”句：参见《中庸》：“故为政在人。取人以身。修身以道。修道以仁。……天下之达道五，所以行之者三，曰：君臣也、父子也、夫妇也、昆弟也、朋友之交也。五者，天下之达道也。知、仁、勇三者，天下之达德也。所以行之者一也。……凡为天下国家有九经，曰：修身也、尊贤也、亲亲也、

敬大臣也、体群臣也、子庶民也、来百工也、柔远人也、怀诸侯也。”

【评语】

施邦曜评：生今反古，圣人所戒，为邦而用夏、殷之制，宁有此理？此不过是参酌二代之政而师其意。云行夏时，见为邦当重民事也；云乘殷辂，见为邦当存质朴也。此便是考诸三王而不谬，素王固已备帝王之经制。

陶浔霍评：此解真不可易。

许舜屏评：“颜渊问仁”一章，夫子告以“克己复礼”，颜子固已服膺其说，故此时之问为邦，夫子但告以制度文为之事，但末了仍有放郑声远佞人二语，仍是克己的工夫。盖此克己之工夫，固不可斯须离也。

三轮执斋评：帮，《字汇》：音邦，衬帮治鞋履也。或曰多出佛书，帮助也。

佐藤一斋评：孔子于颜子，却就制度文，为防范上说，与《大学》平天下絜矩（第十章）已下，只说用人理财，都在外面末节上一般。

东正纯评：孔子于颜渊问仁，克己复礼，从本源上说之。至其为邦之问，则本源已彻。故举制度防范文为节目之事告之。此是正说。若夫事事物尽其理，则达遗九经与仁义道德，初无二致。此是推说。后人往往倒看，恐不免义袭之累也。

一二九

蔡希渊问：“文公《大学》新本[1]，先格致而后诚意，工夫似与首章次第相合。若如先生从旧本之说，即诚意反在格致之前，于此尚未释然。”

先生曰：“《大学》工夫，即是明明德，明明德只是个诚意。诚意的工夫，只是格物致知。若以诚意为主，去用格物致知的工夫，即工夫始有下落，即为善去恶无非是诚意的事。如新本先去穷格事物之理，即茫茫荡荡，都无着落处；须用添个敬字，方才牵扯得向身心上来，然终是没根源。若须用添个敬字，缘何孔门倒将一个最紧要的字落了，直待千余年后要人来补出？正谓以诚意为主，即不须添敬字。所以提出个诚意来说，正是学问的大头脑处。于此不察，真所谓毫厘之差，千里之谬。大抵《中庸》工夫只是诚身，诚身之极便是至诚。《大学》工夫只是诚意，诚意之极便是至善。

工夫总是一般。今说这里补个敬字，那里补个诚字，未免画蛇添足。”

【注释】

①《大学》新本：指朱熹《大学章句》调整过次序的《大学》，与《礼记·大学》（即“旧本”）不同。

【评语】

冯柯评：程朱所以添个“敬”字者，非谓孔门落此一字不言，而补之也。详味《或问》之旨，亦谓年之已长而未曾从事小学者，则其工夫之次第条目，自当以“敬”字代小学之工夫尔。阳明不悟格致之前，已有此小学一段工夫，而疑其没根源。不悟程朱之说为未曾从事小学者而设，而识其牵拉。遂据古本之误，以诚意代“敬”字。

刘宗周评：先生疏《大学》，惟此段最端的无病。“明明德”只是个诚意，若“意”字看得分晓，委的不必说正心更有工夫矣。

施邦曜评：性即心所具之理，是岂有舍事物之理，杳杳冥冥而独存之理，原不消牵扯，本是一家骨肉。

许舜屏评：《中庸》言诚身，《大学》言诚意，二而一，一而二者也。先生此编，最为真切，可谓圣经的功臣。

三轮执斋评：添个“敬”字，朱子《大学或问》所说是此意。

佐藤一斋评：补个“敬”字，晦庵未有此说。今因其论“敬”字不可补，故设在这里那里，以形言之而。

卷中

钱德洪序

德洪[①]曰：昔南元善[②]刻《传习录》于越[③]，凡二册。下册摘录先师手书，凡八篇。其答徐成之[④]二书，吾师自谓"天下是朱非陆，论定既久，一旦反之为难[⑤]，二书姑为调停两可之说，使人自思得之"。故元善录为下册之首者，意亦以是欤？今朱、陆之辨，明于天下久矣，洪刻先师《文录》[⑥]，置二书于外集者，示未全也，故今不复录。其余指知行之本体，莫详于《答人论学》，与答周道通[⑦]、陆清伯、欧阳崇一四书。而谓格物为学者用力日可见之地，莫详于答罗整庵[⑧]一书。平生冒天下之非诋推陷，万死一生，遑遑然不忘讲学，惟恐吾人不闻斯道，流于功利机智，以日堕于夷狄、禽兽而不觉。其一体同物之心，谆谆终身，至于毙而后已。此孔孟以来贤圣苦心，虽门人子弟，未足以慰其情也。是情也，莫详于答聂文蔚[⑨]之第一书，此皆仍元善所录之旧。而揭"必有事焉"即"致良知"工夫，明白简切，使人言下即得入手，此又莫详于答文蔚之第二书，故增录之。元善当时汹汹，乃能以身明此道，卒至遭奸被斥，油油然惟以此生得闻斯学为庆，而绝无有纤芥愤郁不平之气。斯录之刻，人见其有功于同志甚大，而不知其处时之甚艰也。今所去取，裁之时义则然，非忍有所加损于其间也。

【注释】

① 德洪：即钱德洪（1496—1574），名宽，字洪甫，号绪山，世称"绪山先生"，浙江余姚（今属浙江省宁波市）人，嘉靖十一年（1532）进士，官至刑部郎中。阳明平宁王归越时，德洪率同邑数十人迎请于中天阁，拜王阳明为师，是心学的重要代表人物之一。去官后在苏、浙、皖、赣、粤各地讲学，传播阳明学说，培养了大批王学后人，并整理了阳明的主要著作，修订了阳明年谱。著有《绪山会语》《平濠记》。

② 南元善：即南大吉（1487—1541），字元善，号瑞泉，陕西渭南人，正德六年（1511）进士，嘉靖二年（1523）任绍兴府知府，有政绩。时阳明在绍兴讲学，元善以郡守称门生，并扩建稽山书院，请阳明讲学，令八邑才俊讲读其中；并主持刊刻阳明的《传习录》，去官后回乡讲学。著有《少陵纯音》《瑞泉集》等。

③ 越：绍兴。

④ 徐成之：生平不详。

⑤“天下”句：见阳明《答徐成之》，载《王阳明全集·卷二十一》。

⑥《文录》：即《王阳明全集》第四卷至第二十五卷。

⑦ 周道通：即周衡（一说名周冲，1485—1532），字道通，号静庵，江苏宜兴人，曾从学于阳明，后又从学湛若水。

⑧ 罗整庵：即罗钦顺（1465—1547），字允升，号整庵，江西泰和（今江西省泰和县）人，明代“气学”的代表人物之一，是当时可以和王阳明分庭抗礼的大学者，时称“江右大儒”。弘治六年（1493）进士，官至南京吏部尚书，后辞官专心治学，著有《困知记》《整庵存稿》《整庵续稿》等。

⑨ 聂文蔚：即聂豹（1486—1563），字文蔚，号双江，吉安府永丰（今江西永丰）人，正德十二年（1517）进士，官至兵部尚书，是明代有名的廉吏。他是阳明的重要弟子，江右王门的代表人物，著有《困辨录》《双江集》等。

答顾东桥①书

一三〇

来书云：“近时学者务外遗内，博而寡要，故先生特倡‘诚意’一义，针砭膏肓，诚大惠也。”

吾子洞见时弊如此矣，亦将何以救之乎？然则鄙人之心，吾子固已一句道尽，复何言哉！复何言哉！若“诚意”之说，自是圣门教人用功第一义，但近世学者乃作第二义看，故稍与提掇紧要出来，非鄙人所能特倡也。

【注释】

① 顾东桥：即顾璘（1476—1545），字华玉，号东桥居士，长洲（今江苏省吴县）人，弘治九年（1496）进士，官至南京刑部尚书，以诗著称于时，是阳明沉溺于词章之学时的好友。著有《浮湘集》《山中集》《息园诗文稿》等。

【评语】

许舜屏评：先生言“为学须得个头脑工夫”，这诚意便是头脑工夫。

一三一

来书云：“但恐立说太高，用功太捷，后生师傅，影响谬误，未免坠于佛氏明心、见性、定慧、顿悟之机，无怪闻者见疑。”

区区“格致诚正”之说[1]，是就学者本心日用事为间，体究践履，实地用功。是多少次第，多少积累在？正与空虚顿悟之说相反。闻者本无求为圣人之志，又未尝讲究其详，遂以见疑，亦无足怪。若吾子之高明，自当一语之下便了然矣。乃亦谓立说太高，用功太捷，何邪？

【注释】

① 格致诚正：见《大学》：“物格而后知至，知至而后意诚，意诚而后心正，心正而后身修，身修而后家齐，家齐而后国治，国治而后天下平。”

【评语】

施邦曜评：如此方见《大学》字字皆实际学问，空谈名理，俱是无当。

许舜屏评：人之良知生而即具，何得谓之太高？格致诚正，只是就心地上扩充其良知，与佛氏之明心见性等，迥然各别。

东正纯评：陈白沙曰：“学有由积累而至者。有不由积累而至者。”据此，则空虚顿悟，亦非禅也。今“体究实践，多少次第，多少积累”云云。盖急释说高功捷之疑，未遑及蕴奥欤？

一三二

来书云：“所喻知行并进，不宜分别前后，即《中庸》‘尊德性而道问学’之功，交养互发，内外本末，一以贯之之道。然工夫次第，不能无先后之差。如知食乃食，知汤乃饮，知衣乃服，知路乃行，未有不见是物，先有是事。此亦毫厘倏忽之间，非谓有等今日知之，而明日乃行也。”

既云“交养互发，内外本末，一以贯之”，则知行并进之说，无复可疑矣。又云“工夫次第不能无先后之差”，无乃自相矛盾已乎？知食乃食等说，此尤明白易见，但吾子为近闻障蔽自不察耳。夫人必有欲食之心，然后知食，欲食之心即是意，即是行之始矣。食味之美恶必待入口而后知，岂有不待入口而已先知食味之美恶者邪？必有欲行之心，然后知路，欲行之心即是意，即是行之始矣。路岐之险夷，必待身亲履历而后知，岂有不待身亲履历而已先知路岐之险夷者邪？知汤乃饮，知衣乃服，以此例之，皆无可疑。若如吾子之喻，是乃所谓不见是物，而先有是事者矣。吾子又谓“此亦毫厘倏忽之间，非谓截然有等今日知之，而明日乃行也”，是亦察之尚有未精。然就如吾子之说，则知行之为合一并进，亦自断无可疑矣。

【评语】

施邦曜评：先生知行合一之说，大意只是要人躬行。人若不去躬行，即讲究得道理十分明白，终是馋口空咽，望程遥度，学者辨之。

许舜屏评：知而不行，便非一贯之理。即知即行，知与行如何可以分得？知可食即食之，知可饮即饮之，何书有毫厘倏忽之疑耶？

一三三

来书云：“真知即所以为行，不行不足谓之知，此为学者吃紧立教，俾务躬行则可。若真谓行即是知，恐其专求本心，遂遗物理，必有暗而不达之处，抑岂圣门知行并进之成法哉？”

知之真切笃实处，即是行；行之明觉精察处，即是知，知行工夫，本不可离。只为后世学者分作两截用功，失却知行本体，故有合一并进之说。真知即所以为行，不行不足谓之知。即如来书所云“知食乃食”等说可见，前已略言之矣。此虽吃紧救弊而发，然知行之体本来如是，非以己意抑扬其间，姑为是说，以苟一时之效者也。“专求本心，遂遗物理”，此盖失其本心者也。夫物理不外于吾心，外吾心而求物理，无物理矣。遗物理而求吾心，吾心又何物邪？心之体，性也，性即理也。故有孝亲之心，即有孝之理，无孝亲之心，即无孝之理矣。有忠君之心，即有忠之理，无忠君之心，即无忠之理矣。理岂外于吾心邪？晦庵谓“人之所以为学者，心与理而已。心虽主乎一身，而实管乎天下之理。理虽散在万事，而实不外乎人之一心”[1]，是其一分一合之间，而未免已启学者心理为二之弊。此后世所以有“专求本心，遂遗物理”之患，正由不知心即理耳。夫外心以求物理，是以有暗而不达之处。此告子“义外”之说[2]，孟子所以谓之“不知义”[3]也。心一而已，以其全体恻怛而言谓之仁，以其得宜而言谓之义，以其条理而言谓之理。不可外心以求仁，不可外心以求义，独可外心以求理乎？外心以求理，此知行之所以二也。求理于吾心，此圣门知行合一之教，吾子又何疑乎！

【注释】

①“人之”句：见朱熹《大学或问·知本知至》。

②告子义外：见《孟子·告子上》：“告子曰：‘食色，性也。仁，内也，非外也；义，外也，非内也。’”

③不知义：见《孟子·公孙丑上》：“我故曰，告子未尝知义，以其外之也。”

【评语】

刘宗周评：吾心之良知，即所谓“天理”也。

施邦曜评：人若真真了得知行合一之说，即如晦翁说，亦不妨。先生是合而言之，以证本体，晦翁是分而言之，以晓后学。言殊而理则一，在人善看耳。

许舜屏评：知与行本非二事，有互相关系之处，而不容有离背之时。盖物理具于吾心，既知其理，便即依此理而行，焉有舍理而专求诸心者？理所在即心所在，吾之所知在此，吾之所行亦在此，无所谓分，即无所谓合。先生云心即性，性即理，下一“与”字，未免为二，前已说明白矣。

三轮执斋评：朱子亦言具众理而应万事。本心之外，岂亦有物理乎？

一三四

来书云：“所释《大学》古本谓‘致其本体之知’[1]，此固孟子‘尽心’之旨[2]，朱子亦以‘虚灵知觉’[3]为此心之量[4]。然尽心由于知性，致知在于格物。”

“尽心由于知性，致知在于格物”，此语然矣。然而推本吾子之意，则其所以为是语者，尚有未明也。朱子以尽心、知性、知天为物格、知致，以存心、养性、事天为诚意、正心、修身，以夭寿不贰、修身以俟为知至仁尽，圣人之事。若鄙人之见，则与朱子正相反矣。夫尽心、知性、知天者，生知、安行，圣人之事也。存心、养性、事天者，学知、利行，贤人之事也。夭寿不贰，修身以俟者，困知勉行，学者之事也。岂可专以尽心、知性为知，存心、养性为行乎？

吾子骤闻此言，必又以为大骇矣。然其间实无可疑者，一为吾子言之。夫心之体，性也。性之原，天也。能尽其心，是能尽其性矣。《中庸》云"惟天下至诚，为能尽其性"，又云"知天地之化育，质诸鬼神而无疑，知天也"，此惟圣人而后能然。故曰：此生知安行，圣人之事也。存其心者，未能尽其心者也，故须加存之之功。必存之既久，不待于存，而自无不存，然后可以进而言尽。盖知天之知，如知州、知县之知：知州，则一州之事皆己事也，知县，则一县之事皆己事也，是与天为一者也。事天则如子之事父，臣之事君，犹与天为二也。天之所以命于我者，心也，性也，吾但存之而不敢失，养之而不敢害，如"父母全而生之，子全而归之"[⑤]者也。故曰：此学知利行，贤人之事也。至于夭寿不贰，则与存其心者又有间矣。存其心者，虽未能尽其心，固已一心于为善，时有不存，则存之而已。今使之夭寿不贰，是犹以夭寿贰其心者也。犹以夭寿贰其心，是其为善之心犹未能一也。存之尚有所未可，而何尽之可云乎？今且使之不以夭寿贰其为善之心，若曰死生夭寿，皆有定命，吾但一心于为善，修吾之身以俟天命而已，是其平日尚未知有天命也。事天虽与天为二，然已真知天命之所在，但惟恭敬奉承之而已耳。若俟之云者，则尚未能真知天命之所在，犹有所俟者也，故曰：所以立命[⑥]。立者，创立之立。如立德立言立功立名之类。凡言立者，皆是昔未尝有，而今始建立之谓。孔子所谓"不知命，无以为君子"[⑦]者也。故曰：此困知勉行，学者之事也。今以尽心、知性、知天为格物、致知，使初学之士，尚未能不贰其心者，而遽责之以圣人生知安行之事，如捕风捉影，茫然莫知所措其心，几何而不至于"率天下而路"[⑧]也？今世致知、格物之弊，亦居然可见矣。吾子所谓务外遗内，博而寡要者，无乃亦是过欤？此学问最紧要处，于此而差，将无往而不差矣。此鄙人之所以冒天下之非笑，忘其身之陷于罪戮，呶呶其言，其不容者也。

【注释】

①“致其”句：见阳明《大学古本序》。

②尽心之旨：见《孟子·尽心上》：“孟子曰：‘尽其心者，知其性也。知其性，则知天矣。’”

③虚灵知觉：见朱熹《中庸章句序》：“心之虚灵知觉，一而已。”

④心之量：朱熹《孟子集注》注“尽其心者，知其性也”曰：“心者，人之神明，所以具众理而应万事者也。性则心之所具之理，而天又理之所从以出者也。人有是心，莫非全体，然不穷理，则有所蔽而无以尽乎此心之量。”

⑤“父母”句：见《礼记·祭义》。

⑥所以立命：见《孟子·尽心上》：“孟子曰：‘夭寿不贰，修身以俟之，所以立命也。’”

⑦“不知命”句：见《论语·尧曰》。

⑧率天下而路：见《孟子·滕文公上》。

【评语】

施邦曜评：不是先生好与紫阳立异，只是见到处，不妨发先儒之所未发。

许舜屏评：此段切实发挥圣贤工夫，自有差等。人有贤愚之别，自不能概以上智期之。朱子所说，未免责人所难。先生以“生知安行、学知利行、困知勉行”分别诠释，使人人皆有超贤入圣之希望，自较朱子所说，尤为切近而可行，则虽与朱子所说大相径庭，而持之有故，言之成理，固学者所当传习也。

东正纯评：《语录》别有一条云（指下卷第二七八条——编者注），与此亦少不同，正所以横竖无所不可也。

一三五

来书云：“闻语学者，乃谓‘即物穷理’之说，亦是玩物丧志。又取其‘厌繁就约’①、‘涵养本原’②数说，标示学者，指为晚年定论，此亦恐非。”

朱子所谓“格物”云者，在即物而穷其理也。即物穷理是就事事物物上，求其所谓定理者也。是以吾心而求理于事事物物之中，析心与理而为二矣。夫求理于事事物物者，如求孝之理于其亲之谓也。求孝之理于其亲，则孝之理，其果在于吾之心邪？抑果在于亲之身邪？假而果在于亲之身，则亲没之后，吾心遂无孝之理欤？见孺子之入井，必有恻隐之理[③]，是恻隐之理果在于孺子之身欤？抑在于吾心之良知欤？其或不可以从之于井[④]欤？其或可以手而援之[⑤]欤？是皆所谓理也。是果在于孺子之身欤？抑果出于吾心之良知欤？以是例之，万事万物之理莫不皆然。是可以知析心与理为二之非矣。夫析心与理而为二，此告子义外之说，孟子之所深辟也。"务外遗内，博而寡要"，吾子既已知之矣，是果何谓而然哉？谓之玩物丧志，尚犹以为不可欤？若鄙人所谓致知、格物者，致吾心之良知于事事物物也。吾心之良知，即所谓"天理"也。致吾心良知之"天理"于事事物物，则事事物物皆得其理矣。致吾心之良知者，致知也。事事物物皆得其理者，格物也。是合心与理而为一者也。合心与理而为一，则凡区区前之所云，与朱子晚年之论，皆可以不言而喻矣。

【注释】

① 厌繁就约：见朱熹《与刘子澄》，收入阳明编《朱子晚年定论》。

② 涵养本原：见朱熹《答吕子约书》，收入阳明编《朱子晚年定论》。

③ "孺子"句：参见《孟子·公孙丑上》："所以谓人皆有不忍人之心者，今人乍见孺子将入于井，皆有怵惕恻隐之心。"

④ 从之于井：参见《论语·雍也》："宰我问曰：'仁者虽告之曰："井有仁焉。"其从之与？'子曰：'何为其然也？君子可逝也，不可陷也；可欺也，不可罔也。'"

⑤ 以手而援之：参见《孟子·离娄上》："嫂溺不援，是豺狼也。男女授受不亲，礼也；嫂溺，援之以手者，权也。"

【评语】

施邦曜评：燃灯也，即晦翁之说而思之，见事物之理皆心也。穷之者，犹取火于灯也，以火燃灯，灯即是火，以心照物，即物亦见心。息辩忘言，反求自得。

孙奇逢评：析心与理为二之非。

孙奇逢评：顾文端公（即顾宪成——编者注）云："阳明之所谓'知'，即朱子之所谓'物'，朱子之所以'格物'者，即阳明之所以'致知'者也，可以忘同异之辩"。

黄宗羲评：先生之格物，谓"致吾心良知之'天理'于事事物物，则事事物物皆得其理。以圣人教人只是一个行，如博学、审问、慎思、明辨皆是行也。笃行之者，行此数者不已是也。"先生致之于事物，致字即是行字，以救空空穷理。只在知上讨个分晓之非，乃后之学者测度想像。求见本体，只在知识上立家当，以为良知，则先生何不仍穷理格物之训，先知后行，而必欲自为一说耶？

黄宗羲评：先生悯宋儒之后学者，以知识为知，谓"人心之所有者不过明觉，而理为天地万物之所公共，故必穷尽天地万物之理，然后吾心之明觉与之浑合而无间"，说是无内外，其实全靠外来闻见以填补其灵明者也。先生以圣人之学，心学也。心即理也，故于致知格物之训，不得不言"致吾心良知之天理于事事物物，则事事物物皆得其理"。夫以知识为知，则轻浮而不实，故必以力行为功夫。良知感应神速，无有等待，本心之明即知，不欺本心之明即行也，不得不言"知行合一"。此其立言之大旨。

许舜屏评：理而待于求，便非吾心之理。盖理具于吾心，无待外求，所以不能析心与理为二事也。

许舜屏评：良知便是天理，事事物物皆得其理，便是事事物物皆不失其良知。

一三六

来书云："人之心体，本无不明，而气拘物蔽，鲜有不昏。非学问思辨以明天下之理，则善恶之机、真妄之辨，不能自觉，任情恣意，其害有不可胜言者矣。"

此段大略似是而非，盖承沿旧说之弊，不可以不辨也。夫问、思、辨、行，皆所以为学，未有学而不行者也。如言学孝，则必服劳奉养，躬行孝道，则后谓之学。岂徒悬空口耳讲说，而遂可以谓之学孝乎？学射，则必张弓挟矢，引满中的。学书，则必伸纸执笔，操觚染翰。尽天下之学，无有不行而可以言学者。则学之始，固已即是行矣。笃者，敦实笃厚之意，已行矣，而敦笃其行，不息其功之谓尔。盖学之不能以无疑，则有问，问即学也，即行也。又不能无疑，则有思，思即学也，即行也。又不能无疑，则有辨，辨即学也，即行也。辨既明矣，思既慎矣，问既审矣，学既能矣，又从而不息其功焉，斯之谓笃行。非谓学、问、思、辨之后，而始措之于行也。是故以求能其事而言，谓之学；以求解其惑而言，谓之问；以求通其说而言，谓之思；以求精其察而言，谓之辨。以求履其实而言，谓之行。盖析其功而言，则有五；合其事而言，则一而已。此区区心理合一之体，知行并进之功，所以异于后世之说者，正在于是。

今吾子特举学问思辨以穷天下之理，而不及笃行，是专以学问思辨为知，而谓穷理为无行也已。天下岂有不行而学者邪？岂有不行而遂可谓之穷理者邪？明道云“只穷理便尽性至命”①，故必仁极仁，而后谓之能穷仁之理。义极义，而后谓之能穷义之理。仁极仁，则尽仁之性矣；义极义，则尽义之性矣。学至于穷理至矣，而尚未措之于行，天下宁有是邪？是故知不行之不可以为学，则知不行之不可以为穷理矣。知不行之不可以为穷理，则知知行之合一并进，而不可以分为两节事矣。夫万事万物之理，不外于吾心，而必曰穷天下之理，殆以吾心之良知为未足，而必外求于天下之广，以裨补增益之。是犹析心与理而为二也。夫学、问、思、辨、笃行之功，虽其困勉至于人一己百，而扩充之极，至于尽性知天，亦不过致吾心之良知而已。良知之外，岂复有加于毫末乎？今必曰穷天下之理，而不知反求诸其心，则凡所谓善恶之机，真妄之辨者，舍吾心之良知，亦将何所致其体察乎？吾子所谓气拘物蔽者，拘此蔽此而已。今欲去此之蔽，不知致力于此，而欲以外求。是犹目之不明者，不务服药调理以治其目，而徒伥伥然求明于其外。明岂可以自外而得哉？任情恣意之害，亦以不能精察天理于此心之良知而已。此诚毫厘千里之谬者，不容于不辨。吾子毋谓其论之太刻也。

【注释】

①“只穷理”句：程颢语，见《二程遗书·卷二·二先生语二上》。

【评语】

施邦曜评：“无有不行而可以言学”，此是先生立教之本。会得此意，先生千言万语，只在此一句中矣。

施邦曜评：朱子曰：“我非知外而不知内，已早言之。”学者唯会二先生立言之意，其道自一。

许舜屏评：说学、问、思、辨时便是行，并非学、问、思、辨之后方才行。这就是知行合一的道理。

许舜屏评：舍良知而别求所谓知，是将于心外求理矣。乌乎可？

许舜屏评：致吾心之良知，便足以尽性知天。故良知最为可宝贵者。

三轮执斋评：“穷理”字本出《易·说卦》，明道以“只、便”二字活说之。王先生所说“穷理”，则以心说之，故知行贯在其中，盖亦明道之意。朱文公所说，特以知识一边，故不贯行在。夫不贯行之知，岂能尽性以至命哉？明道点“只、便”二字，是妙解而易意，与朱说异亦可见也。明道语出《遗书·洛阳议论》，而横渠朱子并议之，共见《中庸辑略》。

东正纯评：“穷理”字本出《易·说卦》。先以道德，后以性命，而穷理与理义配对。其所主在明人心，非泛然穷至物理之末，亦彰彰矣。然则明道所谓，只穷理便尽性，简易直截，原无可疑。而朱子却议之者，属其创说，始非易旨也。文成据明道之说，更发挥其知行合一之说，可谓后无余蕴矣，谁谓好与先儒抵牾？

一三七

来书云：“教人以致知、明德，而戒其即物穷理，诚使昏暗之士，深居端坐，不闻教告，遂能至于知致而德明乎？纵令静而有觉，稍悟本性，则亦定慧无用之见。果能知古今，达事变而致用于天下国家之实否乎？其曰‘知者意之体，物者意之用’[①]，‘格物如“格君心之非”[②]之格’。语虽超悟，独得不踵陈见，抑恐于道未相吻合？”

区区论致知格物，正所以穷理，未尝戒人穷理，使之深居端坐，而一无所事也。若谓即物穷理，如前所云务外而遗内者，则有所不可耳。昏暗之士，果能随时随物精察此心之天理，以致其本然之良知，则虽愚必明，虽柔必强，大本立而达道行，九经之属，可一以贯之而无遗矣，尚何患其无致用之实乎？彼顽空虚静之徒，正惟不能随事随物精察此心之天理，以致其本然之良知，而遗弃伦理，寂灭虚无以为常，是以要之不可以治家国天下。孰谓圣人穷理尽性之学，而亦有是弊哉！

心者，身之主也，而心之虚灵明觉，即所谓本然之良知也。其虚灵明觉之良知应感而动者，谓之意。有知而后有意，无知则无意矣。知非意之体乎？意之所用，必有其物，物即事也。如意用于事亲，即事亲为一物，意用于治民，即治民为一物，意用于读书，即读书为一物，意用于听讼，即听讼为一物。凡意之所用，无有无物者，有是意即有是物，无是意即无是物矣。物非意之用乎？

“格”字之义，有以“至”字训者，如“格于文祖”[3]，“有苗来格”[4]，是以“至”训者也。然“格于文祖”，必纯孝诚敬，幽明之间无一不得其理，而后谓之“格”。有苗之顽，实以文德诞敷而后格，则亦兼有“正”字之义在其间，未可专以“至”字尽之也。如“格其非心”[5]，“大臣格君心之非”之类，是则一皆“正其不正以归于正”之义，而不可以“至”字为训矣。且《大学》“格物”之训，又安知其不以“正”字为训，而必以“至”字为义乎？如以“至”字为义者，必曰“穷至事物之理”[6]，而后其说始通。是其用功之要，全在一“穷”字，用力之地，全在一“理”字也。若上去一“穷”，下去一“理”字，而直曰“致知在至物”，其可通乎？夫“穷理尽性”，圣人之成训，见于《系辞》者也。苟“格物”之说而果即“穷理”之义，则圣人何不直曰“致知在穷理”，而必为此转折不完之语，以启后世之弊邪？盖《大学》“格物”之说，自与《系辞》“穷理”大旨虽同，而微有分辨。“穷理”者，兼格致诚正而为功也。故言“穷理”，则格、致、诚、正之功皆在其中。言“格物”，则必兼举致知、诚意、正心，而后其功始备而密。今偏举“格物”而遂谓之“穷理”，此所以专以“穷理”属知，而谓“格物”未常有行。非惟不得“格物”之旨，并“穷理”之义而失之矣。此后世之学所以析知行为先后两截，日以支离决裂，而圣学益以残晦者，其端实始于此。吾子盖亦未免承沿积习，则见以为于道未相吻合，不为过矣。

【注释】

①“知者”句：见函海本《大学古本旁释》中阳明为《古本大学》所作的释文，但有学者怀疑该版本为伪作。

②“格君心之非”句：见《孟子·离娄上》：“惟大人为能格君心之非。”

③格于文祖：见《尚书·舜典》：“舜格于文祖，询于四岳，辟四门，明四目，达四聪。”

④有苗来格：见《尚书·大禹谟》：“帝乃诞敷文德，舞干羽于两阶。七旬，有苗格。”

⑤格其非心：见《尚书·冏命》：“绳愆纠谬，格其非心，俾克绍先烈。”

⑥“穷至”句：见朱熹《大学章句集注》：“格，至也。物，犹事也。穷至事物之理，欲其极处无不到也。”

【评语】

冯柯评：“格”之为字，既有“至”与“正”二义，则不必各执其是以相非也。为阳明者，乃曰“安知大学之‘格’，不以‘正’字为训，而必以‘至’字为义也”？则为程朱者，独不可曰：“安知其不以‘至’字为训，而必以‘正’字为义乎？”以“至”字为义者，必曰穷至事物之理而后其说始通，则夫以“正”字为义者，亦必曰格正其意所用之意而后其说始通也。穷至事物之理者，既上去一“穷”字，下去一“理”，而直曰致知在至之不可通，则夫格正其意所用之物者，上亦去一“格”字，下亦去一“物”字，而直曰致知在正意其独可通乎？

施邦曜评：人只把“物”字看作身外之物，“格”字看作闻见之功，故于身心意知、天下国家，牵合不来。不知所谓物者，原未尝离却身心意知，离却天下国家。如人一惟游其神于无何有之乡，身不历物，何以见能修？心不应物，何以见能正？意不触物，何以见能诚？知不照物，何以见能致？是格物者，原合修身、正心，诚意、致知而言者也。究此身心意知所历之物，原非舍天下国家而别自为物者也。使家之为物得其所焉，是谓能齐；国之物得其所焉，是谓能治天下；之物得其所焉，是谓能平。是格物也者，诚成己成物，内圣外王之工夫。第其用力自有头脑，不在耳目见闻上求，是则先生致良知之说耳。

许舜屏评：昏暗之士，早已失其良知，欲其随事随物精察此心之天理，恐非易事。下文言顽空虚静之徒，正惟不能随事随物精察此心之天理，以致其本然之良知，自是确切之论。

许舜屏评：“言穷理则格致诚正皆在其中”二语，实足发明知行一贯之理，其诠释“格”字，亦有独见之处，非强词夺理者可比。

三轮执斋评：“正所以穷理”云云，但非朱子所谓穷理耳。

吉村秋阳评：字句间微有未莹者，而大意固好。

一三八

来书云：“谓致知之功，将如何为温清、如何为奉养，即是‘诚意’，非别有所谓‘格物’，此亦恐非。”

此乃吾子自以己意揣度鄙见而为是说，非鄙人之所以告吾子者矣。若果如吾子之言，宁复有可通乎！盖鄙人之见，则谓意欲温清、意欲奉养者，所谓“意”也，而未可谓之“诚意”，必实行其温清奉养之意，务求自慊而无自欺，然后谓之“诚意”。知如何而为温清之节，知如何而为奉养之宜者，所谓“知”也，而未可谓之“致知”，必致其知如何为温清之节者之知，而实以之温清，致其知如何为奉养之宜者之知，而实以之奉养，然后谓之“致知”。温清之事，奉养之事，所谓“物”也，而未可谓之“格物”。必其于温清之事也，一如其良知之所知，当如何为温清之节者而为之，无一毫之不尽；于奉养之事也，一如其良知之所知，当如何为奉养之宜者而为之，无一毫之不尽，然后谓之“格物”。温清之物格，然后知温清之良知始致；奉养之物格，然后知奉养之良知始致。故曰“物格而后知至”[①]。致其知温清之良知，而后温清之意始诚。致其知奉养之良知，而后奉养之意始诚。故曰“知至而后意诚”[②]。此区区“诚意、致知、格物”之说盖如此，吾子更熟思之，将亦无可疑者矣。

【注释】

①“物格”句：见《大学》。

②“知至”句：见《大学》。

【评语】

施邦曜评：舍“躬行”二字，口口说个诚意、正心、修身，俱是假的，究竟成得个腐儒，何以能治国平天下？若能实实躬行体验，则体立用行，未有忧治平之无术者。试看古今来，哪有个无用的圣贤？从古旋转乾坤事业，俱是圣贤做的。当今宇内，苦乏经济手，只是举世习于章句文辞，无真学问故耳。

许舜屏评：这一篇说诚意致知格物，是很明白的。《大学》“知致而后意诚”，原是作如此解释。学者不察，强欲分知行为两事，而其义愈晦矣。

一三九

来书云：“道之大端，易于明白，所谓‘良知良能，愚夫愚妇可与及’者[1]。至于节目时变之详，毫厘千里之谬，必待学而后知。今语孝于温凊定省，孰不知之？至于舜之不告而娶[2]，武之不葬而兴师[3]，养志、养口[4]，小杖、大杖[5]，割股、庐墓[6]等事，处常处变，过与不及之间，必须讨论是非，以为制事之本，然后心体无蔽，临事无失。”

道之大端易于明白，此语诚然。顾后之学者，忽其易于明白者而弗由，而求其难于明白者以为学，此其所以“道在迩而求诸远，事在易而求诸难”[7]也。孟子云：“夫道若大路然，岂难知哉？人病不求耳。”[8]良知良能，愚夫愚妇，与圣人同，但惟圣人能致其良知，而愚夫愚妇不能致，此圣愚之所由分也。节目时变，圣人夫岂不知，但不专以此为学。而其所谓学者，正惟致其良知，以精察此心之天理，而与后世之学不同耳。吾子未暇良知之致，而汲汲焉顾是之忧，此正求其难于明白者以为学之蔽也。夫良知之于节目时变，犹规矩尺度之于方圆长短也。节目时变之不可预定，犹方圆长短之不可胜穷也。故规矩诚立，则不可欺以方圆，而天下之方圆不可胜用矣；尺度诚陈，则不可欺以长短，而天下之长短不可胜用矣；良知诚致，则不可欺以节目时变，而天下之节目时变不可胜应矣。毫厘千里之谬，不于吾心良知一念之微而察之，亦将何所用其学乎！是不以规矩而欲定天下之方圆，不以尺度而欲尽天下之长短。吾见其乖张谬戾，日劳而无成也已。吾子谓“语孝于温凊定省，孰不知之”，然而能致其知者鲜矣。若谓粗知温凊定省之仪节，而遂谓之能致其知，则凡知君之当仁者，皆可谓之能致其仁之知；知臣之当忠者，皆可谓之能致其忠之知，则天下孰非致知者邪？以是而言可以知致知之必在于行，而不行之不可以为致知也，明矣。知行合一之体，不益较然矣乎？夫舜之不告而娶，岂舜之前已有不告而娶者为之准则，故舜得以考之何典，问诸何人，而为此邪？抑亦求诸其心一念之良知，权轻重之宜，不得已而为此邪？武之不葬而兴师，岂武之前已有不葬而兴师者为之准则，故武得以考之何典，问诸何人，而为此邪？抑亦求诸其心一念之良知，权轻重之宜，不得已而为此邪？使舜之心而非诚于为无后，武之心而非诚于为救民，则其不告而娶，与不葬而兴师，乃不孝不忠之大者。而后之人不务致其良知，以精察义理于此心感应酬酢之间，顾欲悬空讨论此等变常之事，执之以为制事之本，以求临事之无失，其亦远矣。其余数端，皆可类推，则古人致知之学，从可知矣。

【注释】

①“愚夫”句：参见《中庸》：“君子之道费而隐。夫妇之愚，可以与知焉，及其至也，虽圣人亦有所不知焉。夫妇之不肖，可以能行焉，及其至也，虽圣人亦有所不能焉。”

②“舜之”句：参见《孟子·离娄上》：“孟子曰：‘不孝有三，无后为大。舜不告而娶，为无后也，君子以为犹告也。’”又见《孟子·万章上》：“‘舜之不告而娶，何也？’孟子曰：‘告则不得娶。男女居室，人之大伦也。如告，则废人之大伦，以怼父母，是以不告也。’”

③“武之”句：参见《史记·伯夷列传》：“伯夷、叔齐叩马而谏曰：‘父死不葬，爰及干戈，可谓孝乎？’”

④养志、养口：见《孟子·离娄上》：“曾子养曾皙，必有酒肉；将彻，必请所与；问有余，必曰‘有’。曾皙死，曾元养曾子，必有酒肉；将彻，不请所与；问有余，曰，‘亡矣。’将以复进也。此所谓养口体者也。若曾子，则可谓养志也。事亲若曾子者，可也。”

⑤小杖、大杖：事见《孔子家语·六本》：“曾子耘瓜，误斩其根。曾皙怒，建大杖以击其背，曾子仆地而不知人久之。有顷，乃苏，欣然而起，进于曾皙曰：‘向也，参得罪于大人，大人用力教参，得无疾乎？’退而就房，

援琴而歌，欲令曾皙而闻之，知其体康也。孔子闻之而怒，告门弟子曰：'参来，勿内。'曾参自以为无罪，使人请于孔子。子曰：'汝不闻乎？昔瞽瞍有子曰舜，舜之事瞽瞍，欲使之，未尝不在于侧；索而杀之，未尝可得。小棰则待过，大杖则逃走。故瞽瞍不犯不父之罪，而舜不失烝烝之孝。今参事父，委身以待暴怒，殪而不避，既身死而陷父于不义，其不孝孰大焉？'"

⑥割股、庐墓：都是古人表达孝亲的行为。割股，即割腿上的肉，认为能够治好父母的疾病。庐墓，父母或老师去世后，在坟墓旁搭建一所小房子，守护坟墓。

⑦"道在"句：见《孟子·离娄上》。

⑧"夫道"句：见《孟子·告子下》。

【评语】

刘宗周评：良知之说，只说得个即心即理即知即行，更无别法。

施邦曜评：精察义理，此正是学。

施邦曜评：天下万事万变，不可胜穷。自开辟以来，圣人递兴，其制作行事，俱是开从前所未有，看来岂不甚奇甚难？不知亦只因天理之所宜然。盖天下事时至事起，有不得不然者。圣人万理明备，能经能权，行之无不恰当。所谓先天而天弗违，后天而奉天时也，其实只是顺个天理之宜然，仍是易知易能。若舍本原而求之事变，圣人反为无忌惮者开便门矣。

梁启超评：以此与朱子即物穷理之说相校，真令人有挈领振裘之乐。

许舜屏评：良知为人所同具，不能致其知，便是愚夫愚妇；能致其知，便可成为圣人。圣人愚人，只在能致不能致之分耳。

许舜屏评：处变之道，亦不外乎致其良知。若未遇变而先预筹一处变之道，是犹因噎而废食矣。岂足以求学乎？

一四〇

来书云："谓《大学》'格物'之说，专求本心，犹可牵合。至于六经、四书所载'多见多闻'①，'前言往行'②，'好古敏求'③，'博学审问'④，'温故知新'⑤，'博学详说'⑥，'好问好察'⑦，是皆明白求于事为之际、资于论说之间者，用功节目固不容紊矣。"

“格物”之义，前已详悉，牵合之疑，想已不俟复解矣。至于“多闻多见”，乃孔子因子张之务外好高，徒欲以多闻多见为学，而不能求诸其心以阙疑殆，此其言行所以不免于尤悔，而所谓见闻者，适以资其务外好高而已。盖所以救子张多闻多见之病，而非以是教之为学也。夫子尝曰：“盖有不知而作之者，我无是也。”[8] 是犹孟子“是非之心，人皆有之”[9] 之义也。此言正所以明德性之良知非由于闻见耳。若曰“多闻择其善者而从之，多见而识之”，则是专求诸见闻之末，而已落在第二义矣，故曰“知之次也”。夫以见闻之知为次，则所谓知之上者果安所指乎？是可以窥圣门致知用力之地矣。

夫子谓子贡曰：“赐也，汝以予为多学而识之者欤？非也，予一以贯之。”[10] 使诚在于“多学而识”，则夫子胡乃谬为是说，以欺子贡者邪？“一以贯之”，非致其良知而何？《易》曰：“君子多识前言往行，以畜其德。”[11] 夫以畜其德为心，则凡多识前言往行者，孰非畜德之事？此正知行合一之功矣。

“好古敏求”者，好古人之学，而敏求此心之理耳。心即理也。学者，学此心也；求者，求此心也。孟子云：“学问之道无他，求其放心而已矣。”[12] 非若后世广记博诵古人之言词，以为好古，而汲汲然惟以求功名利达之具于其外者也。“博学审问”，前言已尽。

“温故知新”，朱子亦以“温故”属之“尊德性”矣[13]。德性岂可以外求哉？惟夫“知新”必由于“温故”，而“温故”乃所以“知新”，则亦可以验知行之非两节矣。

“博学而详说之者，将以反说约也。”若无“反约”之云，则“博学详说”者，果何事邪？舜之“好问好察”，惟以用中而致其精一于道心耳。道心者，良知之谓也。君子之学，何尝离去事为而废论说？但其从事于事为论说者。要皆知行合一之功，正所以致其本心之良知，而非若世之徒事口耳谈说以为知者，分知行为两事，而果有节目先后之可言也？

【注释】

① 多见多闻：见《论语·为政》：“子张学干禄。子曰：‘多闻阙疑，慎

言其余，则寡尤；多见阙殆，慎行其余，则寡悔。言寡尤，行寡悔，禄在其中矣。'”

② 前言往行：见《易经·大畜卦·象辞》：“君子以多识前言往行以畜其德。”

③ 好古敏求：见《论语·述而》：“子曰：‘我非生而知之者，好古，敏以求之者也。'”

④ 博学审问：见《中庸》：“博学之，审问之，慎思之，明辨之，笃行之。”

⑤ 温故知新：见《论语·为政》：“子曰：‘温故而知新，可以为师矣。'”

⑥ 博学详说：见《孟子·离娄下》：“孟子曰：‘博学而详说之，将以反说约也。'”

⑦ 好问好察：见《中庸》：“舜好问而好察迩言，隐恶而扬善，执其两端，用其中于民。”

⑧“盖有”句：见《论语·述而》。

⑨“是非”句：见《孟子·告子上》。

⑩“赐也”句：见《论语·卫灵公》：“子曰：‘赐也！女以予为多学而识之者与？'对曰：‘然，非与？'曰：‘非也。予一以贯之。'”

⑪“君子”句：见本条注2。

⑫“学问”句：见《孟子·告子上》。

⑬“朱子”句：见《朱子语类·卷六十四·中庸三》：“温故只是存得这道理在，便是尊德性。”

【评语】

施邦曜评：闻见岂可废得？只是不可逐于闻见。先生此言，亦为逐外忘内者发，学者毋以辞害意。

许舜屏评：孔子教人，无非对于个人，对症发药之谈不能据以相难。况所言者，无一非合于知行合一之说，又何所用其疑耶？

三轮执斋评：德性之良知：此卷《答欧阳崇一书》论之详。

一四一

来书云：“杨、墨之为仁义[1]，乡愿之乱忠信[2]，尧、舜、子之之禅让，汤、武、楚项之放伐，周公、莽、操之摄辅，漫无印证，又焉适从？且于古今事变、礼乐名物，未尝考识，使国家欲兴明堂、建辟雍、制历律、草封禅，又将何所致其用乎？故《论语》曰“‘生而知之’者，义理耳。若夫礼乐名物，古今事变，亦必待学而后有以验其行事之实’[3]。此则可谓定论矣。”

所喻杨、墨、乡愿、尧、舜、子之、汤、武、楚项、周公、莽、操之辨，与前舜、武之论，大略可以类推，古今事变之疑，前于良知之说，已有规矩尺度之喻，当亦无俟多赘矣。至于明堂、辟雍诸事，似尚未容于无言者。然其说甚长，姑就吾子之言而取正焉，则吾子之惑将亦可少释矣。

夫明堂辟雍之制，始见于吕氏之《月令》，汉儒之训疏。六经、四书之中，未尝详及也。岂吕氏、汉儒之知，乃贤于三代之贤圣乎？齐宣之时，明堂尚有未毁，则幽、厉之世，周之明堂皆无恙也。尧、舜茅茨土阶，明堂之制未必备，而不害其为治；幽、厉之明堂，固犹文、武、成康之旧，而无救于其乱，何邪？岂非“以不忍人之心，而行不忍人之政”[4]，则虽茅茨土阶，固亦明堂也。以幽、厉之心，而行幽、厉之政，则虽明堂，亦暴政所自出之地邪？武帝肇讲于汉，而武后盛作于唐，其治乱何如邪？天子之学曰辟雍，诸侯之学曰泮宫，皆象地形而为之名耳。然三代之学，其要皆所以明人伦，非以辟不辟、泮不泮为重轻也。

孔子云：“人而不仁，如礼何！人而不仁，如乐何！”制礼作乐，必具中和之德，声为律而身为度者，然后可以语此。若夫器数之末，乐工之事，祝史之守。故曾子曰：“君子所贵乎道者三，笾豆之事，则有司存也。”[5]

尧“命羲和钦若昊天，历象日月星辰”，其重在于“敬授人时”也。[6]舜“在璇玑玉衡”，其重在于“以齐七政”也。[7]是皆汲汲然以仁民之心而行其养民之政，治历明时之本，固在于此也。羲和历数之学，皋[8]、契[9]未必能之也，禹、稷[10]未必能之也，尧、舜之知而不偏物，虽尧、舜亦未必能之也。然至于今循羲和之法而世修之，虽曲知小慧之人，星术浅陋之士，亦能推步占候而无所忒。则是后世曲知小慧之人，反贤于禹、稷、尧、舜者邪？

“封禅”之说，尤为不经，是乃后世佞人谀士，所以求媚于其上，倡为夸侈，以荡君心而靡国费，盖欺天罔人无耻之大者，君子之所不道，司马相如[11]之所以见讥于天下后世也。吾子乃以是为儒者所宜学，殆亦未之思邪？

夫圣人之所以为圣者，以其生而知之也。而释《论语》者曰：“‘生而知之’者义理耳。若夫礼乐名物、古今事变，亦必待学而后有以验其行事之实。”夫礼乐名物之类，果有关于作圣之功也，而圣人亦必待学而后能知焉，则是圣人亦不可以谓之“生知”矣。谓圣人为“生知”者，专指义理而言，而不以礼乐名物之类，则是礼乐名物之类无关于作圣之功矣。圣人之所以谓之“生知”者，专指义理而不以礼乐名物之类，则是“学而知之”者，亦惟当学知此义理而已，“困而知之”者，亦惟当困知此义理而已。今学者之学圣人，于圣人之所能知者，未能“学而知之”，而顾汲汲焉求知圣人之所不能知者以为学，无乃失其所以希圣之方欤？凡此，皆就吾子之所惑者而稍为之分释，未及乎拔本塞源之论也。

【注释】

①“杨、墨”句：参见《孟子·滕文公下》：“杨氏为我，是无君也；墨氏兼爱，是无父也。无父无君，是禽兽也。公明仪曰：‘庖有肥肉，厩有肥马；民有饥色，野有饿莩，此率兽而食人也。’杨墨之道不息，孔子之道不著，是邪说诬民充塞仁义。”杨氏，指杨朱，战国时期思想家，主张“贵生”“为我”“重己”。墨氏，指墨子。

②“乡愿”句：参见《论语·阳货》：“子曰：‘乡愿，德之贼也。’”又《孟子·尽心下》：“万子曰：‘一乡皆称原人焉，无所往而不为原人，孔子以为德之贼，何哉？’曰：‘非之无举也，刺之无刺也，同乎流俗，合乎污世，居之似忠信，行之似廉洁。众皆悦之，自以为是，而不可与入尧舜之道，故曰“德之贼”也。’”

③“‘生而知之’者”句：见朱熹《论语集注·述而》：“尹氏曰：‘孔子以生知之圣，每云好学者，非惟勉人也，盖生而可知者，义理尔，若夫礼乐名物，古今事变，亦必待学而后有以验其实也。’”尹氏，即尹焞（1071—1142），字彦明，一字德充，洛（今河南洛阳）人，宋代学者。

④“以不”句：见《孟子·公孙丑上》：“孟子曰：‘人皆有不忍人之心。先王有不忍人之心，斯有不忍人之政矣。以不忍人之心，行不忍人之政，治天下可运之掌上。’”

⑤“君子所贵”句：见《论语·泰伯》：“曾子有疾，孟敬子问之。曾子言曰：‘鸟之将死，其鸣也哀；人之将死，其言也善。君子所贵乎道者三：动容貌，斯远暴慢矣；正颜色，斯近信矣；出辞气，斯远鄙倍矣。笾豆之事，则有

司存。'"

⑥ "命羲和" 句：见《尚书·尧典》："乃命羲和，钦若昊天，历象日月星辰，敬授人时。" 羲和，羲氏与和氏的并称，传说尧曾命羲仲、羲叔、和仲、和叔两对兄弟分驻四方，以观天象，并制历法。

⑦ "在璇玑" 句：见《尚书·舜典》："正月上日，受终于文祖，在璇玑玉衡，以齐七政。"

⑧ 皋：皋陶，相传是舜帝的"士师"，掌管司法的官员。

⑨ 契：相传是帝尧之弟，任火正，观察和祭祀火星。

⑩ 稷：后稷，尧舜时期掌管农业之官，是周朝的始祖。

⑪ 司马相如：（约前 179—前 118），字长卿，巴郡安汉县（今四川省南充市蓬安县）人，一说蜀郡（今四川成都）人，西汉辞赋家。

【评语】

许舜屏评：明堂、辟雍，实不过讲求礼乐之地，与心理无关。先生谓"非以辟不辟、泮不泮为重轻"，自是至堂之论。

许舜屏评：生知、学知、困知，各限于其性，岂能一概责以生知？此之实抉后世学者之弊。

一四二

夫拔本塞源之论不明于天下，则天下之学圣人者，将日繁日难，斯人沦于禽兽夷狄，而犹自以为圣人之学。吾之说虽或暂明于一时，终将冻解于西而冰坚于东，雾释于前而云滃[①]于后，呶呶焉危困以死，而卒无救于天下之分毫也已。夫圣人之心，以天地万物为一体，其视天下之人，无外内远近，凡有血气，皆其昆弟赤子之亲，莫不欲安全而教养之，以遂其万物一体之念。天下之人心，其始亦非有异于圣人也，特其间于有我之私，隔于物欲之蔽，大者以小，通者以塞，人各有心，至有视其父、子、兄、弟如仇雠者。圣人有忧之，是以推其天地万物一体之仁以教天下，使之皆有以克其私，去其蔽，以复其心体之同然。[②]其教之大端，则尧、舜、禹之相授受，所谓"道心惟微，惟精惟一，允执厥中"[③]。而其节目，则舜之命契，所谓"父子有亲，君臣有义，夫妇有别，长幼有序，朋友有信"[④]，五者而已。

唐虞三代之世，教者惟以此为教，而学者惟以此为学。当是之时，人无异见，家无异习，安此者谓之圣，勉此者谓之贤，而背此者，虽其启明如朱，亦谓之不肖。下至闾井、田野、农、工、商、贾之贱，莫不皆有是学，而惟以成其德行为务。何者？无有闻见之杂，记诵之烦，辞章之靡滥，功利之驰逐，而但使之孝其亲，弟其长，信其朋友，以复其心体之同然。是盖性分之所固有，而非有假于外者，则人亦孰不能之乎？

学校之中，惟以成德为事。而才能之异，或有长于礼乐，长于政教，长于水土播植者，则就其成德，而因使益精其能于学校之中。迨夫举德而任，则使之终身居其职而不易。用之者惟知同心一德，以共安天下之民，视才之称否，而不以崇卑为轻重，劳逸为美恶：效用者亦惟知同心一德，以共安天下之民，苟当其能，则终身处于烦剧而不以为劳，安于卑琐而不以为贱。

当是之时，天下之人熙熙皞皞，皆相视如一家之亲。其才质之下者，则安其农、工、商、贾之分，各勤其业，以相生相养，而无有乎希高慕外之心。其才能之异，若皋、夔、稷、契者，则出而各效其能。若一家之务，或营其衣食，或通其有无，或备其器用，集谋并力，以求遂其仰事俯育之愿，惟恐当其事者之或怠而重己之累也。故稷勤其稼，而不耻其不知教，视契之善教，即己之善教也。夔司其乐，而不耻于不明礼，视夷之通礼，即己之通礼也。盖其心学纯明，而有以全其万物一体之仁，故其精神流贯，志气通达，而无有乎人己之分，物我之间。譬之一人之身，目视，耳听，手持，足行，以济一身之用。目不耻其无聪，而耳之所涉，目必营焉；足不耻其无执，而手之所探，足必前焉。盖其元气充周，血脉条畅，是以痒疴呼吸，感触神应，有不言而喻之妙。此圣人之学所以至易至简，易知易从，学易能而才易成者，[5] 正以大端惟在复心体之同然，而知识技能非所与论也。

【注释】

① 滃：音“翁”，云起状。

② 复其心体之同然：参见《孟子·告子上》：“至于心，独无所同然乎？心之所同然者何也？谓理也，义也。圣人先得我心之所同然耳。”

③“道心”句：见《尚书·大禹谟》。

④“父子”句：见《孟子·滕文公上》。

⑤“至易”句：参见《易经·系辞》：“乾以易知，坤以简能；易则易知，简则易从。易知则有亲，易从则有功。有亲则可久，有功则可大。可久则贤人之德，可大则贤人之业。”

【评语】

孙奇逢评：拔本塞源之论，以宇宙为一家，天地为一身，真令人恻然悲戚。然痛愤然，起是集中一篇大文字，亦是世间一篇有数文字。

许舜屏评：推究其源本，立论尤为痛快确切。

许舜屏评：圣人之学，看得太易，固然不可；看得太难亦非。

一四三

三代之衰，王道熄而霸术焻。孔、孟既没，圣学晦而邪说横。教者不复以此为教，而学者不复以此为学，霸者之徒，窃取先王之近似者，假之于外以内济其私己之欲，天下靡然而宗之，圣人之道遂以芜塞。相仿相效，日求所以富强之说，倾诈之谋，攻伐之计，一切欺天罔人，苟一时之得，以猎取声利之术，若管、商、苏、张①之属者，至不可名数。既其久也，斗争劫夺，不胜其祸，斯人沦于禽兽、夷狄，而霸术亦有所不能行矣。

世之儒者，慨然悲伤，搜猎先圣王之典章法制，而掇拾修补于煨烬之余，盖其为心良亦欲以挽回先王之道。圣学既远，霸术之传，积渍已深，虽在贤知，皆不免于习染，其所以讲明修饰，以求宣畅光复于世者，仅可以增霸者之藩篱，而圣学之门墙，遂不复可睹。于是乎有训诂之学，而传之以为名；有记诵之学，而言之以为博；有辞章之学，而侈之以为丽。若是者，纷纷籍籍，群起角立于天下，又不知其几家，万径千蹊，莫知所适。世之学者，如入百戏之场，欢谑跳踉、骋奇斗巧、献笑争妍者，四面而竞出，前瞻后盼，应接不遑，而耳目眩瞀，精神恍惑，日夜遨游淹息其间，如病狂丧心之人，莫自知其家业之所归。时君世主亦皆昏迷颠倒于其说，而终身从事于无用之虚文，莫自知其所谓。间有觉其空疏谬妄，支离牵滞，而卓然自奋，欲以见诸行事之实者，极其所抵，亦不过为富强功利、五霸之事业而止。圣人之学，日远日晦，而功利之习愈趋愈下，其间虽尝瞽惑于佛、老，而佛、老之说，卒亦未能有胜其功利之心。虽又尝折衷于群儒，而群儒之论终亦未能有以破其功利之见。

盖至于今，功利之毒沦浃于人之心髓，而习以成性也，几千年矣。相矜以智，相轧以势，相争以利，相高以技能，相取以声誉。其出而仕也，理钱谷者，则欲兼夫兵刑，典礼乐者又欲与于铨轴，处郡县则思藩臬之高，居台谏则望宰执之要。故不能其事则不得以兼其官，不通其说则不可以要其誉。记诵之广，适以长其傲也。知识之多，适以行其恶也。闻见之博，适以肆其辩也。辞章之富，适以饰其伪也。是以皋、夔、稷、契所不能兼之事，而今之初学小生皆欲通其说，究其术。其称名僭号，未尝不曰吾欲以共成天下之务，而其诚心实意之所在，以为不如是则无以济其私而满其欲也。

呜呼，以若是之积染，以若是之心志，而又讲之以若是之学术，宜其闻吾圣人之教，而视之以为赘疣枘凿，则其以良知为未足，而谓圣人之学为无所用，亦其势有所必至矣！呜呼，士生斯世，而尚何以求圣人之学乎！尚何以论圣人之学乎！士生斯世，而欲以为学者，不亦劳苦而繁难乎！不亦拘滞而险艰乎！呜呼，可悲也已！所幸天理之在人心，终有所不可泯，而良知之明，万古一日，则其闻吾拔本塞源之论，必有恻然而悲，戚然而痛，愤然而起，沛然若决江河，而有所不可御者矣。非夫豪杰之士，无所待而兴起者，吾谁与望乎？

【注释】

①管、商、苏、张：管，指管仲，春秋时期齐国政治家，辅佐齐桓公富国强兵，成为春秋五霸之首；商，指商鞅，卫国人，战国时期政治家，辅佐秦孝公变法，奠定秦国富强的基础；苏，指苏秦，洛阳人，战国时期纵横家，主张“合纵”拒秦；张，指张仪，魏国人，战国时期纵横家，主张“连横”，曾相秦惠王。

【评语】

刘宗周评：快读一过，迫见先生一腔真血脉，洞彻万古。愚尝谓孟子好辩而后，仅见此篇。

施邦曜评：亘古亘今，乃有许大识见，许大议论。世道之升降，学术之是非，悉阐于是书，直可谓考诸三王而不谬，俟后圣而不惑者也，非真有致知之学。上下古今，无不洞朗于胸中，安能道此。

施邦曜评：义理是礼乐名物之本，譬如天地百物之生，即礼乐名物也。而生生之理，即是义理，故其生无方。圣人惟知得理义，得夫制作之本，故时至事起，能作礼乐名物。后之学者究心于礼乐名物，不但博而不该，是为逐末而忘本。先生此言，亦为学礼乐名物者，当得其本。非谓礼乐名物便可废也。

施邦曜评：圣人只是以天地万物为心，便何官不可做，何事不能做，尧舜诸公所以能平未平之天下。今人惟知为己故，只务择官，不务任事，所以并不能享已治已平之天下，古今治乱，只由一念公私，危微精一，开千古之道统者，所以即擅千古之治统。

施邦曜评："富强功利"四字，贻祸最烈，至今日望一富强功利之臣，不啻如伊、周。何也？盖救世之经济，与自私自利之作用自不同科，如真有仁义之心，以行王道将齐桓之尊周，与文王何异？使怀自私自利之心，外假夫仁义，即汤武之放伐，与操莽又何异？若今日之为人臣者，果真能捐去私心，为身家者为国家。国之贫弱，必有所济，此便是尽仁尽义之学，奚讳言富强功利哉！惟人怀自私自利之心，高谈仁义以济其私，学问事功终大坏，不可收拾耳。有救世之思者，宜何从焉？

施邦曜评：仕习之非，全由学问之谬。至天王圣明，以严法峻刑绳之，俗学祸人且自祸矣。哀哉！

施邦曜评：假借名理以欺天下者，其设心真险于穿窬。

施邦曜评：此书前悉知行合一之论，广譬博说，旁引曲喻，不啻开云见日。后拔本塞源之论，阐明古今学术升降之因，真是将五脏八宝，悉倾以示人，读之即昏愚亦恍然有觉。此正是先生万物一体之心，不惮详言以启后学也。当详玩毋忽。

王应昌评：先生此篇文字，明白痛快，能入人心髓。至于切中时弊，在贾长沙之上。

许舜屏评：此种学术繁多，而圣人之学愈晦。

许舜屏评：后世学者多犯此病。

许舜屏评：言之慨然。

许舜屏评：良知之丧失既尽，去圣学愈远矣。

许舜屏评：其误伊于胡底。

三轮执斋评：是至论中之至论，明文中之明文，自秦汉以来数千岁之间，惟有此一文而已。

佐藤一斋评：陈龙正曰："拔本塞源论，乃先生直接道统处。智略技能，至先生极矣。然一毫不恃，尽擘破之，而唯求复心体之为贵。解悟灵通，至先生极矣。然一毫不恃，尽擘破之，而唯师行五伦之为贵。其心则唯欲安天下之民，惟共成天下之治。道学一点真血脉，先生得之。恐后世以顿悟而疑其为儒之禅，以事功而疑其为儒之杂，不可不辨也。"先生固云："趋向同而论学或异，不害其为同。"若自道云。

佐藤一斋评：耿定向请从祀疏有曰："所著《拔本塞源论》，指示人心，最为明切。使中外臣工，实是体究。则所以翼太平之治实多，而守仁之志已得。彼唯欲朝廷协一德之交，而不乐有倡道之名也。"可谓深见先生之。

启问道通书

一四四

吴、曾[①]两生至，备道道通恳切为道之意，殊慰相念！若道通真可谓笃信好学者矣。忧病中会，不能与两生细论，然两生亦自有志向，肯用功者，每见辄觉有进。在区区诚不能无负于两生之远来，在两生则亦庶几无负其远来之意矣。临别以此册致道通意，请书数语。荒愦无可言者，辄以道通来书中所问数节，略下转语奉酬。草草殊不详细，两生当亦自能口悉也。

来书云："日用工夫只是'立志'，近来于先生诲言，时时体验，愈益明白。然于朋友不能一时相离。若得朋友讲习，则此志才精健阔大，才有生意。若三五日不得朋友相讲，便觉微弱，遇事便会困，亦时会忘。乃今无朋友相讲之日，还只静坐，或看书，或游衍经行，凡寓目措身，悉取以培养此志，颇觉意思和适。然终不如朋友讲聚，精神流动，生意更多也。离群索居之人，当更有何法以处之？"

此段足验道通日用工夫所得，工夫大略亦只是如此用。只要无间断，到得纯熟后，意思又自不同矣。大抵吾人为学，紧要大头脑，只是“立志”。所谓“困忘”之病，亦只是志欠真切。今好色之人，未尝病于困忘，只是一真切耳。自家痛痒，自家须会知得，自家须会搔摩得。既自知得痛痒，自家须不能不搔摩得；佛家谓之“方便法门”，须是自家调停斟酌，他人总难与力，亦更无别法可设也。

【注释】

①吴、曾：不详。

【评语】

施邦曜评：学人大病，此一语尽之。人苟立志真切，讲时如此，不讲时亦如此，所以颜子之足发偏在私处。

许舜屏评：立志便是致知的工夫，困忘之病，是丧失其良知耳。

三轮执斋评：立志是先生之教人格致之基、作圣之功，固无别法，而《示六弟立志说》甚详尽，可并考。

一四五

来书云：“上蔡[①]常问：‘天下何思何虑？’伊川云：‘有此理，只是发得太早。’[②]在学者工夫，固是‘必有事焉而勿忘’，然亦须识得‘何思何虑’底气象，一并看为是。若不识得这气象，便有正与助长之病。若认得‘何思何虑’，而忘‘必有事焉’工夫，恐又堕于‘无’也。须是不滞于‘有’，不堕于‘无’。然乎否也？”

所论亦相去不远矣，只是契悟未尽。上蔡之问，与伊川之答，亦只是上蔡、伊川之意，与孔子《系辞》原旨稍有不同。《系》言“何思何虑”，是言所思所虑只是一个天理，更无别思别虑耳，非谓无思无虑也。故曰：“同归而殊途，一致而百虑，天下何思何虑。”[③]云“殊途”，云“百虑”，则岂谓无思无虑邪？心之本体即是天理，天理只是一个，更有何可思虑得？天理原自寂然不动，原自感而遂通[④]，学者用功，虽千思万虑，只是要复他本来体用而已，不是以私意去安排思索出来。故明道云：“君子之学，莫若廓然而大公，物来而顺应。”[5] 若以私意去安排思索，便是用智自私矣。“何思何虑”正是工夫，在圣人分上，便是自然的；在学者分上，便是勉然的。伊川却是把作效验看了，所以有“发得太早”之说。既而云“却好用功”[6]，则已自觉其前言之有未尽矣。濂溪“主静”之论，亦是此意[7]。今道通之言，虽已不为无见，然亦未免尚有两事也。

【注释】

① 上蔡：指谢良佐（1050—1103），字显道，蔡州上蔡（今河南上蔡）人，世称上蔡先生，北宋学者，二程弟子，“程门四先生”之一，上蔡学派创始人。著有《论语说》《上蔡语录》等。

②“有此理”句：见《二程外书·卷十二·上蔡语录》。

③“同归”句：见《易经·系辞》。

④“天理”句：参见第七二条注 1。

⑤“君子”句：见第七二条注 2。

⑥ 却好用功：参见《二程外书·卷十二·上蔡语录》：“恰好著工夫。”

⑦“濂溪”句：参见周敦颐《太极图说》：“圣人定之以中正仁义而主静，立人极焉。”

【评语】

刘宗周评：如此，方与不思善恶之说迥异。

施邦曜评：人只是认天理不真，渺渺茫茫，稍着意便成助，稍不着意便成忘，精神迄无安顿处。先生“心之本体即是天理”一语，提醒极直截痛快。心外无理，存心之外，更无穷理工夫也。若云有个天理藏在胸中，便是心与天理为二。所思虑只是一个天理者，心内不着一毫闲思妄想，谨微防危，存之而已。任他千感万应，本体一毫不走作，人惟此心常存而不放，即观花听鸟，莫非天机；搬柴运草，莫非实际，不必执着思虑，天理何尝不在，自然也说得，勉然也说得，只视功候之生熟耳。孟子云：“学问之道无他，求其放心而已矣。”此言尽学问之大纲领。

许舜屏评：天理之外，便无别样思虑，故谓之何思何虑。盖所思虑者，全在天理，故曰一致为百虑。

许舜屏评：自然、勉然的工夫，便是安行、利行、勉行的分别。

三轮执斋评：无思无为，是说本体何思何虑，是说功夫，然功夫即本体，本体即功夫，更无二致也。

三轮执斋评：上卷虽曰“何思何虑，非初学时事，初学必须思省察克治”之说，与此少异也，盖前说也。

佐藤一斋评：何思何虑，与陆澄录稍异。澄录犹用伊川旧解。

一四六

来书云：“凡学者才晓得做工夫，便要识认得圣人气象。盖认得圣人气象，把做准的，乃就实地做工夫去，才不会差，才是作圣工夫。未知是否？”

先认圣人气象，昔人尝有是言矣[1]，然亦欠有头脑。圣人气象自是圣人的，我从何处识认？若不就自己良知上真切体认，如以无星之称而权轻重，未开之镜而照妍媸，真所谓以小人之腹，而度君子之心矣。圣人气象何由认得？自己良知原与圣人一般，若体认得自己良知明白，即圣人气象不在圣人而在我矣。程子尝云：“觑着尧，学他行事，无他许多聪明睿智，安能如彼之动容周旋中礼？”[2] 又云：“心通于道，然后能辨是非。”[3] 今且说通于道在何处？聪明睿智从何处出来？

【注释】

①“圣人气象”句：参见《二程遗书·卷二十二·伊川先生语八》：“凡看文字，非只是要理会语言，须要识得圣贤气象。”又朱熹、吕祖谦编《近思录·致知》：“学者不学圣人则已，欲学之，须熟玩味圣人之气象，不可只于名上理会。如此只是讲论文字。”

②“觑着”句：见《二程遗书·卷十八·伊川先生语四》。句中“动容周旋中礼”，语出《孟子·尽心下》：“孟子曰：‘尧舜，性者也；汤武，反之也。动容周旋中礼者，盛德之至也。’”

③“心通”句：见《河南程氏文集·卷九·答朱长文书》。

【评语】

施邦曜评：圣人亦只是尽得自己心性，何曾有一个圣人在摹仿而学之？所以生安困勉，用力不同，同归于圣，君子亦惟自尽其人道而已。

陶浔霍评：如此精到落实。

许舜屏评：圣人气象，固不可不认得。但何由认得，先要辨明。

许舜屏评：良知人人所具，故与圣人一般。而人人未必皆圣人，则以良知之能扩充与否而定。

佐藤一斋评：认得圣人气象，以此为致良知工夫，则或可矣。若徒认以为准的，或不免效颦学步。故曰“欠有头脑”。

一四七

来书云：“事上磨炼，一日之内，不管有事无事，只一意培养本原。若遇事来感，或自己有感，心上既有觉，安可谓无事？但因事凝心一会，大段觉得事理当如此，只如无事处之，尽吾心而已。然乃有处得善与未善，何也？又或事来得多，须要次第与处，每因才力不足，辄为所困，虽极力扶起而精神已觉衰弱。遇此未免要十分退省，宁不了事，不可不加培养。如何？”

所说工夫，就道通分上，也只是如此用，然未免有出入在。凡人为学，终身只为这一事。自少至老，自朝至暮，不论有事无事，只是做得这一件，所谓“必有事焉”者也。若说“宁不了事，不可不加培养”，却是尚为两事也。“必有事焉而勿忘勿助”，事物之来，但尽吾心之良知以应之，所谓“忠恕违道不远”[①]矣。凡处得有善有未善，及有困顿失次之患者，皆是牵于毁誉得丧，不能实致其良知耳。若能实致其良知，然后见得平日所谓善者未必是善，所谓未善者，却恐正是牵于毁誉得丧，自贼其良知者也。

【注释】

①“忠恕”句：见《中庸》。

【评语】

施邦曜评：“毁誉得丧”四字，此是学人万劫中带来业障，最难拔除。若能拔去此大病根，只知有事，举动自然必慊于心，安有善未善？即少有节目之差，只争工夫之生熟，不可以善不善言，或事头来得多，其中有个缓急重轻次第，因其次第行之，安得有困顿？若此等想头，俱是计功算效，不是纯然有事之心。

陶浔霍评：眼光。

许舜屏评：全以良知为主，处得善与未善，全要看良知之存否，所以要注重良知。

三轮执斋评：事上磨炼，此亦王氏之家法，而格物之实功、博文约礼之事也。上卷二十七叶曰："人须在事上磨，方立得住。"又三十六叶曰："人正要此等时磨炼。"下卷五张曰："人须在事上磨炼做功夫，乃有益。只好静，遇事便乱，无长进，那静时功夫亦差，似收敛实放溺也。"又三十一张曰："随你公事上磨炼也好。"云云。

一四八

来书云："致知之说，春间再承诲益，已颇知用力，觉得比旧尤为简易。但鄙心则谓与初学言之，还须带'格物'意思，使之知下手处。本来'致知'、'格物'一并下，但在初学未知下手用功，还说与'格物'，方晓得'致知'"云云。

"格物"是"致知"工夫，知得"致知"，便已知得"格物"。若是未知"格物"，则是"致知"工夫亦未尝知也。近有一书[1]，与友人论此颇悉，今往一通，细观之当自见矣。

【注释】

①近有一书：日本学者东正纯认为，这封书信是《答罗整庵》（本书第一七二至一七七条）；美籍华人学者陈荣捷认为，也有可能是《答顾东桥》（本书第一三〇至一四三条）。

【评语】

施邦曜评：了然。

许舜屏评：致知格物，须一并做去。

佐藤一斋评：文成论格致书，检《全书》不止十数。本文一书，今未审明指何书，俟考。

东敬治评：予无从决定其果答罗，然大旨盖不远类。

一四九

来书云："今之为朱陆之辨者尚未已，每对朋友言正学不明已久，且不须枉费心力，为朱陆争是非，只依先生'立志'二字点化人。若其人果能辨得此志来，决意要知此学，已是大段明白了。朱陆虽不辨，彼自能觉得。又尝见朋友中，见有人议先生之言者，辄为动气。昔在朱陆二先生所以遗后世纷纷之议者，亦见二先生工夫有未纯熟，分明亦有动气之病。若明道则无此矣。观其与吴涉礼[①]论介甫[②]之学，云：'为我尽达诸介甫，不有益于他，必有益于我也。'[③]气象何等从容！尝见先生与人书[④]中，亦引此言，愿朋友皆如此，如何？"

此节议论得极是、极是，愿道通遍以告于同志，各自且论自己是非，莫论朱陆是非也。以言语谤人，其谤浅。若自己不能身体实践，而徒入耳出口，呶呶度日，是以身谤也，其谤深矣。凡今天下之论议我者，苟能取以为善，皆是砥砺切磋我也，则在我无非警惕修省进德之地矣。昔人谓"攻吾之短者是吾师"[⑤]，师又可恶乎？

【注释】

① 吴涉礼：当为"吴师礼"，日本学者三轮执斋认为"是盖草书之讹"。吴师礼，字安仲，杭州钱塘（今浙江省杭州市）人，北宋学者，曾任天长治县、开封府推官、宿州知州等职。

② 介甫，即王安石（1021—1086），字介甫，号半山，谥文，封荆国公，世人又称王荆公，临川（今江西省抚州市）人，北宋思想家、政治家、文学家和改革家。著有《王临川集》《临川集拾遗》。

③"为我"句：见《二程遗书·卷一·二先生语一》："伯淳近与吴师礼谈介甫之学错处，谓师礼曰：'为我尽达诸介甫，我亦未敢自以为是。'……"

④ 先生与人书：指阳明《答汪石潭内翰》："有所未尽，不惜教论；不有益于兄，必有益于我也。"载《王阳明全集·卷五·文录一》。

⑤ 昔人：指战国思想家荀子。"攻吾"句，参见《荀子·修身》："非我而当者，吾师也；是我而当者，吾友也；谄谀我者，吾贼也。"

【评语】

施邦曜评：讲筵上只好论先儒是非者，必不能见自己是非者也。若有志问自己是非，自有不暇处。

许舜屏评：此一段论说，足见先生学问深到处。

三轮执斋评：朱陆之辨，《外集·第三·答徐成之第二书》详尽，然钱德洪于小序论之，其意亦可见。

一五〇

来书云："有引程子'人生而静以上不容说，才说性，便已不是性'[①]，何故不容说，何故不是性？晦庵答云：'不容说者，未有性之可言；不是性者，已不能无气质之杂矣。'[②]二先生之言，皆未能晓，每看书至此，辄为一惑，请问。"

"生之谓性"[③]，"生"字即是"气"字，犹言"气即是性"也。气即是性，"人生而静，以上不容说"，才说"气即是性"，即已落在一边，不是性之本原矣。孟子性善，是从本原上说。然性善之端，须在气上始见得，若无气，亦无可见矣。恻隐、羞恶、辞让、是非即是气。程子谓"论性不论气，不备；论气不论性，不明"[④]，亦是为学者各认一边，只得如此说。若见得自性明白时，气即是性，性即是气，原无性气之可分也。

【注释】

①"人生"句：见《二程遗书·卷一·二先生语一》："盖'生之谓性''人生而静'以上不容说，才说性时，便已不是性也。""人生而静"，语出《礼记·乐记》："人生而静，天之性也；感于物而动，性之欲也。"

②"不容"句：见《晦庵先生朱文公文集续集·卷九·答刘韬仲问目》。

③生之谓性：见《孟子·告子上》："告子曰：'生之谓性。'"

④"论性"句：见《二程遗书·卷六·二先生语六》。

【评语】

刘宗周评：先生之见，已到八九分，但云"性即是气、气即是性"，则合更有商量在。

施邦曜评：人若除了气，便是僵尸了，何以见性？第就此气之动处，有个当与不当，当则便是真性动，不得其当，便是气质。夫辨性莫精于孟子，其言曰："吾善养吾浩然之气。"其功只在集义，是气之得其当也。又曰"夜气"，其端在好恶相近，亦气之几于当也。人只把气看的是灵的，不要看的是蠢的，理气便是合一。

施邦曜评：心原无妄，有妄便觉，觉则非妄。

许舜屏评：性与气，所辨甚微。大约由性发出即为气，气未发即是性。

东正纯评：黄氏（指黄宗羲，但实为刘宗周，日本学者误——编者注）似颇未满于文成之言。盖察其意，以气之静为性，以性之动为气。虽未初不一，而又不可辄下"即"字，商量恐不出于此。然文成之学，以觉语为则，此等亦只会得活泼泼，不会得弄精魂。功夫切要，一在见自匡三字。语势所趁，非"即"字，殆失倒断直截之机。黄氏虽无所见，亦未免带在于言辞上也。

答陆原静书

一五一

来书云："下手工夫，觉此心无时宁静，妄心固动也，照心亦动也；心既恒动，则无刻暂停也。"

是有意于求宁静，是以愈不宁静耳。夫妄心则动也，照心非动也。恒照则恒动恒静，天地之所以"恒久而不已也"[①]。照心固照也，妄心亦照也。"其为物不贰，则其生物不息"[②]，有刻暂停，则息矣，非"至诚无息"[③]之学矣。

【注释】

①"天地"句：见《易经·恒卦·彖辞》："'恒亨无咎，利贞'，久于其道也。天地之道，恒久而不已也。"

②"其为"句：参见《中庸》："其为物不贰，则其生物不测。"

③至诚无息：见《中庸》："故至诚无息，不息则久，久则徵，徵则悠远，悠远则博厚，博厚则高明。"

【评语】

冯柯评：“妄心则动也，照心非动也”，是也。“照心固照也，妄心亦照也”，则非也。盖照心者，谓心之虚明，自然照物。如鉴之空，而物之妍媸不能造也。若是妄心，犹反鉴而索照矣，有是理乎？是故照心固照者，诚精而明也；妄心亦照者，以逆亿为明也。且以照心妄心为“为物不贰”，以固照亦照为“生物不息”。不贰者，至诚也；至诚者，无妄也。以妄心为不贰，然则至诚亦有妄乎？妄亦可以言诚乎？而天地圣人之心，皆可以言妄矣。盖阳明醉心佛氏，而佛氏以天地为幻妄，则其以妄心为不贰，亦何怪哉？

施邦曜评：心原无妄，有妄便觉，觉则非妄矣。

许舜屏评：不动心之学，只是至诚无息之学。

三轮执斋评：原静尝淫仙、释，又好宁静。故所问多其病。上卷原静所录，可以见之。

佐藤一斋评：妄是妄动，照是明觉。心一也，照心一昏，即便妄心。然其本体之明未尝息，故曰“妄心亦照”也。《中庸》“生物不测”，此改为“不息”，取大意，不泥成语。

一五二

来书云：“良知亦有起处”，云云。

此或听之未审。良知者，心之本体，即前所谓恒照者也。心之本体，无起无不起。虽妄念之发，而良知未尝不在，但人不知存，则有时而或放耳。虽昏塞之极，而良知未尝不明，但人不知察，则有时而或蔽耳。虽有时而或放，其体实未尝不在也，存之而已耳；虽有时而或蔽，其体实未尝不明也，察之而已耳。若谓良知亦有起处，则是有时而不在也，非其本体之谓矣。

【评语】

施邦曜评：即孟子所谓“夜气”虽牿亡，未尝不萌动，能察而存之，便是得养则长耳，是妙于醒发人心处。

许舜屏评：良知之在心，处处刻刻皆有之，故无所谓起。若有起处，便有讫处，便算不得良知。

一五三

“精一”之“精”以理言，“精神”之“精”以气言。理者，气之条理；气者，理之运用。无条理则不能运用，无运用则亦无以见其所谓条理者矣。精则精，精则明，精则一，精则神，精则诚；一则精，一则明，一则神，一则诚，原非有二事也。但后世儒者之说与养生之说，各滞于一偏，是以不相为用。前日“精一”之论，虽为原静爱养精神而发，然而作圣之功，实亦不外是矣。

【评语】

施邦曜评：天地万物，生生不已，只是一气，理即是气中至当不易之则，如视、听、言、动，皆气也；非礼勿视、听、言、动即理也。离却了理，便是邪气；气得其理，便是清明在躬，志气如神。颜之克己为仁，孟之集义养气，俱是此道。与养生之说不同。

许舜屏评：“精一”之“精”，“精神”之“精”，其分处在此，其合处亦在此。盖互相为用也。

东正纯评：精则精，上“精”指儒家“精一”之精，下“精”指道家“精气”之精。精则明，即良知，是一节也。自精言之，一神明皆精；自一言之，精、神、诚皆一；就“精一”二字，再反覆明之。

一五四

来书云：“元神、元气、元精，必各有寄藏发生之处，又有真阴之精、真阳之气”云云。

夫良知一也，以其妙用而言谓之神，以其流行而言谓之气，以其凝聚而言谓之精，安可以形象方所求哉？真阴之精，即真阳之气之母；真阳之气，即真阴之精之父。阴根阳，阳根阴，[①]亦非有二也。苟吾良知之说明，则凡若此类，皆可以不言而喻。不然，则如来书所云，三关[②]、七返[③]、九还[④]之属，尚有无穷可疑者也。

【注释】

① 阴根阳，阳根阴：参见周敦颐《太极图说》:“太极动而生阳，动极而静，静而生阴，静极复动。一动一静，互为其根。”

② 三关：参见《黄庭经·三关章》:“口为天关精神机，足为地关生命靡，手为人关把盛衰。”

③ 七返：道教修炼术语。

④ 九还：道教修炼术语。

【评语】

施邦曜评：须是内外通彻，一片光明境界，方能了此。否则终是口头禅。

许舜屏评：一以良知为断，则神、气、精多包括在内。即阴阳之道，亦可包括得尽，所以良知之义甚广。

三轮执斋评：程子论道体如此，而朱子亦从之，然而其所以终支离者，盖别功夫本体、分知行先后、及格物致知之差以致之耳，而其论道体，亦至精微之处，则不能无少违也，当精察之。

又

一五五

来书云：“良知，心之本体，即所谓性善也，未发之中[①]也，寂然不动[②]之体也，廓然大公[③]也，何常人皆不能而必待于学邪？中也、寂也、公也，既以属心之体，则良知是矣。今验之于心，知无不良，而中、寂、大公、实未有也。岂良知复超然于体用之外乎？”

性无不善，故知无不良，良知即是未发之中，即是廓然大公、寂然不动之本体，人人之所同具者也。但不能不昏蔽于物欲，故须学以去其昏蔽。然于良知之本体，初不能有加损于毫末也。知无不良，而中、寂、大公未能全者，是昏蔽之未尽去而存之未纯耳。体即良知之体，用即良知之用，宁复有超然于体用之外者乎？

【注释】

① 未发之中：见第二八条注1。

② 寂然不动：见第七二条注1。

③ 廓然大公：见第七二条注3。

【评语】

施邦曜评：学即是格物。

许舜屏评：良知即在体用之中，人自不察耳。若为物欲所昏蔽，便不能保其良知矣，故不能专恃良知，必须致力于学，而后能不为物欲所蔽；不为物欲所蔽，则良知自日以扩充。

一五六

来书云："周子曰'主静'①，程子曰'动亦定，静亦定'②，先生曰'定者心之本体是静定也，决非不睹不闻、无思无为之谓，必常知、常存、常主于理之谓也。'夫常知、常存、常主于理，明是动也、已发也，何以谓之静？何以谓之本体？岂是静定也，又有以贯乎心之动静者邪？"

理无动者也。"常知、常存、常主于理"，即"不睹不闻、无思无为"之谓也。不睹不闻、无思无为，非槁木死灰之谓也。睹、闻、思为一于理，而未尝有所睹、闻、思为，即是"动而未尝动"③也。所谓"动亦定，静亦定"，"体用一原"④者也。

【注释】

① 主静：见第一四五条注7。

② 动亦定，静亦定：参见第二三条注1。

③ "动而"句：参见周敦颐《周子通书·动静章》："动而无静，静而无动，物也；动而无动，静而无静，神也；动而无动，静而无静，非不动不静也。"

④ 体用一原："原"同"源"，参见第四五条注2。

【评语】

施邦曜评：常主于理，理在何处？夫人心只此一点虚灵，为天然自具之条理，能致此良知，以常存此虚灵之体，此便是常主于理。若不能常知常存，而求常主于理，是不能有事而先役其心于正助也，此便是逐物丧心，纷扰已甚，安得言静？故曰：常知、常存，常主于理。《大学》云："知止而后有定，定而后能静"，此之谓也。若云有以贯乎心之动静，是有二心矣，岂是主静之学？

施邦曜评：此一段问驳，正是后人一大疑关，当细心体认。

许舜屏评：这种道理，本是可以意会，而不可以言传。"动亦定，静亦定"，语极微妙。若穿凿以求之，则惑矣。

一五七

来书云："此心未发之体，其在已发之前乎？其在已发之中[1]而为之主乎？其无前后内外而浑然一体者乎？今谓心之动静者，其主有事无事而言乎？其主寂然感通[2]而言乎？其主循理从欲而言乎？若以循理为静，从欲为动，则于所谓'动中有静，静中有动'[3]，'动极而静，静极而动'[4]者，不可通矣。若以有事而感通为动，无事而寂然为静、则于所谓'动而无动，静而无静'[5]者，不可通矣。若谓未发在已发之先，静而生动，是至诚有息[6]也，圣人有复[7]也，又不可矣。若谓未发在已发之中，则不知未发已发俱当主静乎？抑未发为静而已发为动乎？抑未发已发俱无动无静乎？俱有动有静乎？幸教。"

"未发之中"即良知也，无前后内外而浑然一体者也。有事无事可以言动静，而良知无分于有事无事也。寂然感通可以言动静，而良知无分于寂然感通也。动静者，所遇之时，心之本体固无分于动静也。理无动者也，动即为欲。循理，则虽酬酢万变而未尝动也；从欲，则虽槁心一念而未尝静也。"动中有静，静中有动"，又何疑乎？有事而感通，固可以言动，然而寂然者未尝有增也。无事而寂然，固可以言静，然而感通者未尝有减也。"动而无动，静而无静"，又何疑乎？

无前后内外而浑然一体，则至诚有息之疑，不待解矣。未发在已发之中，而已发之中未尝别有未发者在；已发在未发之中，而未发之中未尝别有已发者存，是未尝无动静，而不可以动静分者也。凡观古人言语，在以意逆志而得其大旨，若必拘滞于文义，则“靡有孑遗”者，是周果无遗民⑧也。周子“静极而动”之说⑨，苟不善观，亦未免有病。盖其意从“太极动而生阳，静而生阴”⑩说来。太极生生之理，妙用无息，而常体不易。太极之生生，即阴阳之生生。就其生生之中，指其妙用无息者而谓之动，谓之阳之生，非谓动而后生阳也；就其生生之中，指其常体不易者而谓之静，谓之阴之生，非谓静而后生阴也。若果静而后生阴，动而后生阳，则是阴阳动静，截然各自为一物矣。阴阳一气也，一气屈伸而为阴阳；动静一理也，一理隐显而为动静。春夏可以为阳为动，而未尝无阴与静也；秋冬可以为阴为静，而未尝无阳与动也。春夏此不息，秋冬此不息，皆可谓之阳、谓之动也。春夏此常体，秋冬此常体，皆可谓之阴、谓之静也。自元、会、运、世、岁、月、日、时以至刻、秒、忽、微，莫不皆然。所谓“动静无端、阴阳无始”⑪，在知道者默而识之，非可以言语穷也。若只牵文泥句，比拟仿像，则所谓“心从法华转”，非是“转法华”⑫矣。

【注释】

① 已发之中：参见《中庸》：“喜怒哀乐之未发，谓之中；发而皆中节，谓之和。中也者，天下之大本也；和也者，天下之达道也。”

② 寂然感通：参见第七二条注1。

③“动中”句：参见《二程遗书·卷七·二先生语七》：“静中便有动，动中自有静。”

④“动极”句：参见第一五四条注1。

⑤“动而”句：参见第一五六条注3。

⑥ 至诚有息：参见第一五一条注3。

⑦ 圣人有复：参见《周子通书·诚几德》：“性焉安焉之谓圣，复焉执焉之谓贤”。

⑧“凡观”句：参见《孟子·万章上》：“故说《诗》者，不以文害辞，不以辞害志。以意逆志，是为得之。如以辞而已矣，《云汉》之诗曰：‘周余黎民，靡有孑遗。’信斯言也，是周无遗民也。”

⑨ 周子“静极而动”之说：参见第一五四条注1。

⑩“太极”句：参见第一五四条注1。

⑪“动静”句：见黎靖德编《朱子语类·卷一·太极天地上》：“在阴阳言，则用在阳而体在阴，然动静无端，阴阳无始，不可分先后。”

⑫“心从”句：见《六祖坛经·机缘品第七》所载六祖慧能偈语：“心迷法华转，心悟转法华。”

【评语】

冯柯评：夫欲生于动者也，非动即为欲也。使动即为欲，则太极之动而生阳，亦即为欲乎？故动非欲也，动之流则欲也。

施邦曜评：自先儒有“主静”之教，“动静”二字遂纷纭辨析，而未有已。不知自两仪分而万类生，有知有觉，无时非动。人得气之最灵，安有不动之候？即冥目澄思，亦动也。何曾有“静”字以为之对？惟是其所为动者，一率其性之本然，即千变万化，应物不穷，胸中何曾有一毫撄扰不宁？所谓动而未尝非静也，人惟狥欲背性，动失其常，即矫为镇静，此心只觉纷扰震荡，求静而反动矣。周子曰“主静”，程子曰“动亦定，静亦定”，非欲揉动而为静也，惟欲动者各安其则，率其性之本然也。无时非动，无时非静，又安有内外前后，有事无事之可分？致知者自得之。

许舜屏评：良知无分于有事、无事，这是一个大主脑。无论为动、为静，处处有良知在。

许舜屏评：这是看书的秘诀。

许舜屏评：阴阳以气言，动静以理言，似分而为二。至动静无端，阴阳无始，则分者亦未尝不合耳。

一五八

来书云：“尝试于心，喜、怒、忧、惧之感发也，虽动气之极，而吾心良知一觉，即罔然消阻，或遏于初，或制于中，或悔于后。然则良知常若居优闲无事之地而为之主，于喜、怒、忧、惧若不与焉者，何欤？”

知此，则知未发之中①，寂然不动②之体，而有发而中节之和③、感而遂通之妙④矣。然谓“良知常若居于优闲无事之地”，语尚有病。盖良知虽不滞于喜、怒、忧、惧，而喜、怒、忧、惧亦不外于良知也。

【注释】

① 未发之中：见第二八条注 1。

② 寂然不动：见第七二条注 1。

③ 中节之和：见第二八条注 1。

④ 感而遂通：见第七二条注 1。

【评语】

施邦曜评：是真做工夫人，才说得此语。

许舜屏评：此可见良知之作用。良知具于吾心，不得谓之优闲无事之地，所以先生说“语尚有病”也。

东正纯评：程朱论未发、已发，以心言之，文成则直以性视之，其说亦并通。然《中庸》，性书也。文成之说，事得其宗矣乎！

一五九

来书云：“夫子昨以良知为照心。窃谓良知，心之本体也；照心，人所用功，乃戒慎恐惧之心也，犹思也。而遂以戒慎恐惧[①]为良知，何欤？”

能戒慎恐惧者，是良知也。

【注释】

① 戒慎恐惧：见第七五条注 3。

【评语】

许舜屏评：注重在一“能”字。

佐藤一斋评：加一“能”字，便见工夫本体合一。

东正纯评：别有一条云：“不睹不闻是功夫，戒慎恐惧是本体。”与此相发。

一六〇

来书云：“先生又曰：‘照心非动也’，岂以其循理而谓之静欤？‘妄心亦照也’，岂以其良知未常不在于其中，未常不明于其中，而视、听、言、动之不过则者皆天理欤？且既曰妄心，则在妄心可谓之照，而在照心则谓之妄矣。妄与息何异？今假妄之照，以续至诚之无息，窃所未明，幸再启蒙”。

“照心非动”者，以其发于本体明觉之自然，而未尝有所动也，有所动即妄矣；“妄心亦照”者，以其本体明觉之自然者，未尝不在于其中，但有所动耳，无所动即照矣。无妄无照，非以妄为照，以照为妄也。照心为照，妄心为妄，是犹有妄有照也。有妄有照，则犹贰也，贰则息矣。无妄无照则不贰，不贰则不息矣。

【评语】

刘宗周评：“照心固照，妄心亦照”二语，先生自为注疏已明，读者幸无作玄会。未病服药之说，大是可思。

许舜屏评：本体明觉之自然，便是良知，故照心不得谓之动。

东正纯评：照心者，明觉心也；妄心者，妄想心也。明觉之所照，虽妄想心亦照。妄想心所生，虽明觉心亦妄。无照而不妄，无妄而不照。照亦照，妄亦妄。即照即妄，即妄即照。神会玄同，无复别旨类。但吾儒与禅家所说，有毫厘之差，不可不知之也。黄尊素之说，不为无见，犹止七八分耳。

一六一

来书云：“养生以清心寡欲为要。夫清心寡欲，作圣之功毕矣。然寡欲则心自清，清心非舍弃人事，而独居求静之谓也，盖欲使此心纯乎天理，而无一毫人欲之私耳。今欲为此之功，而随人欲生而克之，则病根常在，未免灭于东而生于西。若欲刊剥洗荡于众欲未萌之先，则又无所用其力，徒使此心之不清。且欲未萌而搜剔以求去之，是犹引犬上堂而逐之也，愈不可矣。”

必欲此心纯乎天理而无一毫人欲之私，此作圣之功也。必欲此心纯乎天理而无一毫人欲之私，非防于未萌之先，而克于方萌之际不能也。防于未萌之先，而克于方萌之际，此正《中庸》“戒慎恐惧”、《大学》“致知格物”之功。舍此之外，无别功矣。夫谓灭于东而生于西，引犬上堂而逐之[①]者，是自私自利，“将迎”“意必”[2]之为累，而非克治洗荡之为患也。今曰“养生以清心寡欲为要”，只“养生”二字，便是自私自利，将迎意必之根。有此病根潜伏于中，宜其有灭于东而生于西、引犬上堂而逐之之患也。

【注释】

①“引犬”句：参见《二程遗书·卷二·二先生语二》：“至如养犬者，不欲其升堂，则时其升堂而扑之。若既扑其升堂，又复食之于堂，则使孰从？虽日挞而求其不升，不可得也。养异类且尔，况人乎？”

②将迎意必：将迎，参见《庄子·外篇·知北游》：“颜渊问乎仲尼曰：‘回尝闻诸夫子曰：“无有所将，无有所迎。”回敢问其游。’”意必，见第二九条注2。

【评语】

施邦曜评：克伐怨欲不行，可以为难矣。难处正在此济。

施邦曜评：人欲原不与天理为对，只是常存敬畏，人欲自无从萌动。此是正本清源之法。

许舜屏评：此心纯乎天理，而无一毫人欲之私，便是能保守其良知，所谓“防于未萌之先，而克于方萌之际”，乃是防良知之失，而极力保守之也。

一六二

来书云：“佛氏于‘不思善、不思恶时，认本来面目’[1]，与吾儒‘随物而格’之功不同。吾若于不思善、不思恶时用致知之功，则已涉于思善矣。欲善恶不思，而心之良知清静自在，惟有寐方醒之时耳，斯正孟子‘夜气’[2]之说。但于斯光景不能久，倏忽之际，思虑已生，不知用功久者，其当寐初醒而思未起之时否乎？今澄欲求宁静，愈不宁静，欲念无生，则念愈生，如之何？而能使此心前念易灭，后念不生，良知独显，而与造物者游[3]乎？”

“不思善、不思恶时，认本来面目。”此佛氏为未识本来面目者，设此方便。本来面目即吾圣门所谓良知，今既认得良知明白，即已不消如此说矣。"随物而格"，是致知之功，即佛氏之"常惺惺"[4]，亦是常存他本来面目耳，体段工夫大略相似，但佛氏有个自私自利之心，所以便有不同耳。今欲善恶不思而心之良知清静自在，此便有自私自利、将迎意必之心。所以有"不思善、不思恶时，用致知之功，则已涉于思善"之患。孟子说"夜气"，亦只是为失其良心之人指出个良心萌动处，使他从此培养将去，今已知得良知明白，常用致知之功，即已不消说"夜气"。却是得兔后不知守兔，而仍去守株，兔将复失之矣。[5]欲求宁静，欲念无生，此正是自私自利、将迎意必之病，是以念愈生而愈不宁静。良知只是一个良知，而善恶自辨，更有何善何恶可思！良知之体本自宁静，今却又添一个求宁静，本自生生，今却又添一个欲无生，非独圣门致知之功不如此，虽佛氏之学亦未如此将迎意必也。只是一念良知，彻头彻尾，无始无终，即是前念不灭，后念不生。今却欲前念易灭，而后念不生，是佛氏所谓"断灭种性"[6]，入于槁木死灰之谓矣。

【注释】

①"不思"句：见《六祖坛经·自序品》："惠能云：'不思善，不思恶，正与么时，那个是明上座本来面目。'"

②夜气：见第四七条注1。

③与造物者游：见《庄子·杂篇·天下》："上与造物者游，而下与外死生、无终始者为友。"

④常惺惺：禅宗用语，意为常常保持清醒状态。

⑤"却是"句：参见《韩非子·五蠹》："宋人有耕田者，田中有株，兔走触株折颈而死，因释其耒而守株，冀复得兔，兔不可复得而身为宋国笑。"

⑥断灭种性：佛教用语，意为心灵处于死寂的状态。

【评语】

施邦曜评：此段尤明快。

施邦曜评：佛氏之"不思善，不思恶"，犹吾儒之"勿正、勿助"也。然佛氏在空诸所有，吾儒在纯其有事，一念之相去，所争几希耳。

许舜屏评：先生尝说"夜气空空静静，天理在中"，即是应事接物的心；应事接物的心，亦是循天理，便是夜气空空静静的心。

许舜屏评：吾倘养心，未尝离却事物，只顺其天，则自然就是工夫。释氏却要静绝事物，把心看作幻相，于世间无此二字交涉，所以不可治天下，于此段正可参看。

三轮执斋评："佛氏常惺惺"是谢显道说存养之语，然本于《传灯录》瑞严禅师"主人公惺惺，否之"语，故言佛氏。

一六三

来书云："佛氏又有'常提念头'[①]之说，其犹孟子所谓'必有事'[②]，夫子所谓'致良知'之说乎？其即'常惺惺、常记得、常知得、常存得'者乎？于此念头提在之时，而事至物来，应之必有其道。但恐此念头提起时少、放下时多，则工夫间断耳。且念头放失，多因私欲客气之动而始，忽然惊醒而后提，其放而未提之间，心之昏杂多不自觉，今欲日精日明，常提不放，以何道乎？只此常提不放，即全功乎？抑于常提不放之中，更宜加省克之功乎？虽曰常提不放，而不加戒惧克治之功，恐私欲不去。若加戒惧克治之功焉，又为'思善'之事，而于'本来面目'又未达一间也。如之何则可？"

戒惧克治，即是常提不放之功，即是"必有事焉"，岂有两事邪？此节所问，前一段已自说得分晓，末后却是自生迷惑，说得支离，及有"本来面目未达一间"之疑，都是自私自利、将迎意必之为病，去此病自无此疑矣。

【注释】

① 念头：禅宗用语，指念起之时，或曰从起一念的最开始。

② 必有事：见第八七条注1。

【评语】

王应昌评：原静以"戒惧"与"本来面目"隔一层。曾闻先生戒惧即本体之训否？

许舜屏评：世间无离事之心，佛氏一差故百差，常提不放，便是要保，守其良知而勿失耳。

一六四

来书云："'质美者明得尽，查滓便浑化'，[1] 如何谓明得尽？如何而能便浑化？"

良知本来自明。气质不美者，查滓多，障蔽厚，不易开明；质美者，查滓原少，无多障蔽，略加致知之功，此良知便自莹澈，些少查滓如汤中浮雪，如何能作障蔽？此本不甚难晓，原静所以致疑于此，想是因一"明"字不明白，亦是稍有欲速之心。向曾面论明善之义，"明则诚"[2] 矣，非若后儒所谓明善之浅也。

【注释】

①"质美"句：见《二程遗书·卷十一·明道先生语一》："只此是学质美者，明得尽，查滓便浑化，却与天地同体。"

② 明则诚：见《中庸》："自诚明，谓之性。自明诚，谓之教。诚则明矣，明则诚矣。"

【评语】

施邦曜评：动静只争昏明。

许舜屏评：查滓而清光来，清光来斯明矣。

一六五

来书云："聪明睿知，果质乎？[1] 仁义礼智，果性乎？[2] 喜怒哀乐，果情乎？[3] 私欲客气，果一物乎？二物乎？古之英才，若子房[4]、仲舒[5]、叔度[6]、孔明[7]、文中[8]、韩[9]、范[10] 诸公，德业表著，皆良知中所发也，而不得谓之闻道者，果何在乎？苟曰此特生质之美耳，则生知安行者，不愈于学知困勉者乎？愚意窃云，谓诸公见道偏则可，谓全无闻，则恐后儒崇尚记诵训诂之过也。然乎？否乎？"

性一而已。仁义礼智，性之性也；聪明睿知，性之质也；喜怒哀乐，性之情也；私欲客气，性之蔽也；质有清浊，故情有过、不及，而蔽有浅、深也。私欲客气，一病两痛，非二物也。张、黄、诸葛及韩、范诸公，皆天质之美，自多暗合道妙，虽未可尽谓之知学，尽谓之闻道，然亦自有其学，违道不远者也[11]。使其闻学知道，即伊[12]、傅[13]、周[14]、召[15]矣。若文中子，则又不可谓之不知学者，其书虽多出于其徒，亦多有未是处，然其大略，则亦居然可见。但今相去辽远，无有的然凭证，不可悬断其所至矣。夫良知即是道，良知之在人心，不但圣贤，虽常人亦无不如此，若无有物欲牵蔽，但循着良知，发用流行将去，即无不是道。但在常人，多为物欲牵蔽，不能循得良知。如数公者，天质既自清明，自少物欲为之牵蔽，则其良知之发用流行处，自然是多，自然违道不远，学者学循此良知而已，谓之学知，只是知得专在学循良知。数公虽未知专在良知上用功，而或泛滥于多歧，疑迷于影响，是以或离或合而未纯。若知得时，便是圣人矣。后儒尝以数子者尚皆是气质用事，未免于行不著，习不察[16]，此亦未为过论。但后儒之所谓著察者，亦是狃于闻见之狭，蔽于沿习之非，而依拟仿象于影响形迹之间，尚非圣门之所谓著察者也，则亦安得"以己之昏昏，而求人之昭昭"[17]也乎？所谓"生知安行"，"知行"二字，亦是就用功上说。若是知行本体即是良知良能，虽在困勉之人，亦皆可谓之"生知安行"矣。"知、行"二字更宜精察。

【注释】

①"聪明"句：见《中庸》："唯天下至圣，为能聪明睿知。"朱熹《中庸章句集注》注此句曰："聪明睿知，生知之质。"

②"仁义"句：见《孟子·公孙丑上》："恻隐之心，仁之端也；羞恶之心，义之端也；辞让之心，礼之端也；是非之心，智之端也。"朱熹《孟子集注》注此句曰："恻隐、羞恶、辞让、是非，情也。仁、义、礼、智，性也。"

③"喜怒"句：见《中庸》："喜怒哀乐之未发，谓之中；发而皆中节，谓之和。"朱熹《中庸章句集注》注此句曰："喜、怒、哀、乐，情也。其未发，则性也，无所偏倚，故谓之中。"

④子房：即张良（约前250—前186年），字子房，颍川城父（今安徽亳县东南）人，刘邦的谋士，"汉初三杰"之一。

⑤仲舒：即董仲舒（约前176—前104），广川（今河北省枣强县）人，西汉儒学大师，景帝时曾任博士，兼通五经，为群儒之首，武帝时任江都

相和胶西王相，其《举贤良对策》为汉武帝所采纳，开启此后两千年儒学正统的先声。著有《春秋繁露》《春秋决狱》等。

⑥ 叔度：即黄宪（22—70），字叔度，慎阳（今河南省正阳县）人，东汉著名贤士，时人称其为“颜子”（颜回）。周举说：“吾时月不见黄叔度，则鄙吝之心已复生矣。”郭泰说：“叔度汪汪若千顷陂，澄之不清，淆之不浊，不可量也。”

⑦ 孔明：即诸葛亮（181—234），字孔明，号卧龙，琅琊阳都（今山东临沂市沂南县）人，三国时期杰出的政治家、军事家，蜀汉丞相，封武乡侯。著作编为《诸葛亮集》。

⑧ 文中：即王通。见第一一条注1。

⑨ 韩：指韩琦（1008—1075），字稚圭，自号赣叟，谥忠献，相州安阳（今河南省安阳市）人，北宋政治家、军事家、词人，历仕仁宗、英宗和神宗三朝，官至宰相，有“贤相”之誉，封魏国公。著作编为《安阳集》。

⑩ 范：指范仲淹（989—1052），字希文，谥文正，北宋政治家、文学家、军事家、教育家，祖籍邠州（今陕西省彬县），生于苏州吴县（今江苏省苏州市），曾在陕西防御西夏，战功卓著。他为政清廉，体恤民情，刚直不阿，力主改革，数度被贬，官至参知政事，封楚国公。著作编为《范文正公集》。

⑪“违道”句：参见《中庸》：“忠恕违道不远，施诸己而不愿，亦勿施于人。”

⑫ 伊：指伊尹，见第九九条注3。

⑬ 傅：指傅说，相传为商王武丁的贤相，本为囚犯，在傅岩（一作傅险）筑城，商王武丁梦得圣人，最终找到他。

⑭ 周：指周初辅政周公。

⑮ 召：指周初辅政召公。

⑯ 行不著，习不察：见第一〇一条注4。

⑰“以己”句：参见《孟子·尽心下》：“孟子曰：‘贤者以其昭昭，使人昭昭；今以其昏昏，使人昭昭。’”

【评语】

施邦曜评：得了头脑，万法一齐俱了。

施邦曜评：今宇内想望数公经济，如祥麟瑞凤，不可得见。使讲筵内有此，高谈道德者敢不扪舌避席？非数公能高于道德也，盖数公学问虽未底于纯粹，然据其所造，各有心得处，故发之文章事业，俱能担当一世。若今之所讲，皆虚语，剿说耳，倘真能格物致知，学有真得，修齐治平，未有不时措咸宜者，数公皆吾徒矣。

许舜屏评：天质之美者，其良知不易为物欲所昏蔽。若更能扩而充之，便是圣贤工夫。张、黄、诸葛诸人，苟能循此良知而力行之，则其入圣当较易矣。

一六六

来书云："昔周茂叔每令伯淳寻仲尼、颜子乐处[①]。敢问是乐也，与七情之乐同乎、否乎？若同，则常人之一遂所欲皆能乐矣，何必圣贤？若别有真乐，则圣贤之遇大忧、大怒、大惊、大惧之事，此乐亦在否乎？且君子之心常存戒惧，是盖终身之忧[②]也，恶得乐？澄平生多闷，未常见真乐之趣，今切愿寻之。"

"乐"是心之本体，虽不同于七情之乐，而亦不外于七情之乐；虽则圣贤别有真乐，而亦常人之所同有，但常人有之而不自知，反自求许多忧苦，自加迷弃。虽在忧苦迷弃之中，而此乐又未尝不存，但一念开明，反身而诚[③]，则即此而在矣。每与原静论，无非此意，而原静尚有"何道可得"之问，是犹未免于骑驴觅驴之蔽也。

【注释】

①"周茂叔"句：事见《近思录·为学》："明道曰：'昔受学于周茂叔，每令寻颜子、仲尼乐处，所乐者何事。'"

②终身之忧：参见《孟子·离娄下》："是故君子有终身之忧，无一朝之患也。乃若所忧则有之：舜人也，我亦人也。舜为法于天下，可传于后世，我由未免为乡人也，是则可忧也。忧之如何？如舜而已矣。若夫君子所患则亡矣。"

③反身而诚：参见《孟子·尽心上》："万物皆备于我矣。反身而诚，乐莫大焉。"

【评语】

施邦曜评："乐"不是快活之谓，是胸中有一段自得处，常人与圣贤不同能乐者，盖圣贤有得，常人无得也。则事变不能迁，无得便逐境为忧喜，故有大忧、大怒、大惊、大惧之事，圣贤未尝不加警惕，然其自得于己者，事变之窾会，无不了当于胸中，只是临事敬慎耳；常人毫无把柄，便惶惑忧惧，故仁者之不忧，智者之不惑，勇者之不惧，圣贤之能乐也，常人未免忧惧惑，安得乐？常存戒惧，正是君子求自得处。

许舜屏评：此所谓“乐”，即孔子所言“仁者乐”之乐。天君泰然，百骸从令，虽忧患相寻，亦复何碍？颜子箪瓢陋巷，不改其乐，亦是此道。

三轮执斋评：“何道可得”是只推其意言之耳。而上文亦有，今欲曰精曰明，常提不放，以何道乎之问。

一六七

来书云：“《大学》以‘心有好乐、忿懥、忧患，恐惧’为‘不得其正’，而程子亦谓‘圣人情顺万事而无情’[①]。所谓有者，《传习录》中以病疟譬之，极精切矣：若程子之言，则是圣人之情不生于心而生于物也，何谓耶？且事感而情应，则是是非非可以就格；事或未感时，谓之有则未形也，谓之无则病根在有无之间，何以致吾知乎？学务无情，累虽轻，而出儒入佛矣，可乎？”

圣人致知之功，至诚无息；其良知之体，皦如明镜，略无纤翳，妍媸之来，随物见形，而明镜曾无留染：所谓“情顺万事而无情”也。“无所住而生其心”[②]，佛氏曾有是言，未为非也；明镜之应物，妍者妍，媸[③]者媸，一照而皆真，即是生其心处：妍者妍，媸者媸，一过而不留，即是无所住处。病疟之喻，既已见其精切，则此节所问可以释然，病疟之人，疟虽未发，而病根自在，则亦安可以其疟之未发而遂忘其服药调理之功乎？若必待疟发而后服药调理，则既晚矣；致知之功，无间于有事、无事，而岂论于病之已发、未发邪？大抵原静所疑，前后虽若不一，然皆起于自私自利、将迎意必之为祟。此根一去，则前后所疑，自将冰消雾释，有不待于问辨者矣。

【注释】

①“圣人”句：参见《二程文集·卷二·答横渠张子厚先生书》：“夫天地之常，以其心普万物而无心；圣人之常，以其情顺万事而无情。故君子之学，莫若廓然而大公。”

②“无所住”句：见《金刚经·第十品·庄严净土分》：“不应住色生心，不应住声香味触法生心，应无所住而生其心。”

③嫫：音“吃”，意为相貌丑陋。

【评语】

施邦曜评：圣贤学问，只是一心上进。致知之功，直到至诚无息田地，正是圣人日进无疆，若一回头转，计功算效，便是自私自利，即有息矣。故曰：学如不及，犹恐有失之，全不萌一“及”与“得”之想。

梁启超评：我辈宜常常自审疟根。

钱德洪跋

答原静书出，读者皆喜澄善问、师善答，皆得闻所未闻。师曰：“原静所问，只是知解上转，不得已与之逐节分疏。若信得良知，只在良知上用工，虽千经万典，无不吻合，异端典学，一勘尽破矣，何必如此节节分解！佛家有‘扑人逐块’[1]之喻，见块扑人，则得人矣，见块逐块，于块奚得哉？”在座诸友闻之，惕然皆有惺悟。此学贵反求，非知解可入也。

【注释】

①扑人逐块：参见《大般涅槃经·光明遍照高贵德王菩萨品》：“一切凡夫，惟观于果，不观因缘，如犬逐块不逐于人。凡夫之人亦复如是。”

答欧阳崇一

一六八

崇一来书云：“师云‘德性之良知，非由于闻见。若曰多闻择其善者而从之，多见而识之[1]，则是专求之见闻之末，而已落在第二义’。窃意良知虽不由见闻而有，然学者之知，未常不由见闻而发。滞于见闻固非，而见闻亦良知之用也。今曰‘落在第二义’，恐为专以见闻为学者而言，若致其良知而求之见闻，似亦知行合一之功矣。如何？”

良知不由见闻而有，而见闻莫非良知之用；故良知不滞于见闻，而亦不离于见闻。孔子云：“吾有知乎哉？无知也。”[②] 良知之外，别无知矣；故“致良知”是学问大头脑，是圣人教人第一义。今云专求之见闻之末，则是失却头脑，而已落在第二义矣。近时同志中，盖已莫不知有“致良知”之说，然其工夫尚多鹘突[③]者，正是欠此一问。大抵学问工夫只要主意头脑是当。若主意头脑专以“致良知”为事，则凡多闻、多见莫非“致良知”之功；盖日用之间见闻酬酢，虽千头万绪，莫非良知之发窍用流行，除却见闻酬酢，亦无良知可致矣，故只是一事。若曰致其良知而求之见闻，则语意之间未免为二。此与专求之见闻之末者虽稍不同，其为未得精一之旨，则一而已。“多闻择其善者而从之，多见而识之”，既云择，又云识，其良知亦未尝不行于其间：但其用意乃专在多闻多见上去择、识，则已失却头脑矣。崇一于此等处见得当已分晓，今日之问，正为发明此学，于同志中极有益；但语意未莹，则毫厘千里，亦不容不精察之也。

【注释】

①“多闻”句：见《论语·述而》：“子曰：‘盖有不知而作之者，我无是也。多闻择其善者而从之，多见而识之，知之次也。’”

②“吾有”句：见《论语·子罕》。

③鹘突：糊涂。

【评语】

施邦曜评：自私自利、将迎意必，俱是急于求善之念，大贤以下亦不能免，原宪“克、伐、怨、欲不行，可以为仁”之问，即受此累，孔子告之曰“仁则吾不知也”，只是教他着力于难，何必计较。此是仁欲，其去累也，若颜子之克复，则无是矣。

施邦曜评：学者一生，舍了学、问、思、辩笃行，何处用工夫？然用之以逐闻驰见，便是外义；用之以明善诚身，便是实学，所以学则须博问辨思行，外加个慎审明笃正，所以成其博学也。就如今四书五经，谁人不读，若实体贴于身心间，舍此别无作圣工夫，只是借之以求富贵利达，虽终日诵读，与性命何与？即此可了然先生致良知之说。

孙奇逢评：头脑是，出处皆是。

陶浔霍评：其门人之不肖病如此，则有不读书之事。

陶浔霍评：此王学落实处，而人总不细心平心虚察其所以然也。

许舜屏评：良知之体，皦如明镜，故能屡照而不疲。佛氏之“无所住而生其心”，实与至诚无息之旨相发明。先生以病疟譬之，尤觉清切有味。

许舜屏评：“良知不由见闻而有，而见闻莫非良知之用”，此二语最为切要，须知良知本在吾心，原非因见闻而起。不过见闻之时，亦足以引起吾之良知。良知在内，而见闻在外，诚有毫厘千里之别。学者所宜深察也。

一六九

来书云：“师云：‘《系》言何思何虑，是言所思所虑只是天理，更无别思别虑耳，非谓无思无虑也。心之本体即是天理，有何可思虑得？学者用功，虽千思万虑，只是要复他本体，不是以私意去安排思索出来。若安排思索，便是自私用智矣。学者之弊，大率非沉空守寂，则安排思索。’德辛壬之岁着前一病，近又着后一病。但思索亦是良知发用，其与私意安排者，何所取别？恐认贼作子[①]，惑而不知也。”

“思曰睿，睿作圣”[②]“心之官则思，思则得之”[③]，思其可少乎？沉空守寂与安排思索，正是自私用智，其为丧失良知一也。良知是天理之昭明灵觉处，故良知即是天理。思是良知之发用，若是良知发用之思，则所思莫非天理矣。良知发用之思，自然明白简易，良知亦自能知得。若是私意安排之思，自是纷纭劳扰，良知亦自会分别得。盖思之是非邪正，良知无有不自知者。所以认贼作子，正为致知之学不明，不知在良知上体认之耳。

【**注释**】

①认贼作子：见第一二二条注6。

②思曰睿，睿作圣：见《尚书·洪范》：“五事：一曰貌，二曰言，三曰

视，四曰听，五曰思。貌曰恭，言曰从，视曰明，听曰聪，思曰睿。”

③“心之官”句：见《孟子·告子上》：“心之官则思，思则得之，不思则不得也。”

【评语】

施邦曜评：人只是一心思正，心之不息处戒慎恐惧，即思也，总无加于心体之本然。若空寂者，是于心上多一空寂之念；安排者，是于心上多一安排之念，俱失心之本然，所以未免认贼作子；先儒教人常想未发气象，正是此意。

许舜屏评：“沉空守寂”与“安排思索”，迥然各别，而同为丧失其良知。不过“思”之中亦各有异。倘所思者全是天理，则是能扩充其良知，较之“沉空守寂”者，其相去远矣；倘所思者全是私意，则已丧失其良知，转不如“沉空守寂”，尤可望其良知之未泯也。

一七〇

来书又云：“师云：‘为学终身只是一事，不论有事无事，只是这一件。若说宁不了事，不可不加培养，却是分为两事也。’窃意觉精力衰弱，不足以终事者，良知也。宁不了事，且加休养，致知也。如何却为两事？若事变之来，有事势不容不了，而精力虽衰，稍鼓舞亦能支持，则持志以帅气可矣。然言动终无气力，毕事则困惫已甚，不几于暴其气已乎？此其轻重缓急，良知固未尝不知，然或迫于事势，安能顾精力？或困于精力，安能顾事势？如之何则可？”

“宁不了事，不可不加培养”之意，且与初学如此说，亦不为无益，但作两事看了，便有病痛在。孟子言“必有事焉”，则君子之学终身只是“集义”一事。义者，宜也，心得其宜之谓义；能致良知，则心得其宜矣，故“集义”亦只是致良知。君子之酬酢万变，当行则行，当止则止，当生则生，当死则死，斟酌调停，无非是致其良知、以求自慊而已。故“君子素其位而行”[1]，“思不出其位”[2]，凡谋其力之所不及，而强其知之所不能者，皆不得为致良知，而凡“劳其筋骨，饿其体肤，空乏其身，行拂乱其所为，动心忍性，以增益其所不能”[3]者，皆所以致其良知也。若云“宁不了事，不可不加培养”者，亦是先有功利之心，较计成败利钝而爱憎取舍于其间，是以将了事自作一事，而培养又别作一事，此便有是内非外之意，便是自私用智，便是“义外”，便有“不得于心，勿求于气”[④]之病，便不是致良知以求自慊之功矣。所云“鼓舞支持，毕事则困惫已甚”，又云“迫于事势，困于精力”，皆是把作两事做了，所以有此。凡学问之功，一则诚，二则伪，凡此皆是致良知之意，欠诚一真切之故。《大学》言“诚其意者，如恶恶臭，如好好色，此之谓自慊”。曾见有恶恶臭、好好色，而须鼓舞支持者乎？曾见毕事则困惫已甚者乎？曾有迫于事势、困于精力者乎？此可以知其受病之所从来矣。

【注释】

①“君子”句：见《中庸》：“君子素其位而行，不愿乎其外。”

②思不出其位：见《论语·宪问》：“子曰：‘不在其位，不谋其政。’曾子曰：‘君子思不出其位。’”

③“劳其”句：见《孟子·告子下》：“故天将降大任于是人也，必先苦其心志，劳其筋骨，饿其体肤，空乏其身，行拂乱其所为，所以动心忍性，曾益其所不能。”

④不得于心，勿求于气：见《孟子·公孙丑上》：“告子曰：‘不得于言，勿求于心；不得于心，勿求于气。’不得于心，勿求于气，可；不得于言，勿求于心，不可。夫志，气之帅也；气，体之充也。夫志至焉，气次焉。故曰：‘持其志，无暴其气。’”

【评语】

施邦曜评：培养正是有事，此事原是了不来的，宁不了事，又何处见培养？圣贤之学，一生只是有事，成败利钝，不必分心照管，曾子曰“死而后已”，安问困惫？杀身成仁，又安问迫于时势？盖学问原不在于天下事都做得完，只要求不愧此心。先生致良知之，只是求不愧于心。所云困惫、迫于事势之说，是求天下事尽做得完也，此可识内外本末之辨。

许舜屏评：既云“不为无益”，又云“便有病痛”，前后语气，似相矛盾。

一七一

来书又有云："人情机诈百出，御之以不疑，往往为所欺，觉则自入于逆、亿[①]。夫逆诈，即诈也；亿不信，即非信也；为人欺，又非觉也。不逆、不亿而常先觉，其惟良知莹彻乎？然而出入毫忽之间，背觉合诈者多矣。"

"不逆、不亿而先觉"，此孔子因当时人专以逆、诈、亿、不信为心，而自陷于诈与不信，又有不逆、不亿者，然不知致良知之功，而往往又为人所欺诈，故有是言，非教人以是存心，而专欲先觉人之诈与不信也。以是存心，即是后世猜忌险薄者之事：而只此一念，已不可与入尧、舜之道矣。不逆、不亿而为人所欺者，尚亦不失为善，但不如能致其良知，而自然先觉者之尤为贤耳。崇一谓"其惟良知莹彻"者，盖已得其旨矣。然亦颖悟所及，恐未实际也。盖良知之在人心，亘万古、塞宇宙而无不同。不虑而知[②]，恒易以知险[③]；不学而能，恒简以知阻。先天而天不违，天且不违，而况于人乎？况于鬼神乎？[④]夫谓背觉合诈者，是虽不逆人而或未能自欺也，虽不亿人而或未能果自信也，是或常有先觉之心，而未能常自觉也。常有求先觉之心，即已流于逆、亿而足以自蔽其良知矣，此背觉合诈之所以未免也。君子学以为己[⑤]，未尝虞人之欺己也，恒不自欺其良知而已；未尝虞人之不信己也，恒自信其良知而已；未尝求先觉人之诈与不信也，恒务自觉其良知而已。是故不欺则良知无所伪而诚，诚则明矣；自信则良知无所惑而明，明则诚矣。明、诚相生，是故良知常觉、常照。常觉、常照则如明镜之悬，而物之来者自不能遁其妍媸矣。何者？不欺而诚，则无所容其欺，苟有欺焉，而觉矣；自信而明，则无所容其不信，苟不信焉，而觉矣。是谓易以知险，简以知阻，子思所谓"至诚如神，可以前知"[⑥]者也。然子思谓"如神"，谓"可以前知"，犹二而言之，是盖推言思诚者之功效，是犹为不能先觉者说也。若就至诚而言，则至诚之妙用，即谓之"神"，不必言"如神"，至诚则"无知而无不知"[⑦]，不必言"可以前知"矣。

【注释】

① 逆、亿：参见《论语·宪问》："子曰：'不逆诈，不亿不信，抑亦先觉者，是贤乎！'"

② 不虑而知：见《孟子·尽心上》："孟子曰：'人之所不学而能者，其良能也；所不虑而知者，其良知也。'"

③ 恒易以知险：见《易经·系辞》："夫乾，天下之至健也，德行恒易以知险。夫坤，天下之至顺也，德行恒简以知阻。"

④ "先天"句：见《易经·乾卦·文言》："先天而天弗违，后天而奉天时，天且弗违，而况于人乎？况于鬼神乎？"

⑤ 学以为己：见《论语·宪问》："子曰：'古之学者为己，今之学者为人。'"

⑥ "至诚如神"句：参见《中庸》："至诚之道，可以前知。国家将兴，必有祯祥；国家将亡，必有妖孽。见乎蓍龟，动乎四体。祸福将至：善，必先知之；不善，必先知之。故至诚如神。"

⑦ 无知而无不知：参见僧肇《般若无知论》："是以圣人以无知之般若，照彼无相之真谛。真谛无兔马之遗，般若无不穷之鉴。所以会而不差，当而无是，寂泊无知，而无不知者矣。"

【评语】

施邦曜评：能常自觉者，至诚之神也；专欲觉人之诈与不信者，仪、秦之智也。不事亿逆而为人所欺者，日用之愚夫妇也，各有本等面目。乃今人目之为愚夫妇，则图谋进取，揣摩甚工；目之为仪、秦，则一当事变，尽属汶暗，几令人有不可认之面目。此因富贵利达掩蔽其觉体，故以大巧成其大迷。先生良知之教，诚是醒人良剂。

施邦曜评：此书首段说良知不滞见闻，亦不离见闻，所以要博学、审问。二段说人心之思有是非邪正，所以要慎思、明辨。三段言君子之学，终身只是集义，便是笃行之。末段则明而诚矣，体贴之自得。

许舜屏评：良知者出于自然，而绝无勉强，故不必亿逆而先觉，非故神其技也，直如水到渠成，自然就范。以恒易知险恒简知阻为解，可知良知之用，固与易理相发明也。

答罗整庵少宰书

一七二

某顿首启：昨承教及《大学》，发舟匆匆，未能奉答。晓来江行稍暇，复取手教而读之。恐至赣后人事复纷沓，先具其略以请。

来教云："见道固难，而体道尤难。道诚未易明，而学诚不可不讲。恐未可安于所见，而遂以为极则也。"①

幸甚幸甚！何以得闻斯言乎？其敢自以为极则而安之乎？正思就天下之道以讲明之耳。而数年以来，闻其说而非笑之者有矣，诟訾之者有矣，置之不足较量辨议之者有矣，其肯遂以教我乎？其肯遂以教我，而反复晓谕、恻然惟恐不及救正之乎？然则天下之爱我者，固莫有如执事之心深且至矣！感激当何如哉！

夫"德之不修，学之不讲"②，孔子以为忧。而世之学者稍能传习训诂，即皆自以为知学，不复有所谓讲学之求，可悲矣！夫道必体而后见，非已见道而后加体道之功也；道必学而后明，非外讲学而复有所谓明道之事也。然世之讲学者有二，有讲之以身心者，有讲之以口耳者。讲之以口耳，揣摸测度、求之影响者也；讲之以身心，行著习察③、实有诸己者也；知此，则知孔门之学矣。

【注释】

①"见道"句：见罗钦顺《困知记附录·与王阳明书（庚辰夏）》。

②德之不修，学之不讲：见《论语·述而》："子曰：'德之不修，学之不讲，闻义不能徙，不善不能改，是吾忧也。'"

③行著习察：参见第一〇一条注4。

【评语】

施邦曜评：直是排倒千古，直接孔孟正传，非徒以辩给胜者。

施邦曜评：道必体而后见，道必讲而后明，知行合一之说，了然若揭。一切支离影响之说，可尽付火坑矣。

许舜屏评：天下惟不自满假者，乃可以讲学，先生即其人也。

许舜屏评：可见讲学之难。

许舜屏评：惟其自满，故学问了无进境。

许舜屏评：讲学与明道，不可分而为二。

许舜屏评：口耳之学与身心之学，大有区别。然要不外乎保其良知否耳。

吉村秋阳评：后人议王子者，皆不出此数言，而王子既已言之。

一七三

来教谓：某"《大学》古本之复，以人之为学，但当求之于内，而程朱格物之说，不免求之于外"[①]，"遂去朱子之分章，而削其所补之《传》"[②]。

非敢然也。学岂有内外乎？《大学》古本乃孔门相传旧本耳。朱子疑其有所脱误，而改正补缉之，在某则谓其本无脱误，悉从其旧而已矣。失在于过信孔子则有之，非故去朱子之分章而削其《传》也。夫学贵得之心，求之于心而非也，虽其言之出于孔子，不敢以为是也，而况其未及孔子者乎！求之于心而是也，虽其言之出于庸常，不敢以为非也，而况其出于孔子者乎！且旧本之传数千载矣，今读其文词，既明白而可通；论其工夫，又易简而可入。亦何所按据，而断其此段之必在于彼，彼段之必在于此，与此之如何而缺，彼之如何而补？而遂改正补缉之，无乃重于背朱而轻于叛孔已乎？

【注释】

①"《大学》古本"句：见罗钦顺《困知记附录·论学书信·与王阳明书（庚辰夏）》："切详《大学》古本之复，盖以人之为学，但当求之于内；而程朱格物之说，不免求之于外。圣人之意，殆不其然，于是遂去朱子之分章，而削其所补之《传》，直以支离目之，曾无所用。"

②"遂去"句：同上。

【评语】

冯柯评：致知格物之传，本未尝缺，但简错耳。朱子以己意补之，则因其错，而谓其缺，固非也。阳明见其补之非也，遂削之而复古本，则因其不缺，而谓其不错，亦非也。

施邦曜评：学问必如是，方有真得，否则终是沿门托钵。

许舜屏评：此论最为平允，然则先生之诋朱，岂有所成心乎？

一七四

来教谓："如必以学不资于外求，但当反观、内省以为务，则'正心诚意'四字，亦何不尽之有？何必于入门之际，便困以'格物'一段工夫也？"[①]

诚然诚然！若语其要，则"修身"二字亦足矣！何必又言"正心"？"正心"二字亦足矣，何必又言"诚意"？"诚意"二字亦足矣，何必又言"致知"，又言"格物"？惟其工夫之详密，而要之只是一事，此所以为"精一"之学，此正不可不思者也。夫理无内外，性无内外，故学无内外。讲习、讨论，未尝非内也；反观、内省，未尝遗外也。夫谓学必资于外求，是以己性为有外也，是"义外"也，用智者也；谓反观、内省为求之于内，是以己性为有内也，是有我也，自私者也：是皆不知性之无内外也。故曰："精义入神，以致用也；利用安身，以崇德也"[②]；"性之德也，合内外之道也。"[③] 此可以知"格物"之学矣。"格物"者，《大学》之实下手处，彻首彻尾，自始学至圣人，只此工夫而已，非但入门之际有此一段也。

夫正心、诚意、致知、格物，皆所以"修身"而"格物"者，其所用力，实可见之地。故格物者，格其心之物也，格其意之物也，格其知之物也；正心者，正其物之心也；诚意者，诚其物之意也；致知者，致其物之知也。此岂有内外彼此之分哉？理一而已：以其理之凝聚而言，则谓之"性"；以其凝聚之主宰而言，则谓之"心"；以其主宰之发动而言，则谓之"意"；以其发动之明觉而言，则谓之"知"；以其明觉之感应而言，则谓之"物"。故就物而言，谓之"格"；就知而言，谓之"致"；就意而言，谓之"诚"；就心而言，谓之"正"。正者，正此也；诚者，诚此也；致者，致此也；格者，格此也：皆所谓穷理以尽性也。天下无性外之理，无性外之物。学之不明，皆由世之儒者认理为外、认物为外，而不知"义外"之说，孟子盖尝辟之，乃至袭陷其内而不觉，岂非亦有似是而难明者欤？不可以不察也！

【注释】

①“如必”句：见罗钦顺《困知记附录·与王阳明书（庚辰夏）》。

②“精义”句：见《易经·系辞》。

③“性之”句：见《中庸》：“性之德也，合外内之道也，故时措之宜也。”

【评语】

刘宗周评：整庵又有答先生书，云前三物为物三，后三物为物一，为自相矛盾，要之物一也，而不能不散而为两、散而为万。先生之言，自是八面玲珑。

施邦曜评：无内无外，游于大道，成一大光明，此可见大人明明德之学矣。有内外，则见理精而物粗矣，无内外则无精与粗矣。惟就显然者而言，天下均谓之物；就隐然者而言，天下均谓之理。故内观之，身心性命亦物也；外观之，天地万物亦物也。仰观俯察，隐微见显，无在非物，无在非理，即以物为理可以，以物为我性、我命可也。身心意知，一以贯之，是必有通天彻地之精神，方能尽格物之功，安问入门与究竟哉？夫子自十五以至七十，总不能离此工夫，只是就其所格，有愈进愈无穷之妙。舍是，又安有大人之学问？

许舜屏评：仁内义外，告子强欲分之。先生云性无内外，故学无内外，实与孟子所言相互发明。

许舜屏评：《大学》“物格而后知至”一段，圣经自有深意，仔细研究起来，方知“格物”为下手处。

许舜屏评：发明《大学》之义，至为透切痛快，数语直抵得朱注一篇，读此则不必再读朱注矣。盖朱注所言，未若此之深切着明也。

三轮执斋评：“诚意正心”之说，定千古之卓论也。

一七五

凡执事所以致疑于“格物”之说者，必谓其是内而非外也，必谓其专事于反观、内省之为，而遗弃其讲习、讨论之功也，必谓其一意于纲领、本原之约，而脱略于支条、节目之详也，必谓其沉溺于枯槁、虚寂之偏，而不尽于物理、人事之变也。审如是，岂但获罪于圣门，获罪于朱子，是邪说诬民，叛道乱正，人得而诛之也，而况于执事之正直哉？审如是，世之稍明训诂、闻先哲之绪论者，皆知其非也，而况执事之高明哉？凡某之所谓“格物”，其于朱子九条之说[①]，皆包罗统括于其中。但为之有要，作用不同，正所谓毫厘之差耳。然毫厘之差，而千里之谬实起于此，不可不辨。

【注释】

① 朱子九条：见朱熹《大学或问》：“一、如或读书讲明道义，或论古今人物而别其是非，或应接事物而处其当否，皆穷理也。今日而格一物焉，明日又格一物焉，积习既多，然后脱然有贯通处耳；二、自一身之中，以至万物之理，多多理会，理会得多，自当豁然有个觉处；三、穷理者、非谓必尽穷天下之理。又非谓止穷得一理便到。但积累多后，自当脱然有悟处；四、于一事上穷尽，可以类推。一事上穷不得，且别穷一事，或先其易，或先其难，各随人深浅。盖万物各具一理，而万理同出一原，此所以可推而无不通也；五、物必有理，皆所当穷。若天地之所以高深，鬼神之所以幽显是也；六、如欲为孝，当知所以为孝之道。如何而为奉养之宜、如何而为温凊之节。莫不穷究、然后能之。非独守夫孝之一字而可得也；七、物我一理，才明彼，即晓此。求之情性，固切于身。一草一木皆有理，不可不察；八、致知之要，当知至善之所在。若不务此而徒欲泛然以观万物之理，则吾恐其如大军之游骑，出太远而无所归也；九、格物莫若察之于身，其得之尤切。”朱熹曰：“此九条者，皆言格物致知所当用力之地与其次第工程。”

【评语】

三轮执斋评：今之辨王子者，亦不过此数说。夫先生之论，明白详尽如此，而犹以是讥之，何其顽！

一七六

孟子辟杨、墨，至于“无父无君”[①]。二子亦当时之贤者，使与孟子并世而生，未必不以之为贤。墨子“兼爱”，行仁而过耳；杨子“为我”，行义而过耳。此其为说，亦岂灭理乱常之甚，而足以眩天下哉？而其流之弊，孟子至比于禽兽、夷狄，所谓“以学术杀天下后世”也。今世学术之弊，其谓之学仁而过者乎？谓之学义而过者乎？抑谓之学不仁、不义而过者乎？

吾不知其于洪水猛兽何如也。孟子云："予岂好辩哉？予不得已也。"[2] 杨、墨之道塞天下，孟子之时，天下之尊信杨、墨，当不下于今日之崇尚朱说，而孟子独以一人呶呶于其间，噫，可哀矣！韩氏云："佛老之害，甚于杨、墨；韩愈之贤，不及孟子。孟子不能救之于未坏之先，而韩愈乃欲全之于已坏之后，其亦不量其力，且见其身之危，莫之救以死也。"[3]

呜呼！若某者，其尤不量其力，果见其身之危，莫之救以死也矣！夫众方嘻嘻之中，而犹出涕嗟，若举世恬然以趋，而独疾首蹙额以为忧，此其非病狂丧心，殆必诚有大苦者隐于其中。而非天下之至仁，其孰能察之。其为《朱子晚年定论》，盖亦不得已而然。中间年岁早晚，诚有所未考，虽不必尽出于晚年，固多出于晚年者矣。然大意在委曲调停，以明此学为重。平生于朱子之说，如神明蓍龟，一旦与之背驰，心诚有所未忍，故不得已而为此。"知我者谓我心忧，不知我者谓我何求？"[4] 盖不忍牴牾朱子者，其本心也；不得已而与之牴牾者，道固如是，"不直则道不见也"[5]。执事所谓"决与朱子异"者，仆敢自欺其心哉？夫道，天下之公道也；学，天下之公学也，非朱子可得而私也，非孔子可得而私也。天下之公也，公言之而已矣。故言之而是，虽异于己，乃益于己也；言之而非，虽同于己，适损于己也。益于己者，己必喜之；损于己者，己必恶之。然则某今日之论，虽或于朱子异，未必非其所喜也。"君子之过，如日月之食，其更也，人皆仰之"[6]，而"小人之过也，必文"[7]。某虽不肖，固不敢以小人之心事朱子也。

【注释】

①孟子辟杨、墨：参见第一四一条注1。

②"孟子"句：见《孟子·滕文公下》。

③"韩氏"句：见韩愈《韩昌黎全集·卷十八·与孟简尚书书》："释、老之害，过于杨、墨；韩愈之贤，不及孟子。孟子不能救之于未坏之先，而韩愈乃欲全之于已坏之后。呜呼！其亦不量其力，且见其身之危，莫之救以死也。"

④"知我者"句：见《诗经·黍离》。

⑤"不直"句：见《孟子·滕文公上》："孟子曰：'吾今则可以见矣。不直，

则道不见；我且直之。'”

⑥“君子之过”句：见《论语·子张》：“子贡曰：‘君子之过也，如日月之食焉。过也，人皆见之；更也，人皆仰之。'”

⑦“小人之过”句：见《论语·子张》：“子夏曰：‘小人之过也，必文。'”

【评语】

施邦曜评：读至此，可发一大哀。

孙锵评：王学本独有千古，可俟百世，何必借朱子为定论？况明言其不必尽出于晚年哉，观“委曲调停”四字，先生盖犹有乡愿之见，而王学所为予人以口实者，正在此也。今世学者，既鲜尊朱学以攻王学者，故本书之末，武昌、江西两本均附刻《定论》，今删之。

许舜屏评：表明自己一番苦衷。

一七七

执事所以教，反覆数百言，皆以未释鄙人“格物”之说。若鄙说一明，则此数百言，皆可以不待辨说而释然无滞。故今不敢缕缕，以滋琐屑之渎。然鄙说非面陈口析，断亦未能了了于纸笔间也。嗟乎！执事所以开导启迪于我者，可谓恳到详切矣，人之爱我，宁有如执事者乎！仆虽甚愚下，宁不知所感刻佩服？然而不敢遽舍其中心之诚，然而姑以听受云者，正不敢有负于深爱，亦思有以报之耳。秋尽东还，必求一面，以卒所请，千万终教！

【评语】

施邦曜评：此书论朱子而举杨、墨、佛、老以为证词，未免过激。然朱子自有朱子之得力处，不必强而同也。盖人之资禀不齐，即孔门诸弟子，颜、曾、游、夏、冉、闵，得力人人殊，只是趋向皆正耳，要晓得先生淳淳然不能已于辩者，非是讦朱子之短，只因后之学者溺于训诂，俱借口朱子为重，故作《晚年定论》，以明朱子之心，以挽末学之病，即朱子亦当欣然于廊庑也，学者不可不知。

王应昌评：先生开口闭口，只是一个良知，似从朱子晚年晤后语得来。则先生之为学，与朱子本是一个血脉。

许舜屏评：此言若起朱子而问之，当亦首肯。

佐藤一斋评：整庵《困知记》载《与阳明书》二首。此书即其前书之答也。整庵既得此答，复作一书论难。而阳明卒，不及览之，整庵以为憾。愚今取读之，大意不出于前书范围，于答是也何有？

东正纯评：文成是书，斥朱子颇过伤，故学朱者不能平焉。汤潜庵《答陆稼书》云："来谕阳明尝比朱子于洪水猛兽，是诋毁先儒莫如阳明也。今亦触毁先儒者耳，庸何伤？窃谓阳明之诋朱子也，阳明之大罪过也。于朱子何损？今人功业文章，未能望阳明之万一，而止效法其罪过。如两口角骂，何益之有？恐朱子亦不乐有此报复矣"云云。

答聂文蔚

一七八

春间远劳迂途，枉顾问证，惓惓此情，何可当也！已期二三同志，更处静地，扳留旬日，少效其鄙见，以求切劘[①]之益。而公期俗绊，势有不能，别去极怏怏，如有所失。忽承笺惠，反覆千余言，读之无甚浣慰。中间推许太过，盖亦奖掖之盛心，而规砺真切，思欲纳之于贤圣之域，又托诸崇一以致其勤勤恳恳之怀，此非深交笃爱，何以及是？知感知愧，且惧其无以堪之也。

虽然，仆亦何敢不自鞭勉，而徒以感愧辞让为乎哉！其谓"思孟周程[②]无意相遭于千载之下，与其尽信于天下，不若真信于一人。道固自在，学亦自在，天下信之不为多，一人信之不为少"者，斯固君子"不见是而无闷"[③]之心，岂世之谫谫[④]屑屑者，知足以及之乎！乃仆之情，则有大不得已者存乎其间，而非以计人之信与不信也。

【注释】

① 切劘：劘，音"磨"，切磋。

② 思孟周程：指子思、孟子、周敦颐、二程。

③"不见"句：见《易经·乾卦·文言》："子曰：'龙德而隐者也，不易乎世，不成乎名，遁世无闷，不见是而无闷，乐则行之，忧则违之，确乎其不可拔，

潜龙也。'”

④ 谫谫：谫，音“剪”，浅薄。

【评语】

许舜屏评：学以为己，人之信与不信，初不计及也。

许舜屏评：先生之治民，亦本此意以行之。

一七九

夫人者，天地之心，天地万物，本吾一体者也。[①] 生民之困苦荼毒，孰非疾痛之切于吾身者乎？不知吾身之疾痛，无是非之心者也。是非之心，不虑而知，不学而能，所谓“良知”也。良知之在人心，无间于圣愚，天下古今之所同也。世之君子，惟务致其良知，则自能公是非、同好恶，视人犹己，视国犹家，而以天地万物为一体，求天下无治，不可得矣。

古之人所以能见善不啻若己出，见恶不啻若己入，视民之饥溺，犹己之饥溺，[②] 而“一夫不获”[③]，“若己推而纳诸沟中”[④] 者，非故为是而以祈天下之信己也，务致其良知，求自慊而已矣。尧、舜、三王之圣，言而民莫不信[⑤] 者，致其良知而言之也；行而民莫不说者，致其良知而行之也。是以其民熙熙皞皞，杀之不怨，利之不庸，施及蛮貊，而凡有血气者，莫不尊亲，[⑥] 为其良知之同也。呜呼！圣人之治天下，何其简且易哉！

【注释】

①“夫人者”句：参见张载《西铭》：“乾称父，坤称母，予兹藐焉，乃混然中处。故天地之塞，吾其体；天地之帅，吾其性。民，吾同胞；物，吾与也。”

②“视民”句：参见《孟子·离娄下》：“禹思天下有溺者，由己溺之也；稷思天下有饥者，由己饥之也，是以如是其急也。”

③ 一夫不获：见《尚书·说命》：“一夫不获，则曰时予之辜。”

④“若己”句：见《孟子·万章上》：“（商汤）思天下之民匹夫匹妇，有不被尧舜之泽者，若己推而内之沟中。”

⑤ 民莫不信：见《中庸》：“溥博如天，渊泉如渊。见而民莫不敬，言而

民莫不信，行而民莫不说。”

⑥“其民”句：参见《孟子·尽心上》：“孟子曰：‘霸者之民，驩虞如也；王者之民，皞皞如也。杀之而不怨，利之而不庸，民日迁善而不知为之者。’”

【评语】

施邦曜评：人必将自己分量看得大，学问方有进益，方能做得圣贤。

许舜屏评：视人犹己，视国犹家，充其良知之用，便是圣人“民胞物与”之意。果人人能致其良知，尚何有不爱国者乎?

许舜屏评：总不出良知的范围。

一八〇

后世良知之学不明，天下之人用其私智，以相比轧，是以人各有心，而偏琐僻陋之见，狡伪阴邪之术，至于不可胜说：外假仁义之名，而内以行其自私自利之实，诡辞以阿俗，矫行以干誉，掩人之善而袭以为己长，讦人之私而窃以为己直，忿以相胜而犹谓之徇义，险以相倾而犹谓之疾恶，妒贤忌能而犹自以为公是非，恣情纵欲而犹自以为同好恶，相陵相贼，自其一家骨肉之亲，已不能无尔我胜负之意、彼此藩篱之形，而况于天下之大、民物之众，又何能一体而视之？则无怪于纷纷籍籍，而祸乱相寻于无穷矣！

【评语】

施邦曜评：如欲期天下之上信己，必至弥缝掩饰，究成乡愿学问，又安能以天下为己任。

施邦曜评：人无一体天下民物之心，只由看得自己分量不透，反自小了。

许舜屏评：丧其良知者，其患如此，其初不过一念之失其良知，而其后乃至于此。诚不可不慎也!

一八一

仆诚赖天之灵，偶有见于良知之学，以为必由此而后天下可得而治。是以每念斯民之陷溺，则为之戚然痛心，忘其身之不肖，而思以此救之，亦不自知其量者。天下之人见其若是，遂相与非笑而诋斥之，以为是病狂丧心之人耳。呜呼！是奚足恤哉？吾方疾痛之切体，而暇计人之非笑乎？

人固有见其父子兄弟之坠溺于深渊者，呼号匍匐，踝跣颠顿，扳悬崖壁而下拯之。士之见者，方相与揖让谈笑于其旁，以为是弃其礼貌衣冠，而呼号颠顿若此，是病狂丧心者也。故夫揖让谈笑于溺人之旁而不知救，此惟行路之人、无亲戚骨肉之情者能之，然已谓之“无恻隐之心，非人矣”[①]。若夫在父子兄弟之爱者，则固未有不痛心疾首、狂奔尽气、匍匐而拯之。彼将陷溺之祸有不顾，而况于病狂丧心之讥乎？而又况于祈人之信与不信乎？呜呼！今之人虽谓仆为病狂丧心之人，亦无不可矣。天下之人心，皆吾之心也。天下之人犹有病狂者矣，吾安得而非病狂乎？犹有丧心者矣，吾安得而非丧心乎？

【注释】

①“无恻隐”句：见《孟子·公孙丑上》：“由是观之，无恻隐之心，非人也；无羞恶之心，非人也；无辞让之心，非人也；无是非之心，非人也。”

【评语】

施邦曜评：以父子兄弟视天下之陷溺，圣人万物一体之心，何等真切。

施邦曜评：语激而情至。

一八二

昔者孔子之在当时，有议其为谄[①]者，有讥其为佞[②]者，有毁其未贤[③]，诋其为不知礼[④]，而侮之以为“东家丘”[⑤]者，有嫉而沮之[⑥]者，有恶而欲杀之[⑦]者，晨门[⑧]、荷蒉[⑨]之徒，皆当时之贤士，且曰：“是知其不可而为之者欤？”“鄙哉硁硁乎！莫己知也，斯己而已矣。”虽子路在升堂之列，尚不能无疑于其所见，不悦于其所欲往，而且以之为迂。[⑩]则当时之不信夫子者，岂特十之二三而已乎？然而夫子汲汲遑遑，若求亡子于道路，而不暇于暖席[⑪]者，宁以祈人之知我、信我而已哉？盖其天地万物一体之仁，疾痛迫切，虽欲已之而自有所不容已，故其言曰：“吾非斯人之徒与而谁与？”[⑫]“欲洁其身而乱大伦。”[⑬]“果哉，末之难矣！”[⑭]呜呼！此非诚以天地万物为一体者，孰能以知夫子之心乎？若其“遁世无闷”[15]，“乐天知命”[16]者，则固“无入而不自得”[17]，“道并行而不相悖”[18]也。

【注释】

① 议其为谄：见《论语·八佾》：“子曰：‘事君尽礼，人以为谄也。’”

② 讥其为佞：见《论语·宪问》：“微生亩谓孔子曰：‘丘何为是栖栖者与？无乃为佞乎？’孔子曰：‘非敢为佞也，疾固也。’”

③ 毁其未贤：见《论语·子张》：“叔孙武叔语大夫于朝曰：‘子贡贤于仲尼。’……叔孙武叔毁仲尼。”又：“陈子禽谓子贡曰：‘子为恭也，仲尼岂贤于子乎？’”

④ 诋其为不知礼：见《论语·八佾》：“子入太庙，每事问。或曰：‘孰谓鄹人之子知礼乎？入太庙，每事问。’子闻之，曰：‘是礼也。’”

⑤ 侮之以为“东家丘”：传古本《孔子家语》载：“孔子西家有愚夫，不知孔子为圣人，乃曰：‘彼东家丘。’”

⑥ 嫉而沮之：参见《论语·微子》：“齐人归女乐，季桓子受之，三日不朝，孔子行。”朱熹《论语集注》注此条曰：“按《史记》：‘定公十四年，孔子为鲁司寇，摄行相事。齐人惧，归女乐以沮之。’尹氏曰：‘受女乐而怠于政事如此，其简贤弃礼，不足与有为可知矣。夫子所以行也，所谓见几而作，不俟终日者与？’范氏曰：‘此篇记仁贤之出处，而折中以圣人之行，所以明中庸之道也。’”

⑦ 恶而欲杀之：参见《史记·孔子世家》：“孔子去曹适宋，与弟子习礼大树下。宋司马桓魋欲杀孔子，拔其树。孔子去。弟子曰：‘可以速矣。’孔子曰：‘天生德于予，桓魋其如予何！’”

⑧ 晨门：见《论语·宪问》：“子路宿于石门。晨门曰：‘奚自？’子路曰：‘自孔氏。’曰：‘是知其不可而为之者与？’”晨门，朱熹《论语集注》曰：“晨门，掌晨启门，盖贤人隐于抱关者也。”

⑨ 荷蒉：见《论语·宪问》：“子击磬于卫，有荷蒉而过孔氏之门者，曰：‘有心哉，击磬乎！’既而曰：‘鄙哉，硁硁乎！莫己知也，斯己而已矣。深则厉，浅则揭。’子曰：‘果哉！末之难矣。’”荷蒉，朱熹《论语集注》曰：“荷，担也；蒉，草器也。此荷蒉者，亦隐士也。圣人之心未尝忘天下，此人闻其磬声而知之，则亦非常人矣。”

⑩“子路”句：升堂之列，见《论语·先进》“子曰：‘由也升堂矣，未入于室也。’”不能无疑、不悦，见《论语·雍也》：“子见南子，子路不说。夫子矢之曰：‘予所否者，天厌之！天厌之！’”又见《论语·阳货》：“公山弗扰以费畔，召，子欲往。子路不说。”以之为迂，见《论语·子路》：“子路曰：‘卫君待子而为政，子将奚先？’子曰：‘必也正名乎！’子路曰：‘有是哉，子之迂也！奚其正？’”

⑪不暇于暖席：参见韩愈《韩昌黎全集·争臣论》：“故禹过家门不入，孔席不暇暖，而墨突不得黔。”

⑫“吾非”句：见《论语·微子》：“子路行以告，夫子怃然曰：‘鸟兽不可与同群，吾非斯人之徒与而谁与？天下有道，丘不与易也。’”

⑬“欲洁”句：“子路曰：‘不仕无义。长幼之节不可废也，君臣之义如之何其废之？欲洁其身而乱大伦。君子之仕也，行其义也，道之不行已知之矣。’”

⑭“果哉”句：见本条注9。

⑮遁世无闷：见第一七八条注3。

⑯乐天知命：见《易经·系辞》：“旁行而不流，乐天知命，故不忧。”

⑰无入而不自得：见《中庸》：“君子无入而不自得焉。”

⑱道并行而不相悖：见《中庸》：“万物并育而不相害，道并行而不相悖。”

【评语】

许舜屏评：先生当时，大约亦为人所谤讪，故其言如此。

一八三

仆之不肖，何敢以夫子之道为己任？顾其心亦已稍加疾痛之在身，是以彷徨四顾，将求其有助于我者，相与讲去其病耳。今诚得豪杰同志之士，扶持匡翼，共明良知之学于天下，使天下之人，皆知自致其良知，以相安相养，去其自私自利之蔽，一洗谗妒胜忿之习，以济于大同，则仆之狂病，固将脱然以愈，而终免于丧心之患矣，岂不快哉？嗟乎！今诚欲求豪杰同志之士于天下，非如吾文蔚者，而谁望之乎？如吾文蔚之才与志，诚足以援天下之溺者，今又既知其具之在我，而无假于外求矣，循是而充，若决河注海，孰得而御哉？文蔚所谓“一人信之不为少”，其又能逊以委之何人乎？

【评语】

施邦曜评：圣人以天下为身，视人之喑哑聋瞶犹之身疚。故曰：“尧舜其犹病诸。”非尧舜之至仁，不能有是“病”，“病”正尧舜之大仁也。孔之周流、孟之好辩，俱是视天下之病犹身病，欲一日安坐、一日无言不可得，真有大不得已者存乎其间。先生当喑哑聋瞶之世，效谈笑于坠溺之旁，是谓不仁，其甘冒“病狂丧心”之讥，求申其不得已之意，真是圣贤之存心。

许舜屏评：良知之学，虽不明于当时，而到了今日，却颇有人信服之者，不可谓非先生有以启之也。

一八四

会稽[①]素号山水之区，深林长谷，信步皆是，寒暑晦明，无时不宜，安居饱食，尘嚣无扰，良朋四集，道义日新，优哉游哉，天地之间，宁复有乐于是者？孔子云：“不怨天，不尤人，下学而上达。”[②]仆与二三同志，方将请事斯语，奚暇外慕？独其切肤之痛，乃有未能恝然者，辄复云云尔。

咳疾暑毒，书札绝懒，盛使远来，迟留经月，临歧执笔，又不觉累纸。盖于相知之深，虽已缕缕至此，殊觉有所未能尽也。

【注释】

① 会稽：今浙江省绍兴市。

② “不怨天”句：见《论语·宪问》。

【评语】

施邦曜评：此篇文字，见先生直以斯道自任。

孙锵评：此篇自述教世苦心。

佐藤一斋评：会稽以下，写出遁世无闷，乐天知命状景。

东正纯评：文成是书，大意在因文蔚之言，而更洗泼而进之。固非抑文蔚之言，而伸其说也。

东正纯评：遁世无闷之情，写出无剩。盖乐天知命之学，必从潜龙不拔入焉。自非聪明之至，不能知其所以然。故为文蔚切言之。

答聂文蔚二

一八五

得书，见近来所学之骤进，喜慰不可言。谛视数过，其间虽亦有一二未莹彻处，却是致良知之功尚未纯熟。到纯熟时，自无此矣。譬之驱车，既已由于康庄大道之中，或时横斜迂曲者，乃马性未调、衔勒不齐之故，然已只在康庄大道中，决不赚入旁蹊曲径矣。近时海内同志，到此地位者，曾未多见，喜慰不可言，斯道之幸也！贱躯旧有咳嗽畏热之病，近入炎方，辄复大作。主上圣明洞察，责付甚重，不敢遽辞。地方军务冗沓，皆舆疾从事。今却幸已平定，已具本乞回养病。得在林下、稍就清凉，或可瘳[①]耳。人还，伏枕草草，不尽倾企，外惟濬[②]一简，幸达致之。

【注释】

① 瘳，音“抽”，意为病愈。

② 惟濬，即陈九川（1494—1562）字惟溶，又字惟濬，号竹亭，又号明水，江西临川人，阳明门人，正德九年（1514）进士，官至礼部郎中，辞官后以读书、讲学自遣，是阳明学派江右王门的代表人物，著有《明水先生集》。《传习录》下卷有陈九川录。

一八六

来书所询，草草奉复一二：近岁来山中讲学者，往往多说“勿忘、勿助”工夫甚难。问之，则云：“才着意便是助，才不着意便是忘，所以甚难。”区区因问之云：“忘是忘个甚么？助是助个甚么？”其人默然无对，始请问。

区区因与说，我此间讲学，却只说个“必有事焉”，不说“勿忘、勿助”[①]。“必有事焉”者，只是时时去“集义”[②]。若时时去用“必有事”的工夫，而或有时间断，此便是忘了，即须"勿忘"；时时去用"必有事"的工夫，而或有时欲速求效，此便是助了，即须"勿助"。其工夫全在"必有事焉"上用，"勿忘、勿助"，只就其间提撕警觉而已。若是工夫原不间断，即不须更说"勿忘"；原不欲速求效，即不须更说"勿助"。此其工，夫何等明白简易！何等洒脱自在！今却不去"必有事"上用工，而乃悬空守着一个"勿忘、勿助"，此正如烧锅煮饭，锅内不曾渍水下米，而乃专去添柴放火，不知毕竟煮出个甚么物来！吾恐火候未及调停，而锅已先破裂矣。近日一种专在"勿忘、勿助"上用工者，其病正是如此。终日悬空去做个"勿忘"，又悬空去做个"勿助"，渀渀荡荡，全无实落下手处，究竟工夫只做得个"沉空守寂"，学成一个痴呆汉，才遇些子事来，即便牵滞纷扰，不复能经纶宰制。此皆有志之士，而乃使之劳苦缠缚，担搁一生，皆由学术误人之故，甚可悯矣！

【注释】

①"必有事焉"句：见第八七条注1。

②集义：见第四〇条注1。

【评语】

刘宗周评：致良知只是存天理之本然。

施邦曜评：必有事焉者，只是时时去集义是矣，所谓时时集义者，果就一事集一事之义否？若然，将无无事时，便无集义工夫了，且与袭义者何异？不知所谓"义者，宜也"，宰制群动，无费宜之者也，如君宜忠、亲宜孝、兄宜悌、友宜信，极之千变万化，只是一宜尽之。即《大学》之所谓"至善"，《中庸》之所谓"诚义"，字无不该贯。君子集义，是精神毕集于此义，常止而不迁，戒惧慎独，学问思辨行，俱是集义工夫，此是有本大学问。故孟子之集义，便知言养气一以贯之，王霸之业略不动心，若世人只说个勿助勿忘，此便是无头学问，任他虚想虚说，哪能济事？究竟成得一个腐儒，安能经纶宰制？是以世间只患无学问，不患无经济。

孙奇逢评：必有事焉，谓有事于集义也。

许舜屏评：必有事便是要集义，要集义便是要致良知。

许舜屏评：能时一致其良知，自然会勿忘勿助了。

许舜屏评：皆由于不知致良知之故。

东正纯评：不说勿忘勿助，只时时去集义，此说固善，亦以有转化交发之妙耳。若问集义，亦应不说集义须勿忘勿助之功矣。此处不善看，王、湛之门各争意见也。“近日”云云，暗指甘泉（指湛若水）。甘泉有与阳明书，极有商量。甘泉岂悬空讲勿忘勿助者乎？

一八七

夫“必有事焉”只是“集义”，“集义”只是“致良知”。说“集义”则一时未见头脑，说“致良知”，即当下便有实地步可用工。故区区专说“致良知”。随时就事上致其良知，便是“格物”；着实去致良知，便是“诚意”，着实致其良知，而无一毫意必固我[1]，便是“正心”；着实致良知，则自无忘之病，无一毫意必固我，则自无助之病故说“格、致、诚、正”，则不必更说个“忘、助”。孟子说“忘、助”，亦就告子得病处立方。告子强制其心，是助的病痛，故孟子专说助长之害。告子助长，亦是他以义为外，不知就自心上“集义”，在“必有事焉”上用功，是以如此。若时时刻刻就自心上“集义”，则良知之体洞然明白，自然是是非非，纤毫莫遁，又焉有“不得于言，勿求于心；不得于心，勿求于气”[2]之弊乎？孟子“集义”、“养气”之说，固大有功于后学，然亦是因病立方，说得大段，不若《大学》“格、致、诚、正”之功，尤极精一简易，为彻上彻下、万世无弊者也。

【注释】

① 意必固我：见第二九条注 2。

② “不得”句：见第一七〇条注 4。

【评语】

许舜屏评：孟子说集义，先生说致良知，是一样的。但先生说的更明白显豁。

许舜屏评：孟子是专对告子说，《大学》是为普天下人说。

许舜屏评：不明集义，便是不明致良知的道理。

一八八

圣贤论学，多是随时就事，虽言若人殊，而要其工夫头脑，若合符节。缘天地之间，原只有此性，只有此理，只有此良知，只有此一件事耳。故凡就古人论学处说工夫，更不必搀和兼搭而说，自然无不吻合贯通者，才须搀和兼搭而说，即是自己工夫未明彻也。近时有谓“集义”之功，必须兼搭个“致良知”而后备者，则是“集义”之功尚未了彻也；“集义”之功尚未了彻，适足以为“致良知”之累而已矣。谓“致良知”之功，必须兼搭一个“勿忘、勿助”而后明者，则是“致良知”之功尚未了彻。“致良知”之功尚未了彻，适足以为“勿忘、勿助”之累而已矣。若此者，皆是就文义上解释牵附，以求混融凑泊，而不曾就自己实工夫上体验，是以论之愈精，而去之愈远。文蔚之论，其于大本达道，既已沛然无疑，至于“致知”“穷理”及“忘、助”等说，时亦有搀和兼搭处，却是区区所谓康庄大道之中，或时横斜迂曲者，到得工夫熟后自将释然矣。

【评语】

施邦曜评：古今学术之殊，只争一个真伪。如今学士家未尝不说仁说义，求一个真仁真义，毕世无有，心丧道丧，说愈铺张，愈增陷溺。故先生提出“良知”二字以醒之，又提出事亲从兄，尤良知之最真切笃厚者以醒之，总以真之一字，唤醒沉锢之人心，不啻如父母之提婴孩，读者当识先生觉世之苦心。

孙奇逢评：只有此一件事搀和兼搭，便失头脑。

许舜屏评：所谓一贯之道也，俗语所谓“一法通万法通”，良知之妙如此。

一八九

文蔚谓“致知之说，求之事亲从兄之间，便觉有所持循”者，此段最见近来真切笃实之功。但以此自为，不妨自有得力处；以此遂为定说教人，却未免又有因药发病之患，亦不可不一讲也。

盖良知只是一个天理，自然明觉发见处，只是一个真诚恻怛，便是他本体。故致此良知之真诚恻怛以事亲，便是孝；致此良知之真诚恻怛以从兄，便是悌；致此良知之真诚恻怛以事君，便是忠，只是一个良知，一个真诚恻怛。若是从兄的良知不能致其真诚恻怛，即是事亲的良知不能致其真诚恻怛矣；事君的良知不能致其真诚恻怛，即是从兄的良知不能致其真诚恻怛矣。故致得事君的良知，便是致却从兄的良知；致得从兄的良知，便是致却事亲的良知。不是事君的良知不能致，却须又从事亲的良知上去扩充将来，如此又是脱却本原，着在支节上求了。良知只是一个，随他发见流行处，当下具足，更无去求，不须假借。然其发见流行处，却自有轻重厚薄、毫发不容增减者，所谓“天然自有之中也”[1]。虽则轻重厚薄、毫发不容增减，而原又只是一个；虽则只是一个，而其间轻重厚薄、又毫发不容增减；若可得增减，若须假借，即已非其真诚恻怛之本体矣。此良知之妙用，所以无方体、无穷尽，“语大，天下莫能载；语小，天下莫能破”[2]者也。

【注释】

①“天然”句：见《二程遗书·卷十七·伊川先生语三》：“识得则事事物物上皆天然有个中在那上，不待人安排也。安排着，则不中矣。”

②“语大”句：见《中庸》：“故君子语大，天下莫能载焉；语小，天下莫能破焉。”

【评语】

施邦曜评：语人以尽仁尽义，人必谓圣人方可能，语以事亲从兄，则孩提亦解得，故惟“孝弟”二字最易醒发人。然惟能充之方，足以保四海，否则不足以事父母，所以不可无致知之功。

许舜屏评：循环不已，故“无方体、无穷尽”也。

三轮执斋评：程子以事物言之，王子以心理说之也。

一九〇

孟氏“尧舜之道，孝弟而已矣”[1]者，是就人之良知发见得最真切笃厚、不容蔽昧处提醒人，使人于事君、处友、仁民、爱物，与凡动静语默间，皆只是致他那一念事亲从兄真诚恻怛的良知，即自然无不是道。盖天下之事，虽千变万化，至于不可穷诘，而但惟致此事亲从兄、一念真诚恻怛之良知以应之，则更无有遗缺渗漏者，正谓其只有此一个良知故也。事亲从兄一念良知之外，更无有良知可致得者。故曰："尧舜之道，孝弟而已矣。"此所以为"惟精惟一"之学，"放之四海而皆准，施诸后世而无朝夕"者也[②]。

文蔚云"欲于事亲从兄之间，而求所谓良知之学"，就自己用功得力处如此说，亦无不可；若曰"致其良知之真诚恻怛以求尽夫事亲从兄之道焉"，亦无不可也。明道云："行仁自孝弟始。孝弟是仁之一事，谓之行仁之本则可，谓是仁之本则不可。"[③]其说是矣。

【注释】

①"孟氏"句：见《孟子·告子下》："徐行后长者谓之弟，疾行先长者谓之不弟。夫徐行者，岂人所不能哉。所不为也，尧舜之道，孝弟而已矣。"

②"放之"句：见《礼记·祭义》："曾子曰：'夫孝，置之而塞乎天地，溥之而横乎四海，施诸后世而无朝夕，推而放诸东海而准，推而放诸西海而准，推而放诸南海而准，推而放诸北海而准。'"

③"行仁"句：当为伊川之语，见《二程遗书·卷十八·伊川先生语四》。

【评语】

许舜屏评：事虽千万，而良知则一。所以良知是最要紧的。

一九一

"亿逆先觉"[①]之说，文蔚谓"诚则旁行曲防，皆良知之用"，甚善甚善！间有搀搭处，则前已言之矣。惟濬之言亦未为不是，在文蔚须有取于惟濬之言而后尽，在惟濬又须有取于文蔚之言而后明。不然，则亦未免各有倚着之病也。"舜察迩言，而询刍荛"[②]，非是以迩言当察、刍荛当询而后如此，乃良知之发见流行，光明圆莹，更无罣[③]碍遮隔处，此所以谓之大知。才有执着意必，其知便小矣。讲学中自有去取分辨，然就心地上着实用工夫，却须如此方是。

【注释】

①亿逆先觉：见《论语·宪问》："子曰：'不逆诈，不亿不信，抑亦先觉者，

是贤乎！'”

② “舜察”句：见《中庸》：“子曰：‘舜其大知也与！舜好问而好察迩言，隐恶而扬善，执其两端，用其中于民，其斯以为舜乎！’”又见《诗经·大雅·生民之什》：“先民有言，询于刍荛。”刍荛，割草打柴的人。

③ 罣：音“挂”，即碍。

一九二

“尽心”三节，区区曾有“生知、学知、困知”之说[①]，颇已明白，无可疑者。盖尽心、知性、知天者，不必说存心、养性、事天，不必说夭寿不贰、修身以俟，而存心、养性与修身以俟之功，已在其中矣。存心、养性、事天者，虽未到得尽心、知天的地位，然已是在那里做个求到尽心、知天的工夫，更不必说夭寿不贰、修身以俟，而夭寿不贰、修身已俟之功，已在其中矣。譬之行路，尽心、知天者，如年力壮健之人，既能奔走往来于数千里之间者也；存心、事天者，如童稚之年，使之学习步趋于庭除之间者也。夭寿不贰、修身以俟者，如襁褓之孩，方使之扶墙傍壁，而渐学起立移步者也。既已能奔走往来于数千里之间者，则不必更使之于庭除之间而学步趋，而步趋于庭除之间，自无弗能矣；既已能步趋于庭除之间，则不必更使之扶墙傍壁而学起立移步，而起立移步，自无弗能矣。然学起立移步，便是学步趋庭除之始；学步趋庭除，便是学奔走往来于数千里之基，固非有二事，但其工夫之难易则相去悬绝矣。心也、性也、天也，一也，故及其知之成功则一[②]。然而三者，人品力量自有阶级，不可躐等而能也。

细观文蔚之论，其意以恐尽心、知天者，废却存心、修身之功，而反为尽心、知天之病。是盖为圣人忧工夫之或间断，而不知为自己忧工夫之未真切也。吾侪用工，却须专心致志在“夭寿不贰、修身以俟”上做，只此便是做尽心、知天工夫之始；正如学起立移步，便是学奔走千里之始。吾方自虑其不能起立移步，而岂遽虑其不能奔走千里，又况为奔走千里者而虑其或遗忘于起立移步之习哉？文蔚识见，本自超绝迈往，而所论云然者，亦是未能脱去旧时解说文义之习，是为此三段书分疏比合，以求融会贯通，而自添许多意见缠绕，反使用工不专一也。近时悬空去做勿忘、勿助者，其意见正有此病，最能担误人，不可不涤除耳。

【注释】

①“尽心”句：语出《中庸》：“或生而知之，或学而知之，或困而知之，及其知之，一也；或安而行之，或利而行之，或勉强而行之，及其成功一也。”

②“及其”句：同上。

【评语】

施邦曜评：学问惟得着实安顿处，自然放手不下，哪得忘？自然应念而是，哪用助？譬人既有一定栖身之所，便是常处了，欲忘不得也；业已安居了，欲助何为也？先生教人，只于事亲从兄上着力，何等真切着实？日事于此，自有生恶可已之妙，安有助忘？此便可识格物致知着实用功处。

许舜屏评：工夫虽有浅深，而用力之始，则仍处于一途。能由浅以及深，则自之后，居安资深，以至于左右逢源，其理原是如此。

许舜屏评：悬空去做勿忘勿助，是直舍去良知，而别求其学。乌乎可？

一九三

所谓“尊德性而道问学”一节，至当归一，更无可疑。此便是文蔚曾着实用功，然后能为此言。此本不是险僻难见的道理，人或意见不同者，还是良知尚有纤翳潜伏，若除去此纤翳，即自无不洞然矣。

【注释】

①“尊德性”句：见第二五条注2。

一九四

已作书，后移卧檐间，偶遇无事，遂复答此。文蔚之学，既已得其大者，此等处久当释然自解，本不必屑屑如此分疏。但承相爱之厚，千里差人远及，谆谆下问，而竟虚来意，又自不能已于言也。然直戆烦缕已甚，恃在信爱，当不为罪。惟濬处及谦之[①]、崇一处，各得转录一通寄视之，尤承一体之好也。

【注释】

① 谦之：即邹守益（1491—1562），字谦之，号东廓，江西安福县人，阳明门人，正德六年（1511）进士，授翰林院编修，官至南京国子监祭酒，嘉靖二十年（1541），因上疏直言忤旨，遂辞官回乡讲学，以传播王学为宗旨，黄宗羲称"阳明之没，不失其传者，不得不以先生（指邹守益）为宗子也"。著有《东廓邹先生文集》。

训蒙大意示教读刘伯颂等[1]

一九五

古之教者，教以人伦。后世记诵词章之习起，而先王之教亡。今教童子，惟当以孝、弟、忠、信、礼、义、廉、耻为专务。其栽培涵养之方，则宜诱之歌诗以发其志意，导之习礼以肃其威仪，讽之读书以开其知觉。今人往往以歌诗、习礼为不切时务，此皆末俗庸鄙之见，乌足以知古人立教之意哉！

大抵童子之情，乐嬉游而惮拘检，如草木之始萌芽，舒畅之则条达，摧挠之则衰痿。今教童子，必使其趋向鼓舞，中心喜悦，则其进自不能已。譬之时雨春风，沾被卉木，莫不萌动发越，自然日长月化；若冰霜剥落，则生意萧索，日就枯槁矣。故凡诱之歌诗者，非但发其志意而已，亦所以泄其跳号呼啸于咏歌，宣其幽抑结滞于音节也；导之习礼者，非但肃其威仪而已，亦所以周旋揖让而动荡其血脉，拜起屈伸而固束其筋骸也；讽之读书者，非但开其知觉而已，亦所以沉潜反复而存其心，抑扬讽诵以宣其志也。凡此皆所以顺导其志意，调理其性情，潜消其鄙吝，默化其粗顽，日使之渐于礼义而不苦其难，入于中和而不知其故。是盖先王立教之微意也。

若近世之训蒙稚者，日惟督以句读课仿[2]，责其检束，而不知导之以礼；求其聪明，而不知养之以善；鞭挞绳缚，若待拘囚。彼视学舍如囹狱而不肯入，视师长如寇仇而不欲见，窥避掩覆以遂其嬉游，设诈饰诡以肆其顽鄙，偷薄庸劣，日趋下流。是盖驱之于恶而求其为善也，何可得乎！

凡吾所以教，其意实在于此。恐时俗不察，视以为迂，且吾亦将去，故特叮咛以告。尔诸教读，其务体吾意，永以为训；毋辄因时俗之言，改废其绳墨，庶成“蒙以养正”[3]之功矣。念之念之！

【注释】

① 据《王阳明年谱》记载，正德十三年（1518）四月，阳明平定四省盗贼，班师回省后，在南赣所属各县倡立社学，订立乡约、教约，甚至亲自登台讲学，发展当地基础教育。六月，阳明升任右副都御史，离任之前，颁布此文。教读，即教师；刘伯颂，生平不详。

② 句读课仿：句读，即点读未加标点的古书；课，又称“考课”，指各类考试；仿，模仿、揣摩，例如学做八股文。这些都是古代学生读书学习的基本方法。

③ 蒙以养正：见《易经·蒙卦·彖辞》：“蒙以养正，圣功也。”

【评语】

许舜屏评：栽培涵养，便是要使之不失其良知。

许舜屏评：童子已有良知，所谓如草木之始萌芽。舒畅之则良知日以浚；摧挠之则，良知日以遏矣。

许舜屏评：凡若此者，皆所以导其良知，而渐入诚正修齐之道也。

许舜屏评：是不知导其良知之病。

许舜屏评：所谓养正之功，不外乎致良知而已。

教约

一九六

每日清晨，诸生参揖毕，教读以次遍询诸生：在家所以爱亲敬长之心，得无懈忽，未能真切否？温凊定省之仪，得无亏缺，未能实践否？往来街衢步趋礼节，得无放荡，未能谨饬否？一应言行心术，得无欺妄非僻，未能忠信笃敬[1]否？诸童子务要各以实对，有则改之，无则加勉。教读复随时就事，曲加诲谕开发。然后各退，就席肄业。

【注释】

① 忠信笃敬：参见《论语·卫灵公》："子张问行，子曰：'言忠信，行笃敬，虽蛮貊之邦行矣；言不忠信，行不笃敬，虽州里行乎哉？立则见其参于前也；在舆则见其倚于衡也，夫然后行。'子张书诸绅。"

【评语】

许舜屏评：这个"心"，便是有良知的心。

一九七

凡歌诗，须要整容定气，清朗其声音，均审其节调；毋躁而急，毋荡而嚣，毋馁而慑。久则精神宣畅，心气和平矣。每学量童生多寡，分为四班。每日轮一班歌诗，其余皆就席，敛容肃听。每五日，则总四班递歌于本学；每朔望[①]，集各学会歌于书院。

【注释】

① 朔望：指朔日和望日，即农历的每月初一和十五。

一九八

凡习礼，需要澄心肃虑，审其仪节，度其容止；毋忽而惰，毋沮而怍，毋径而野；从容而不失之迂缓，修谨而不失之拘局。久则体貌习熟，德性坚定矣。童生班次，皆如歌诗。每间一日，则轮一班习礼，其余皆就席，敛容肃观。习礼之日，免其课仿。每十日，则总四班递习于本学；每朔望，则集各学会习于书院。

【评语】

许舜屏评：此是分班习学之课程。近日学堂中分科教授，亦即此意。

一九九

凡授书，不在徒多，但贵精熟；量其资禀，能二百字者，止可授以一百字。

常使精神力量有余，则无厌苦之患，而有自得之美。讽诵之际，务令专心一志，口诵心惟，字字句句，䌷绎反复，抑扬其音节，宽虚其心意。久则义礼浃洽，聪明日开矣。

【评语】

许舜屏评：有自得之美，便可渐致其良知了。

二〇〇

每日工夫，先考德，次背书诵书，次习礼或作课仿，次复诵书、讲书，次歌诗。凡习礼、歌诗之数，皆所以常存童子之心，使其乐习不倦，而无暇及于邪僻。教者知此，则知所施矣。虽然，此其大略也，“神而明之，则存乎其人”①。

【注释】

①“神而”句：见《易经·系辞》。

【评语】

许舜屏评：常存童子之心，是使之保其良知也。盖童子之心，本有良知在内。

卷下

陈九川录

二〇一

正德乙亥[1]，九川初见先生于龙江[2]，先生与甘泉先生[3]论“格物”之说，甘泉持旧说。

先生曰：“是求之于外了。”

甘泉曰：“若以格物理为外，是自小其心也。”

九川甚喜旧说之是。

先生又论《尽心》一章，九川一闻，却遂无疑。

后家居，复以“格物”遗质。

先生答云：“但能实地用功，久当自释。”

山间乃自录《大学》旧本读之，觉朱子“格物”之说非是；然亦疑先生以意之所在为物，“物”字未明。己卯[4]，归自京师，再见先生于洪都[5]。

先生兵务倥偬，乘隙讲授，首问：“近年用功何如？”

九川曰：“近年体验得‘明明德’工夫，只是‘诚意’。自‘明明德于天下’，步步推入根源，到‘诚意’上，再去不得，如何以前又有‘格致’工夫？后又体验，觉得意之诚伪，必先知觉乃可，以颜子‘有不善，未尝不知；知之，未尝复行’[6]为证，豁然若无疑，却又多了‘格物’工夫。又思来吾心之灵何，有不知意之善恶？只是物欲蔽了。须格去物欲，始能如颜子‘未尝不知’耳。又自疑工夫颠倒，与‘诚意’不成片段。后问希颜[7]。希颜曰：‘先生谓格物致知是诚意工夫，极好。’九川曰：‘如何是诚意工夫？’希颜令再思体看。九川终不悟，请问。”

先生曰：“惜哉！此可一言而悟，惟濬所举颜子事便是了。只要知身、心、意、知、物是一件。”

九川疑曰：“物在外，如何与身、心、意、知是一件？”

先生曰：“耳、目、口、鼻、四肢，身也，非心安能视、听、言、动？心欲视、听、言、动，无耳、目、口、鼻、四肢，亦不能。故无心则无身，无身则无心。但指其充塞处言之谓之身，指其主宰处言之谓之心，指心之发动处谓之意，指意之灵明处谓之知，指意之涉着处谓之物：只是一件。意未有悬空的，必着事物，故欲诚意，则随意所在某事而格之，去其人欲而归于天理，则良知之在此事者，无蔽而得致矣。此便是诚意的工夫。”

九川乃释然，破数年之疑。

又问：“甘泉近亦信用《大学》古本，谓‘格物’犹言‘造道’⑧，又谓‘穷理’如‘穷其巢穴’之穷，以身至之也，故格物亦只是随处体认天理⑨，似与先生之说渐同？”

先生曰：“甘泉用功，所以转得来。当时与说‘亲民’字不须改，他亦不信；今论‘格物’亦近，但不须换‘物’字作‘理’字，只还他一‘物’字便是。”

后，有人问九川曰：“今何不疑‘物’字？”

曰：“《中庸》曰：‘不诚无物。’⑩程子曰：‘物来顺应。’⑪又如‘物各付物’，⑫‘胸中无物’⑬之类，皆古人常用字也。”

他日，先生亦云“然”。

【注释】

① 正德乙亥：即正德十年（1515）。

② 龙江：今江苏省南京市。

③ 甘泉先生：即湛若水（1466—1560），字元明，号甘泉，增城（今广东省增城市）人，明代哲学家、教育家，弘治十八年（1505）进士，官至南京兵部尚书。他少时师事陈献章，潜心心性理学，后与阳明结为好友，两人几乎同时讲学，时称“王湛之学”。但晚年时，两人学说分歧逐渐增大。著有《湛甘泉集》等。

④ 己卯：即正德十四年（1519）。

⑤ 洪都：今江西省南昌市。

⑥ “颜子”句：见《易经·系辞》：“子曰：‘颜氏之子，其殆庶几乎？有不善未尝不知，知之未尝复行也。’”

⑦ 希颜：陈荣捷先生认为当是“希渊”之误。希渊，即蔡宗兖。

⑧ 造道：见湛甘泉《甘泉文集·卷七·答阳明》：“格者，至也，即‘格于文祖’‘有苗格’之格；物者，天理也，即‘言有物’‘舜明于庶物’之物，即道也。格即造诣之义，格物即造道也。”“造道”一词见《二程遗书·卷二·二

先生语二上》:“有有德之言，有造道之言，有述事之言。”

⑨ 随处体认天理：这是湛甘泉学说的主旨，甘泉曾在《示学六言赠六安潘汝中黄门》中言：“随处体认天理，六字千圣同行。万里一心感应，虚灵中正观生。”

⑩ 不诚无物：见《中庸》:“诚者物之终始，不诚无物。是故君子诚之为贵。”

⑪ 物来顺应：见第七二条注 3。

⑫ 物各付物：见《二程遗书 · 卷六 · 二先生语六》:“‘致知在格物’，物来则知起。物各付物，不役其知，则意诚不动。意诚自定则心正，始学之事也。”

⑬ 胸中无物：参见《二程外书 · 卷十一》:“范尧夫经筵坐睡。先生语人曰：‘胸中无事如此。’”

【评语】

施邦曜评：只此一语，便见人心万物皆备，可了格物致知之义，此甘泉学见其大处。

施邦曜评：甘泉格物之解，已可扫时说之蒙蔽，顾舍物言理，犹似见理精而物粗，理与物殊分为两；惟还之以物，则形色即是天性，始无内外之殊，任他是一片光明境界，知致而《大学》之道一以贯之矣。

孙奇逢评：见九川真实用功处。

孙奇逢评：格物是诚意工夫，所以不必补传。

孙奇逢评：原作两事不得。

许舜屏评：心身合而为一，心之所包者广，意是由心而发，物即为意之所涉着处。故云正心必先诚意，致知必先格物。《中庸》言“不诚无物”正是与此说相印处。

三轮执斋评：和刊《文录 · 第五 · 与毛古庵书》:“凡鄙人所谓致良知之说，与今之所谓体认天理之说，本亦无大相远，但微有直截迂曲之差耳。譬之种植，致良知者，是培其根本之生意，而达之枝叶者也；体认天理者，是茂其枝叶之生意，而求以复之根本者也。然培其根本之生意，固自有以达之枝叶矣；欲茂其枝叶之生意，亦安能舍根本，而别有生意可以茂之枝叶之间者乎？”又《寄邹谦之第五书》曰：“随事体认天理，即戒慎恐惧功夫，以为尚隔一尘，为世之所谓事事物物皆有定理而求之于外者言之耳。若致良知之功明，则此语亦自无害。不然，即犹未免于毫厘千里也。”

佐藤一斋评：朱子错训格物，只坐看《尽心》一章。故今但论此章，欲使之自得。甘泉后果信用《大学》古本。其论格物亦渐近。文成尝曰：“与朋友论学，须委曲谦下，宽以居之。”又曰：“须箴规指摘处少，诱掖奖劝意多。”当时不敢论破，意亦在宽假诱掖如此。

佐藤一斋评：九川之疑，盖曰《大学》至诚意而密极矣；更有致知，则功夫在知意之诚伪，若无疑者。而又尚有格物一段，以扞去外物，亦似有着落者。然擘头功夫，毕竟犹未免注意于外物。则与诚意之自内推外者，功夫倒逆，不成片段也。

佐藤一斋评：“随处体认天理”，甘泉揭此六字为宗旨，其《答聂双江书》曰：“以随处体认为求之于外者非也，心与事应，然后天理见焉。天理非在外也。特因事之来，随感而应耳。故事物之来，体之者心也。心得中正，则天理矣。与天地万物一体，宇宙内部与人不是二物。故宇宙内无一事一物，合是人少得底。”观此则与文成致良知之说，不太相背违也。然以“物”字为“理”字，则仍是旧说，其所以未达一间也。

二〇二

九川问：“近年因厌泛滥之学，每要静坐，求屏息念虑，非惟不能，愈觉扰扰，如何？”

先生曰：“念如何可息？只是要正。”

曰：“当自有无念时否？”

先生曰：“实无无念时。”

曰：“如此却如何言静？”

曰：“静未尝不动，动未尝不静。戒谨恐惧即是念，何分动静？”

曰：“周子何以言‘定之以中正仁义而主静’[①]？”

曰：“无欲，故静，是‘静亦定，动亦定’[②]的‘定’字，主其本体也；戒惧之念，是活泼地，此是天机不息处。所谓‘维天之命，于穆不已’[③]，一息便是死。非本体之念，即是私念。”

【注释】

①“定之”句：见第一四五条注7。

②静亦定，动亦定：见第二三条注1。

③维天之命，于穆不已：见《中庸》：“诗云：‘维天之命，于穆不已！’盖曰天之所以为天也。”

【评语】

施邦曜评：识得此不息之理，即是魂游魄降，还是活的；不识此不息之理，即目视耳听，亦是死的。

孙奇逢评：以槁木死灰为定者，与此正星渊耳。

陶浔霍评：纯粹，精也。

许舜屏评：念不能息，只是要正言不起妄念也。若一味静坐，毫无思念，便变成佛家的参禅了。

许舜屏评：静中有动，动中有静，循环不已，这是最微妙语，学者要领会得。

二〇三

又问：“用功收心时，有声色在前，如常闻见，恐不是专一。”

曰：“如何欲不闻、见？除是槁木死灰、耳聋目盲则可。只是虽闻见而不流去，便是。”

曰：“昔有人静坐，其子隔壁读书，不知其勤惰，程子称其甚敬。何如？”①

曰：“伊川恐亦是讥他。”

【注释】

①“昔有”句：见《二程遗书·卷三·二先生语三》：“许渤与其子隔一窗而寝，乃不闻其子读书与不读书。先生谓：‘此人持敬如此。’”（自注：何尝有如此圣人。）

【评语】

施邦曜评：以不见闻为收心，见闻，心即驰矣，岂有如是之学问？故知君子戒慎恐惧时，天地万物俱昭然森列。

许舜屏评：柳下惠坐怀不乱，便是此工夫。

二〇四

又问："静坐用功，颇觉此心收敛，遇事又断了，旋起个念头，去事上省察。事过，又寻旧功，还觉有内外，打不作一片。"

先生曰："此'格物'之说未透。心何尝有内外？即如惟濬，今在此讲论，又岂有一心在内照管？这听讲说时专敬，即是那静坐时心。工夫一贯，何须更起念头？人须在事上磨炼，做工夫乃有益；若只好静，遇事便乱，终无长进。那静时工夫亦差，似收敛而实放溺也。"

后在洪都，复与于中①、国裳②论内外之说，渠皆云："物自有内外，但要内外并着工夫，不可有间耳。"以质先生。

曰："工夫不离本体，本体原无内外，只为后来做工夫的，分了内外，失其本体了。如今正要讲明工夫不要有内外，乃是本体工夫。"

是日俱有省。

【注释】

① 于中：即夏良胜（1480—1538），字于中，江西南城（今江西南城县）人，经学家，阳明门人，正德三年（1508）进士，曾任吏部考功外郎、南京太常寺少卿等，与舒芬、陈九川、万潮称"江西四谏"，著有《中庸衍义》等。

② 国裳：即舒芬（1484—1527），字国裳，号梓溪，江西进贤（今属江西）人，明代学者，阳明门人，正德十二年（1517）状元，曾任翰林修撰、福建舶司副提举等，为官清正，敢言直谏，"江西四谏"之一，著有《太极绎义》《易问笺》《周礼定本》《东观录》等。

【评语】

刘宗周评："何须更起念头"，是圣学入微真消息，他日却曰："实无无念时，只是要正念。"如讲论便起不得在内照管的念，则讲论时不知又可起得个事亲的意否？

施邦曜评：此是圣贤实体实验工夫，方知先生格致之说，非是抛却事物，只是要把人驰逐于外者，挽而归之于内耳，合内外之道，方是能诚，方是能穷物之始终。

孙奇逢评：心无内外，故须在事上磨炼。

陶浔霍评：初看似要翻前文“循理是善，动气是恶”二语，细思竟不消再加一语，盖循理动自，自亦必知其是非也。

陶浔霍评：所谓悬空着想也。

许舜屏评：心无内外。静坐时，心不更起念头，这便是圣学入微真消息。

二〇五

又问：“陆子之学何如？”

先生曰：“濂溪、明道之后，还是象山，只是粗些。”

九川曰：“看他论学，篇篇说出骨髓，句句似针膏肓，却不见他粗。”

先生曰：“然。他心上用过工夫，与揣摹依仿、求之文义自不同。但细看有粗处，用功久，当见之。”

【评语】

许舜屏评：先生平生，最服膺象山之学。然亦未尝曲意回护之。

佐藤一斋评：致良知之训精矣。能体验诸己，然后见金溪（指陆象山——编者注）犹有粗处。

二〇六

庚辰[①]往虔州[②]再见先生，问：“近来工夫虽若稍知头脑，然难寻个稳当快乐处。”

先生曰：“尔却去心上寻个天理，此正所谓理障。此间有个诀窍。”

曰：“请问如何？”

曰：“只是致知。”

曰：“如何致？”

曰：“尔那一点良知，是尔自家底准则。尔意念着处，他是便知是、非便知非，更瞒他一些不得。尔只不要欺他，实实落落依着他做去，善便存、恶便去，他这里何等稳当快乐。此便是‘格物’的真诀，‘致知’的实功。

若不靠着这些真机，如何去格物？我亦近年体贴出来如此分明，初犹疑只依他恐有不足，精细看，无些小欠阙。”

【注释】

① 庚辰：正德十五年（1520）。

② 虔州：即赣州，今江西省赣州市。

【评语】

刘宗周评：先生每以“念”字与“意”字合说，恐“念”与“意”终有别。

施邦曜评：《大易》言，圣人穷理尽性，曰“乐天知命”，是即先生致此良知稳当快乐之说也。心即是理，何消于心上再寻。

孙奇逢评：稳当快乐，只在自家一点良知上寻讨。

梁启超评：不欺、良知一语，王学之精蕴尽于是矣。

许舜屏评：这是将意、念合而为一，心之所在，即为意之所在。若将意、念分开来说，便与先生之言相反。

二〇七

在虔，与于中、谦之同侍。

先生曰：“人胸中各有个圣人，只自信不及，都自埋倒了。”因顾于中曰：“尔胸中原是圣人。”于中起不敢当。

先生曰：“此是尔自家有的，如何要推？”

于中又曰：“不敢。”

先生曰：“众人皆有之，况在于中？却何故谦起来？谦亦不得。”于中乃笑受。

又论：“良知在人，随你如何，不能泯灭，虽盗贼亦自知不当为盗，唤他作贼，他还忸怩。”

于中曰：“只是物欲遮蔽，良心在内，自不会失；如云自蔽日，日何尝失了。”

先生曰：“于中如此聪明，他人见不及此。”

【评语】

陶浔霍评：即人心本是天渊之意。

陶浔霍评：所以多疑。

许舜屏评：胸中的圣人，便是良知。人人有良知，所以人人各有个圣人。盗贼是不能保其良知者，若能翻然改图，何尝不可为圣？所谓放下屠刀，立地成佛也。

二〇八

先生曰："这些子看得透彻，随他千言万语、是非诚伪，到前便明。合得的便是，合不得的便非，如佛家说'心印'[①]相似，真是个试金石、指南针。"

【注释】

① 心印：又称"佛心印"，宋契嵩《传法正宗记》："夫心印者，盖大圣人种智之妙本也；余三昧者，乃妙本所发之智慧也。皆以三昧而称之耳。心印即经所谓三昧王之三昧者也，如来所传乃此三昧也。"

【评语】

许舜屏评：是是非非，全在寸心中，是致知格物之功，已到家了。

二〇九

先生曰："人若知这良知诀窍，随他多少邪思枉念，这里一觉，都自消融。真个是灵丹一粒、点铁成金。"

【评语】

施邦曜评：一觉必致知者，始能。

许舜屏评：看得良知十分郑重。

二一〇

崇一曰："先生'致知'之旨，发尽精蕴，看来这里再去不得。"

先生曰："何言之易也！再用功半年看如何？又用功一年如何？工夫愈久，愈觉不同，此难口说。"

【评语】

施邦曜评：惟用功不自已，方谓之致。孔子到从心不踰矩，亦不过是致此知。

施邦曜评：所谓"知之者不如好之者，好之者不如乐之者"。

梁启超评：可见王学不专有顿教。

许舜屏评：工夫须从此处做起，单飞一蹴可几。

二一一

先生问九川："于'致知'之说，体验如何？"

九川曰："自觉不同：往时操持常不得个恰好处，此乃是恰好处。"

先生曰："可知是体来与听讲不同。我初与讲时，知尔只是忽易，未有滋味。只这个要妙，再体到深处，日见不同，是无穷尽的。"

又曰："此'致知'二字，真是个千古圣传之秘，见到这里，'百世以俟圣人而不惑'[①]。"

【注释】

①"百世"句：见《中庸》："故君子之道：本诸身，征诸庶民，考诸三王而不缪，建诸天地而不悖，质诸鬼神而无疑，百世以俟圣人而不惑。"

【评语】

许舜屏评：致知之说，看是容易，却不容易。

二一二

九川问曰："伊川说到'体用一原、显微无间'处，门人已说是泄天机[①]。先生'致知'之说，莫亦泄天机太甚否？"

先生曰："圣人已指以示人，只为后人掩匿，我发明耳，何故说泄？此是人人自有的，觉来甚不打紧一般，然与不用实功人说，亦甚轻忽可惜，彼此无益；与实用功而不得其要者提撕之，甚沛然得力。”

【注释】

①“伊川”句：参见《二程外书·卷十二》：“和靖尝以《易传序》请问曰：‘“至微者理也，至著者象也，体用一原，显微无间”，莫太泄露天机否？’伊川曰：‘如此分明说破，犹自人不解悟。’”

【评语】

许舜屏评：诚所谓可与知者道，难与俗人言也。

二一三

又曰：“知来本无知，觉来本无觉；然不知，则遂沦埋。”

【评语】

刘宗周评：此是独体正当处，被先生一口打并出，到这里，说恁良不良、知不知。

佐藤一斋评：知来觉来是工夫，无知无觉是本体。

许舜屏评：知由无中生出，觉由无觉中生出，然并非不知不觉者，比其中辨别至微，不可不察。

二一四

先生曰：“大凡朋友，须箴规指摘处少，诱掖奖劝意多，方是。”

后又戒九川云：“与朋友论学，须委曲谦下，‘宽以居之’①。”

【注释】

①宽以居之：见《易经·乾卦·文言》：“君子学以聚之，问以辩之，宽以居之，仁以行之。”

【评语】

孙奇逢评：阅历语。

许舜屏评：此即子曰“朋友数，斯疏矣”之意，处友者宜知之。

二一五

九川卧病虔州。

先生云："'病物'亦难格，觉得如何？"

对曰："工夫甚难。"

先生曰："常快活，便是工夫。"

【评语】

施邦曜评：此便是活人高手。

陶浔霍评：病时工夫理当谨疾，其死生则听之命。"常快活"又作意了，此三字非先生言也。

佐藤一斋评：病物，谓疾中意念；常快活，谓公体乐易。陈龙正云："素有快活处。病中仍旧，即'常快活'也。总是不为病所苦。"

二一六

九川问："自省念虑，或涉邪妄，或预料理天下事，思到极处，井井有味，便缱绻难屏；觉得早则易觉迟则难，用力克治，愈觉扞格。惟稍迁念他事，则随两忘。如此廓清，亦似无害。"

先生曰："何须如此！只要在良知上着工夫。"

九川曰："正谓那一时不知。"

先生曰："我这里自有工夫，何缘得他来？只为尔工夫断了，便蔽其知。既断了，则继续旧功便是，何必如此？"

九川曰："直是难鏖，虽知丢他不去。"

先生曰："须是勇。用功久，自有勇。故曰'是集义所生者'，胜得容易，便是大贤。"

【评语】

施邦曜评：便是求之于外了。

施邦曜评：惟胜私方可言勇，非用功安能胜私。

许舜屏评：大贤的工夫，便是能致其良知，能集义便是能致知，初非两事也。

二一七

九川问："此工夫却于心上体验明白，只解书不通。"

先生曰："只要解心。心明白，书自然融会。若心上不通，只要书上文义通，却自生意见。"

【评语】

孙奇逢评：五经皆我注脚。

许舜屏评：心无形而书有形，以无形测有形，其融会自易。

二一八

有一属官，因久听讲先生之学，曰："此学甚好，只是簿书讼狱繁难，不得为学。"

先生闻之，曰："我何尝教尔离了簿书讼狱，悬空去讲学？尔既有官司之事，便从官司的事上为学，才是真格物。如问一词讼，不可因其应对无状，起个怒心；不可因他言语圆转，生个喜心；不可恶其嘱托，加意治之；不可因其请求，屈意从之；不可因自己事务烦冗，随意苟且断之；不可因旁人谮毁罗织，随人意思处之。这许多意思皆私，只尔自知，须精细省察克治，惟恐此心有一毫偏倚，枉人是非，这便是格物致知。簿书讼狱之间，无非实学。若离了事物为学，却是着空。"

【评语】

刘宗周评：因物付物，便是格物。先生却每事用个克己为善去恶之功，更自切实在。

施邦曜评：读此，方知簿书讼狱亦是证圣诣贤之所，贪暴非僻之念又何从生？《大学》释本末，而举使民无讼之言，意更可想，做官而直到使民无讼，便是成己成物田地，又安往而非学哉。

孙奇逢评：六个"不可"，正见格物实学。

许舜屏评：推此心以居官行政，便是知致，而后节节推广之事，全是心上作用。

二一九

虔州将归，有诗别先生云："良知何事系多闻，妙合当时已种根，好恶从之为圣学，将迎无处是乾元。"

先生曰："若未来讲此学，不知说'好恶从之'，从个甚么？"

敷英[1]在座，曰："诚然。尝读先生《大学古本序》，不知所说何事。及来听讲许时，乃稍知大意。"

【注释】

① 敷英：当是阳明门人，身份不详。

【评语】

许舜屏评：隔靴搔痒，学者通病。

二二〇

于中、国裳辈同侍食。先生曰："凡饮食只是要养我身，食了要消化；若徒蓄积在肚里，便成痞了，如何长得肌肤？后世学者博闻多识，留滞胸中，皆伤食之病也。"

【评语】

施邦曜评：此为物博而不知约者下一针。

许舜屏评：这是卫生要诀，取来以喻为学之道，何尝不是如此？

二二一

先生曰："圣人亦是'学知'，众人亦是'生知'[1]。"

问曰："何如？"

曰："这良知人人皆有，圣人只是保全，无些障蔽，兢兢业业，亹亹翼翼，自然不息，便也是学；只是生的分数多，所以谓之'生知安行'。众人自孩提之童，莫不完具此知，只是障蔽多，然本体之知自难泯息，虽问学克治，也只凭他，只是学的分数多，所以谓之'学知利行'。"

【注释】

①“圣人”句：参见第六条注3。

【评语】

孙奇逢评：圣人之不息便是学，众人之难泯便是生。

黄宗羲评：自姚江指点出良知人人现在，一反观而自得，便人人有个作圣之路。故无姚江，则古来之学脉绝矣。

许舜屏评：说众人亦是生知，此是鼓励学者之意。人不可误以为我是生知，便将工夫荒废了。须知圣人的生知，亦未尝不致力于学，并非全恃生知也。

佐藤一斋评：陈龙正云：“论品地，论工夫，论心性，总只交互浑融，非谓其差也。但孔孟随时异言，先生一言到底。”

黄直录

二二二

黄以方[①]问：“先生格致之说，随时格物以致其知，则知是一节之知，非全体之知也，何以到得‘溥博如天，渊泉如渊’[②]地位？”

先生曰：“人心是天、渊。心之本体，无所不该，原是一个天，只为私欲障碍，则天之本体失了。心之理无穷尽，原是一个渊，只为私欲窒塞，则渊之本体失了。如今念念致良知，将此障碍窒塞一齐去尽，则本体已复，便是天、渊了。”

乃指天以示之曰：“比如面前见天，是昭昭之天；四外见天，也只是昭昭之天。只为许多房子墙壁遮蔽，便不见天之全体，若撤去房子墙壁，总是一个天矣。不可道眼前天是昭昭之天，外面又不是昭昭之天也。于此便见一节之知，即全体之知；全体之知，即一节之知：总是一个本体。”

【注释】

①黄以方：即黄直，生卒年不详，字以方，江西金溪人，阳明门人。嘉

靖二年（1523）参加会试，主考官所出试题诋毁阳明学，黄直与欧阳德不阿主司意，编修马汝骥奇之，两人遂中式，曾任漳州推官等职，敢于上书言事，有“诤臣”之名，著有《望来集》《还江集》。

② 溥博如天，渊泉如渊：见《中庸》：“溥博如天，渊泉如渊。见而民莫不敬，言而民莫不信，行而民莫不说。”

【评语】

施邦曜评：如曾、闵之孝，张、许之忠，不过致此忠孝一节之知，然即此忠孝一节，便是彻天彻地、贯古贯今，忠孝之全体固是如此，舍此安得复有天、渊。可见一节之知，不可通于全体者，俱是零星，补缀无源之知。即所谓一节者原未致耳。

陶浔霍评：如此有主脑。

许舜屏评：心之理无穷尽，心无穷而知亦无穷。去私欲障碍，便如青天无片云了。心之障碍既去，则彻内彻外，无所不为，即无所不知矣。

二二三

先生曰：“圣贤非无功业节气，但其循着这天理，则便是道，不可以事功气节名矣。”

【评语】

刘宗周评：又指出天理。

孙奇逢评：事功、气节是道中件数。

许舜屏评：功名、气节，仅圣贤之一节工夫。

二二四

“‘发愤忘食’，是圣人之志如此，真无有已时；‘乐以忘忧’，是圣人之道如此，真无有戚时。[①] 恐不必云得不得也。”

【注释】

①“发愤忘食”句：见《论语·述而》：“叶公问孔子于子路，子路不对。

子曰：'女奚不曰：其为人也，发愤忘食，乐以忘忧，不知老之将至云尔。'"

【评语】

施邦曜评：圣人天行健，只是一个愤，一念不如此，便不快，即是乐。

孙奇逢评：圣人原无不得之时。

佐藤一斋评：文成释"愤""乐"，不取旧注（指朱注——编者注）。然夫子对人每有谦词，无夸词，则竟不如旧注以得不得言者之为愈。但推其语以透看圣人心体，则又见其实有不可掩者。此则文成之见，确不可易。此等处，学者宜得意于言外矣。

二二五

先生曰："我辈致知，只是各随分限所及。今日良知见在如此，只随今日所知扩充到底；明日良知又有开悟，便从明日所知扩充到底。如此方是精一工夫。与人论学，亦须随人分限所及。如树有这些萌芽，只把这些水去灌溉，萌芽再长，便又加水，自拱把以至合抱，灌溉之功皆是随其分限所及。若些小萌芽，有一桶水在，尽要倾上，便浸坏他了。"

【评语】

刘宗周评：此是先生渐教，顿不废渐。

孙奇逢评：于己于人于物，总只是各随分限所及，强争一毫不得。

梁启超评：此亦渐教。

许舜屏评：这个譬喻，最为恰当，就是圣人循循善诱的道理。

东正纯评：《续录》（指《传习录》下卷——编者注）所载，多顿教。而此等仍是渐教。

二二六

问知行合一。

先生曰："此须识我立言宗旨。今人学问，只因知、行分作两件，故有一念发动，虽是不善，然却未曾行，便不去禁止。我今说个'知行合一'，正要人晓得一念发动处，便即是行了；发动处有不善，就将这不善的念克倒了。须要彻根彻底，不使那一念不善潜伏在胸中。此是我立言宗旨。”

【评语】

刘宗周评：如此说知行合一，真是丝丝见血，先生之学真切乃尔，后人何曾会得。

施邦曜评：一念发动便是行，所以君子贵慎独。

孙奇逢评：慎独君子，自不以知行作两件。

梁启超评：蕺山云：“如此说知行合一，真是丝丝见血。”启超案：《大学》所谓“其严乎”，盖谓此也。

许舜屏评：“如此说知行合一，真是丝丝见血”的话，先人之学，真实乃尔，后人何曾会得。

二二七

“圣人无所不知，只是知个天理；无所不能，只是能个天理。圣人本体明白，故事事知个天理所在，便去尽个天理：不是本体明后，却于天下事物都便知得，便做得来也。天下事物，如名物度数、草木鸟兽之类，不胜其烦。圣人须是本体明了，亦何缘能尽知得？但不必知的，圣人自不消求知；其所当知的，圣人自能问人，如‘子入太庙，每事问’[①]之类。先儒谓‘虽知亦问，敬谨之至’[②]，此说不可通。圣人于礼乐名物，不必尽知，然他知得一个天理，便自有许多节文度数出来；不知能问，亦即是天理节文所在。”

【注释】

① 子入太庙，每事问：参见第一八二条注 4。

② 虽知亦问，敬谨之至：朱熹《论语集注》引用尹焞的话注“子入太庙”章曰：“礼者，敬而已矣。虽知亦问，谨之至也，其为敬莫大于此。谓之不知礼者，岂足以知孔子哉？”

【评语】

刘宗周评：说名物象数，也抬出“天理”二字。先生之学，自是勺水不漏。

施邦曜评：道无穷尽，圣人事事知个天理所在，便去尽个天理，此便是对功无息处。若云本体明后,于事物都便知得,便做得。自一明之后，圣人再无工夫矣，然所云“诚则明”者何？盖明此天理也，念念明此去尽工夫，安有息时，若一念不尽，便不得言诚。

施邦曜评：过当此子便是恶，此可识“危”“微”之辨，戒慎恐惧又何容时已哉。

许舜屏评：《论语》“子入太庙”一节，朱注谓孔子言是礼者敬谨之至，乃所以为体也,《正义》亦谓虽已知之，更当复问，慎之至也。说得圣人似乎矫揉造作。吾恐圣人因心付物，决不如此。先生辟之甚是。

三轮执斋评：“亦即是天理”，是解得本文“是理也”之句。

二二八

问：“先生尝谓‘善恶只是一物’善恶两端。如冰炭相反，如何谓只一物？”

先生曰：“至善者，心之本体。本体上才过当些子，便是恶了；不是有一个善，却又有一个恶来相对也。故善恶只是一物。”

直因闻先生之说，则知程子所谓“善固性也，恶亦不可不谓之性”。① 又曰：“善恶皆天理，谓之恶者本非恶，但于本性上过与不及之间耳。”② 其说皆无可疑。

【注释】

①“善固”句：见《二程遗书·卷一·二先生语一》：“善固性也，然恶亦不可不谓之性也。”

②“善恶”句：见《二程遗书·卷二·二先生语二》：“天下善恶皆天理，谓之恶者非本恶，但或过或不及便如此，如杨、墨之类。”

【评语】

施邦曜评：无念不善，无念及恶，便识知能合一解。

陶浔霍评：总是在此处体认一贯，又如一念之动，一也，而理欲判焉。

许舜屏评：只是一物者，实一正一反也。正面是善，反面即是恶，何尝是两物。

二二九

先生尝谓："人但得好善如好好色，恶恶如恶恶臭，便是圣人。"直初时闻之，觉甚易，后体验得来，此个工夫着实是难。如一念虽知好善恶恶，然不知不觉，又夹杂去了。才有夹杂，便不是好善如好好色、恶恶如恶恶臭的心。善能实实的好，是无一念不善矣；恶能实实的恶，是无念及恶矣：如何不是圣人？故圣人之学，只是一诚而已。

【评语】

孙奇逢评：圣人之学，一诚而已，有夹杂便不得诚。

二三〇

问："《修道说》言'率性之谓道'，属圣人分上事；'修道之谓教'，属贤人分上事。"①

先生曰："众人亦率性也。但率性在圣人分上较多，故'率性之谓道'属圣人事；圣人亦修道也，但修道在贤人分上多，故'修道之谓教'属贤人事。"

又曰："《中庸》一书，大抵皆是说修道的事，故后面凡说君子、说颜渊、说子路，皆是能修道的；说小人、说贤知愚不肖、说庶民，皆是不能修道的；其他言舜、文②、周公、仲尼至诚至圣之类，则又圣人之自能修道者也。"

【注释】

①《修道说》：阳明文章，载《王阳明全集·卷七·文录四》。

② 文：指周文王。

【评语】

施邦曜评：凡圣人立言，俱是修道之事，不独《中庸》一书。

许舜屏评："率性之谓道"，便是致知的工夫。

佐藤一斋评："说庶民"三字，疑系黄以方误记。《中庸》中"庶民"字两见，并皆泛言，非指不能修道者。故知此语误于记者焉。

二三一

问："儒者到三更时分，扫荡胸中思虑，空空静静，与释氏之静只一般，两下皆不用。此时何所分别？"

先生曰："动静只是一个。那三更时分，空空静静的，只是存天理，即是如今应事接物的心；如今应事接物的心，亦是循此天理，便是那三更时分空空静静的心。故动静只是一个，分别不得。知得动静合一，释氏毫厘差处亦自莫掩矣。"

【评语】

刘宗周评："天理"二字，是儒门得分家当；释氏空之虽静，时也，做不得主。

施邦曜评：知动静合一，方能动静皆有事，君子自强不息，只是动静无间而已。

许舜屏评：此即孟子所谓"平旦之气"，与释氏的"清净寂灭"不同。

二三二

门人在座，有动止甚矜持者。

先生曰："人若矜持太过，终是有弊。"

曰："矜持太过，如何有弊？"

曰："人只有许多精神，若专在容貌上用功，则于中心照管不及者多矣。"

有太直率者。

先生曰："如今讲此学，却外面全不检束，又分心与事为二矣。"

【评语】

施邦曜评：圣人惟敬以直内，发之于外者，自成威仪而不见其矜持，见其从容而不见其直率。二公之弊，皆由内养之未足，然与其不简束也，宁矜持而已。

陶浔霍评：合二事看，乃见不偏。

许舜屏评："过犹不及"，圣人已言之矣。

二三三

门人作文送友行，问先生曰："作文字不免费思，作了后又一二日常记在怀。"

曰："文字思索亦无害，但作了常记在怀，则为文所累，心中有一物矣，此则未可也。"

又作诗送人，先生看诗毕，谓曰："凡作文字要随我分限所及。若说得太过了，亦非'修辞立诚'[1]矣。"

【注释】

① 修辞立诚：见《易经·乾卦·文言》："子曰：'君子进德修业，忠信所以进德也，修辞立其诚，所以居业也。'"

【评语】

许舜屏评：说得太过，文人通病。

二三四

"文公'格物'之说，只是少头脑。如所谓'察之于念虑之微'，此一句不该与'求之文字之中''验之于事为之著''索之讲论之际'混作一例看，是无轻重也。"

【评语】

刘宗周评：文公功臣。

王应昌评：文公头脑，已被先生提出了。

许舜屏评：的是文公功臣。

二三五

问“有所忿懥”一条。

先生曰：“忿懥几件，人心怎能无得，只是不可‘有’耳。凡人忿懥，着了一分意思，便怒得过当，非廓然大公之体了。故‘有所忿懥’，便不得其正也。如今于凡忿懥等件，只是个物来顺应，不要着一分意思，便心体廓然大公，得其本体之正了。且如出外见人相斗，其不是的，我心亦怒。然虽怒，却此心廓然，不曾动些子气。如今怒人，亦得如此，方才是正。”

【评语】

许舜屏评：君子“忿懥窒欲”的工夫，都不容易。

二三六

先生尝言：“佛氏不着相，其实着了相，吾儒着相，其实不着相。”

请问。

曰：“佛怕父子累，却逃了父子；怕君臣累，却逃了君臣；怕夫妇累，却逃了夫妇。都是为个君臣、父子、夫妇着了相，便须逃避。如吾儒有个父子，还他以仁；有个君臣，还他以义；有个夫妇，还他以别。何曾着父子、君臣、夫妇的相？”

【评语】

刘宗周评：先生于佛氏，一言而内外夹攻，更无剩义。

施邦曜评：逃去君臣父子者，一闭目冥心，便清净自在；还他以仁义有别者，差一些子不得，庸德庸言。圣人所以常见未能。

孙奇逢评：不着相是着相，着相是不着相，凡事皆然，三纲其大者耳。

陶浔霍评：“怕”字，便已着相矣。

许舜屏评：佛说“无我相无人相”，既云无相，何所用其逃？至于逃便是不能无了。吾儒不言逃，便心中空空洞洞，不着痕迹，但尽其在我之道而已。

黄修易录

二三七

黄勉叔[1]问："心无恶念时，此心空空荡荡的，不知亦须存个善念否？"

先生曰："既去恶念，便是善念，便复心之本体矣。譬如日光，被云来遮蔽，云去光已复矣。若恶念既去，又要存个善念，即是日光之中添燃一灯。"

【注释】

① 黄勉叔：即黄修易，字勉叔，阳明弟子，生平不详。

【评语】

施邦曜评：所谓去恶念者，不是就恶去恶也。人心本善，只是本体不固，后恶念得以乘之。只是常操存此善念，恶自不得入。

陶浔霍评：不须着个善念耳，其"谨戒恐惧"之不可息，则前条已示。

许舜屏评：善恶不能并存，恶念既去，自然善念即生了。

二三八

问："近来用功，亦颇觉妄念不生，但腔子里黑窣窣的，不知如何打得光明？"

先生曰："初下手用功，如何腔子里便得光明？譬如奔流浊水，才贮在缸里，初然虽定，也只是昏浊的；须俟澄定既久，自然渣滓尽去，复得清来。汝只要在良知上用功；良知存入，黑窣窣自能光明也。今便要责效，却是助长，不成工夫。"

【评语】

许舜屏评：良知是入手工夫，从此用功，自有光明之日，固不必急求也。"初然虽定"，疑系"虽然初定"。

二三九

先生曰："吾教人'致良知'，在'格物'上用功，却是有根本的学问，日长进一日，愈久愈觉精明。世儒教人'事事物物上'去寻讨，却是无根本的学问：方其壮时，虽暂能外面修饰，不见有过；老则精神衰迈，终须放倒。譬如无根之树，移栽水边，虽暂时鲜好，终久要憔悴。"

【评语】

许舜屏评：良知是根本，此语最为要紧，不可忽过。

二四〇

问"志于道"一章[①]。

先生曰："只'志道'一句，便含下面数句工夫，自住不得。譬如做此屋，'志于道'是念念要去择地鸠[②]材，经营成个区宅；'据德'却是经画已成，有可据矣；'依仁'却是常常住在区宅内，更不离去；'游艺'却是加些画采，美此区宅。艺者，义也，理之所宜者也。如诵诗、读书、弹琴、习射之类，皆所以调习此心，使之熟于道也。苟不'志道'而'游艺'，却如无状小子，不先去置造区宅，只管要去买画挂做门面，不知将挂在何处？"

【注释】

①"志于道"句：见《论语·述而》："子曰：'志于道，据于德，依于仁，游于艺。'"

②鸠：聚集。

【评语】

陶浔霍评：何尝不读书耶？

陶浔霍评：有主脑如此。

陶浔霍评：此言务博之弊。

陶浔霍评：如此说，道德仁义方成一片，方是合为一事。

许舜屏评：这颇似近日之言，学者之弊。

二四一

问："读书所以调摄此心，不可缺的。但读之之时，一种科目意思牵引而来，不知何以免此？"

先生曰："只要良知真切，虽做举业，不为心累；总有累，亦易觉，克之而已。且如读书时，良知知得强记之心不是，即克去之；有欲速之心不是，即克去之；有夸多斗靡之心不是，即克去之。如此，亦只是终日与圣贤印对，是个纯乎天理之心。任他读书，亦只是调摄此心而已，何累之有？"

曰："虽蒙开示，奈资质庸下，实难免累。窃闻穷通有命，上智之人恐不屑此。不肖为声利牵缠，甘心为此，徒自苦耳。欲屏弃之，又制于亲，不能舍去，奈何？"

先生曰："此事归辞于亲者多矣，其实只是无志。志立得时，良知千事万事只是一事。读书作文，安能累人？人自累于得失耳！"

因叹曰："此学不明，不知此处担阁了几多英雄汉！"

【评语】

刘宗周云：又举"天理"二字。如此方是真读书，亦是真格物处。朱先生以读书为格物穷理之要，与先生语不无差别。

施邦曜评：立志者自知之，非可以言语解。

许舜屏评：唐太宗、明太祖俱以此笼络天下人士，其汩没人之良知也，大矣！

二四二

问："'生之谓性'[①]，告子亦说得是，孟子如何非之？"

先生曰："固是性，但告子认得一边去了，不晓得头脑；若晓得头脑，如此说亦是。孟子亦曰：'形色，天性也。'[②] 这也是指气说。"

又曰："凡人信口说、任意行，皆说'此是依我心性出来'，此是所谓'生之谓性'，然却要有过差。若晓得头脑，依吾良知上说出来、行将去，便自是停当。然良知亦只是这口说、这身行，岂能外得气，别有个去行去说？故曰：'论性不论气，不备；论气不论性，不明。'[③] 气亦性也，性亦气也，但须认得头脑是当。”

【注释】

① 生之谓性：见第一五〇条注3。

② “形色”句：见《孟子·尽心上》：“孟子曰：‘形色，天性也；惟圣人，然后可以践形。’”

③ “论性”句：见第一五〇条注4。

【评语】

施邦曜评：即此言性，日用言动间，稍不敬慎便有乖真性，所以学问之道在求其放心。如告子言性，是任其放而不知求也。

孙奇逢评：依吾良知便自停当，故须先认头脑。

许舜屏评：提清头脑，便是处处说得去，贤愚之辨即在此。

二四三

又曰：“诸君工夫，最不可‘助长’。上智绝少，学者无超入圣人之理。一起一伏，一进一退，自是工夫节次。不可以我前日用得工夫了，今却不济，便要矫强，做出一个没破绽的模样，这便是‘助长’，连前些子工夫都坏了。此非小过。譬如行路的人，遭一蹶跌，起来便走，不要欺人做那不曾跌倒的样子出来。诸君只要常常怀个‘遁世无闷，不见是而无闷’之心，依此良知忍耐做去，不管人非笑，不管人毁谤，不管人荣辱，任他工夫有进有退，我只是这致良知的主宰不息，久久自然有得力处，一切外事亦自能不动。”

又曰：“人若着实用功，随人毁谤，随人欺慢，处处得益，处处是进德之资；若不用功，只是魔也，终被累倒。”

【评语】

施邦曜评：矫强做出没破绽，亦是有志向上的，只是好名之心未除，今且任其蹶跌，连样子也不做，人心陷溺，一至于此，悲夫！

孙奇逢评：助长之害入人隐微，故须遁世无闷，不管非笑毁谤，且借非笑毁谤为进德之资，方不被他累倒。

梁启超评：此等语，学者读之可以自壮。

许舜屏评：志意坚定，即毁谤欺慢均所弗顾，致知之功，须要如此方得。

二四四

先生一日出游禹穴，顾田间禾曰："能几何时，又如此长了！"

范兆期[①]在傍曰："此只是有根。学问能自植根，亦不患无长。"

先生曰："人孰无根？良知即是天植灵根，自生生不息；但着了私累，把此根戕贼蔽塞，不得发生耳。"

【注释】

① 范兆期：即范引年，字兆期，号半野，阳明弟子，生平不详。

【评语】

施邦曜评：此理获上、治民、悦亲、信友，莫不皆然。孟子"治人不治"一章，即是此旨。

二四五

一友常易动气责人，先生警之曰："学须反己，若徒责人，只见得人不是，不见自己非。若能反己，方见自己有许多未尽处，奚暇责人？舜能化得象的傲，其机括只是不见象的不是。若舜只要正他的奸恶，就见得象的不是矣。象是傲人，必不肯相下，如同感化得他？"

是友感悔。

曰："你今后只不要去论人之是非，凡当责辩人时，就把做一件大己私克去方可。"

【评语】

孙奇逢评：知责人为一件大己私，不惟不暇，便不敢。

许舜屏评：学问深时意气平，所以发怒时须有克己工夫。若能克去，便是圣贤工夫。

二四六

先生曰："凡朋友问难，纵有浅近粗疏，或露才扬己，皆是病发。当因其病而药之，可也；不可。便怀鄙薄之心，非君子与人为善之心[①]矣。"

【注释】

①"君子"句：参见《孟子·公孙丑上》："自耕、稼、陶、渔以至为帝，无非取于人者。取诸人以为善，是与人为善者也。故君子莫大乎与人为善。"

【评语】

孙奇逢评：是诲人不倦之意。

许舜屏评：对症发药，最是妙品。

二四七

问："《易》，朱子主卜筮，程《传》主理，何如？"

先生曰："卜筮是理，理亦是卜筮。天下之理，孰有大于卜筮者乎？只为后世将卜筮专主在占卦上看了，所以看得卜筮似小艺。不知今之师友问答，博学、审问、慎思、明辨、笃行之类，皆是卜筮。卜筮者，不过求决狐疑、神明吾心而已，《易》是问诸天。人有疑，自信不及，故以《易》问天；谓人心尚有所涉，惟天不容伪耳。"

【评语】

施邦曜评：凡言皆滞于一隅，惟《易》则神变不可方物。圣人作《易》，无他，只是忧世觉民，揲数茎之蓍，以告人其显者也；神明其德者，卜筮不在蓍茎矣。

孙奇逢评：《洪范》稽疑，谋及卜筮，义自非浅，故卜筮是理。

许舜屏评：后世是将卜筮与理分而为二，先生却合而为一。盖必理足，而后可以言卜筮；卜筮，亦无非据理而言也。

黄省曾录

二四八

黄勉之[1]问："'无适也，无莫也，义之与比。'[2]事事要如此否？"

先生曰："固是事事要如此，须是识得个头脑方可。义即是良知，晓得良知是个头脑，方无执着。且如受人馈送，也有今日当受的，他日不当受的；也有今日不当受的，他日当受的。你若执着了今日当受的，便一切受去；执着了今日不当受的，便一切不受去，便是'适''莫'，便不是良知的本体，如何唤得做'义'？"

【注释】

①黄勉之：即黄省曾（1490—1540），字勉之，号五岳山人，吴县（今江苏苏州）人，阳明弟子。黄省曾家有"前山书屋"，藏书甚丰，勉之著述丰富，著作涵盖经学、史学、地理、农学等领域，著有《五岳山人集》《西洋朝贡典录》《拟诗外传》《骚苑》等。

②"无适"句：见《论语·里仁》："子曰：'君子之于天下也，无适也，无莫也，义之与比。'"

【评语】

施邦曜评：孟子云："思则得之。"思恁的？得恁的？所云思者，无邪之谓也；得者，得吾心之理，即得天下古今圣贤所已言之理也。所云不思者，未尝不思，只是思有邪耳，能慎思则学问之能事毕矣。

许舜屏评：孟子说皆是也，便是这个道理。晓得拿良知做个头脑，便事事处处，无所不可，所谓无适无莫也。

二四九

问："'思无邪'一言[1]，如何便盖得三百篇之义？"

先生曰："岂特三百篇？六经只此一言，便可该贯，以至穷古今天下圣贤的话，'思无邪'一言也可该贯。此外更有何说？此是一了百当的工夫。"

【注释】

①思无邪：见《论语·为政》："子曰：'《诗》三百，一言以蔽之，曰思无邪。'"

【评语】

孙奇逢评：无邪则诚矣。诚之外复何事？故一了百当。

许舜屏评：无邪者，便是能保其良知也，所以能注贯得六经。

二五〇

问道心、人心[①]。

先生曰："'率性之谓道'，便是道心。但着些人的意思在，便是人心。道心本是无声无臭，故曰'微'。依着人心行去，便有许多不安稳处，故曰'危'。"

【注释】

①道心、人心：见第六条注1。

【评语】

孙奇逢评：道心着不得一毫人的意思，故须精而一之。

许舜屏评：道心、人心，其所差仅一间。故曰："微道心不存，则人心亦失。"故曰："危大有连带关系。"

二五一

问："'中人以下，不可以语上'[①]，愚的人，与之语上尚且不进，况不与之语，可乎？"

先生曰："不是圣人终不与语，圣人的心，忧不得人人都做圣人；只是人的资质不同，施教不可躐等，中人以下的人，便与他说性、说命，他也不省得，也须慢慢琢磨他起来。"

【注释】

①"中人"句：见《论语·雍也》："子曰：'中人以上，可以语上也；中人以下，不可以语上也。'"

【评语】

孙奇逢评：强为语之，只失言耳。

许舜屏评：所谓循循善诱也，否则圣人诲人不倦，岂有秘而不宣的理？

二五二

一友问："读书不记得，如何？"

先生曰："只要晓得，如何要记得？要晓得，已是落第二义了，只要明得自家本体。若徒要记得，便不晓得；若徒要晓得，便明不得自家的本体。"

【评语】

施邦曜评：看到此，方知世间未尝有一读书人。

孙奇逢评：明得自家本体，便不只"晓得"而已。

陶浔霍评：看"行"字如此认真，其由心中本止忧一"行"字耳。

许舜屏评：自家本体者，良知之谓也。

二五三

问："'逝者如斯'[①]，是说自家心性活泼泼地否？"

先生曰："然。须要时时用致良知的工夫，方才活泼泼地，方才与他川水一般。若须臾间断，便与天地不相似。此是学问极至处，圣人也只如此。"

【注释】

①"逝者"句：见《论语·子罕》："子在川上曰：'逝者如斯夫！不舍昼夜。'"

【评语】

孙奇逢评：无须臾间断，便是至诚无息。

许舜屏评：水是无孔不入的，"知"亦是无微不照的，所以良知可以比水。

二五四

问"志士仁人"章[①]。

先生曰："只为世上人，都把生身命子看得来太重，不问当死不当死，定要宛转委曲保全，以此把天理却丢去了。忍心害理，何者不为？若违了天理，便与禽兽无异，便偷生在世上百千年，也不过做了千百年的禽兽。学者要于此等处看得明白，比干[2]、龙逢[3]，只为也看得分明，所以能成就得他的仁。"

【注释】

①"志士"句：见《论语·卫灵公》："子曰：'志士仁人无求生以害仁，有杀身以成仁。'"

② 比干：商朝贤臣，因向纣王进谏，被纣王剖心，孔子将他和箕子、微子合称为"三仁"。

③ 龙逢：即关龙逢，夏桀的贤臣，因进谏被杀。

【评语】

施邦曜评：此语大是警省人。

孙奇逢评：人、禽不远，只争此天理之存不存耳。

陶浔霍评：只记得终日必死意，则"死"字不能夺吾"天理"二字矣，此是浔霍真眼光。

许舜屏评：志士仁人，亦不过在良知上用功。他所知的是天理，其于生死，已置之度外，所以杀身亦不顾也；思心审理，便丧其良知，所以成为禽兽。禽兽者，无良知者也。

二五五

问："叔孙武叔毁仲尼[1]，大圣人如何犹不免于毁谤？"

先生曰："毁谤自外来的，虽圣人如何免得？人只贵于自修，若自己实实落落是个圣贤，纵然人都毁他，也说他不着。却若浮云掩日，如何损得日的光明？若自己是个象恭色庄、不坚不介的，纵然没一个人说他的恶慝，终须一日发露。所以孟子说'有求全之毁，有不虞之誉'[2]，毁誉在外的，安能避得？只要自修何如尔！"

【注释】

①叔孙武叔毁仲尼：见第一八二条注3。

②“孟子”句：见《孟子·离娄上》。

【评语】

许舜屏评：毁誉在外的，虽圣人不能有誉而无毁，何况在圣人以下的。不过圣人初不问毁誉，惟求行吾之心所安，众人则不免因之而生喜怒，一有喜怒，便不能守其良知矣。

二五六

刘君亮[①]要在山中静坐。

先生曰：“汝若以厌外物之心去求之静，是反养成一个骄惰之气了；汝若不厌外物，复于静处涵养，却好。”

【注释】

①刘君亮：字元道，生平不详。

【评语】

孙奇逢评：只一“厌”字，便成骄惰。

许舜屏评：“厌外物”便要遁入禅理了，非儒者之求静也。

二五七

王汝中[①]、省曾侍坐。

先生握扇命曰：“你们用扇。”

省曾起对曰：“不敢。”

先生曰：“圣人之学，不是这等捆缚苦楚的，不是装做道学的模样。”

汝中曰：“观‘仲尼与曾点言志’一章[②]，略见。”

先生曰：“然。以此章观之，圣人何等宽洪包含气象！且为师者问志于群弟子，三子皆整顿以对。至于曾点，飘飘然不看那三子在眼，自去鼓起瑟来，何等狂态！及至言志，又不对师之问目，都是狂言。设在伊川，或斥骂起来了。圣人乃复称许他，何等气象。圣人教人，不是个束缚他通做一般：只如狂者，便从狂处成就他；狷者便从狷处成就他。人之才气如何同得。”

【注释】

① 王汝中：即王畿（1498—1583），字汝中，号龙溪，学者称龙溪先生，浙江山阴（今浙江省绍兴）人，阳明得意弟子，阳明后学浙中学派的创始人，嘉靖十三年（1534）进士，官至南京兵部主事，后辞官讲学达四十年，弟子众多，著有《龙溪全集》二十卷。

② 仲尼与曾点言志：见第二七条注7。

【评语】

许舜屏评：致良知亦是使他活泼泼地，不是要拘束他的。

二五八

先生语陆元静曰：“元静少年亦要解五经，志亦好博。但圣人教人，只怕人不简易，他说的皆是简易之规。以今人好博之心观之，却似圣人教人差了。”

【评语】

许舜屏评：务博不专，亦是学者通病。

二五九

先生曰：“孔子无‘不知而作’[①]，颜子‘有不善未尝不知’[②]：此是圣学真血脉路。”

【注释】

① “孔子”句：见《论语·述而》：“子曰：‘盖有不知而作之者，我无是也。多闻，择其善者而从之；多见而识之，知之次也。’”

② “颜子”句：见第二〇一条注6。

【评语】

许舜屏评：这个“知”便是良知。

钱德洪录

二六〇

何廷仁[①]、黄正之、李侯璧[②]、汝中、德洪侍坐。

先生顾而言曰：“汝辈学问不得长进，只是未立志。”

侯璧起而对曰：“珙亦愿立志。”

先生曰：“难说不立，未是必为圣人之志耳。”

对曰：“愿立必为圣人之志。”

先生曰：“你真有圣人之志，良知上更无不尽。良知上留得些子别念挂带，便非必为圣人之志矣。”

洪[③]初闻时，心若未服，听说到，不觉悚汗。

【注释】

① 何廷仁（1483—1551）：初名秦，字性之，号善山，江西雩都县（今江西于都县）人，阳明得意弟子，时有“浙有钱（德红）王（畿），江有何（廷仁）黄（宏纲）”之说，嘉靖元年（1522）举人，后曾出任知县，有政绩，著有《善山集》等。

② 李侯璧：即李珙，浙江永康人，生平不详。

③ 洪：即钱德洪。明陈龙正编《阳明要书》作“珙”，若是，当为李侯璧。

【评语】

许舜屏评：要学圣人，须从良知做起，所以良知上一有别念挂带，便非入圣之道。

二六一

先生曰："良知是造化的精灵，这些精灵，生天生地，成鬼成帝，皆从此出，真是与物无对。人若复得他完完全全，无少亏欠，自不觉手舞足蹈，不知天地间更有何乐可代。"

【评语】

许舜屏评：致良知有如此的妙处，人奈何忽视之？

佐藤一斋评：良知，即太极也。文成自得之妙，殆绝于言议思惟。故唯赞以"生天生地，成鬼成帝"。勿谓主张之言。

东正纯评：以良知为造化精灵，是王子最自得处，拨出天机无余蕴。后学纷纷，或主体，或主用，或见在，或未发，要之所谓风斯在下矣。

二六二

一友静坐有见，驰问先生。

答曰："吾昔居滁时，见诸生多务知解，口耳异同，无益于得，姑教之静坐；一时窥见光景，颇收近效。久之，渐有喜静厌动、流入枯槁之病，或务为玄解妙觉，动人听闻。故迩来只说'致良知'，良知明白，随你去静处体悟也好，随你去事上磨炼也好，良知本体原是无动无静的，此便是学问头脑。我这个话头，自滁州到今，亦较过几番，只是'致良知'三字无病。医经折肱，方能察人病理。"

【评语】

施邦曜评：静处体悟，原不曾离却事物之理；事上磨炼，亦舍不得虚灵之觉。

许舜屏评：可见"致良知"三字，先生固非随意说来，实实在在研究过一番，才想到这有利无弊的话。

二六三

一友问："功夫欲得此知时时接续，一切应感处反觉照管不及。若去事上周旋，又觉不见了。如何则可？”

先生曰：“此只认良知未真，尚有内外之间。我这里工夫、不由人急心认得。良知头脑是当，去朴实用功，自会透彻。到此便是内外两忘，又何心事不合一？”

【评语】

许舜屏评：日日说良知，日日不去致良知，究有何益？先生云当去朴实用功，便是教人致良知的道理。

二六四

又曰：“工夫不是透得这个真机，如何得他充实光辉？若能透得时，不由你聪明知解接得来。须胸中渣滓浑化，不使有毫发沾带始得。”

【评语】

许舜屏评：胸中渣滓降化，便无一处不是良知发现之地，自然不会有毫发沾滞了。

二六五

先生曰：“‘天命之谓性’，命即是性；‘率性之谓道’，性即是道；‘修道之谓教’，道即是教。”①

问：“如何‘道即是教’？”

曰：“道即是良知。良知原是完完全全，是的还他是，非的还他非，是非只依着他，更无有不是处，这良知还是你的明师。”

【注释】

①“天命”句：见《中庸》。

【评语】

许舜屏评：说良知工夫，看似容易，其实非容易也。

二六六

问："'不睹不闻'，是说本体；'戒慎恐惧'，是说工夫否？"

先生曰："此处须信得本体原是'不睹不闻'的，亦原是'戒慎恐惧'的，'戒慎恐惧'不曾在'不睹不闻'上加得些子。见得真时，便谓'戒慎恐惧'是本体，'不睹不闻'是工夫亦得。"

【评语】

刘宗周评：此非玄语。《中庸》曰："使天下之人，齐明盛服，以承祭祀。"又是谁使他？只为今人解《中庸》"鬼神"二字，是造化之鬼神，所以信先生语不及先生语。而巧者又于此播弄神通，入玄妙观去。

许舜屏评：这个全在"见得真"三字上着力。见得真，则无所谓本体，无所谓工夫，所以说戒慎恐惧是本体，不睹不闻是工夫亦得。

佐藤一斋评：高存之（即高攀龙——编者注）曰："耳目有时离形声，人无时可离道。不睹不闻，说时亦可，说体亦可。不睹不闻之时，纯是此体也。玩'乎其所'三字，便是不睹不闻不落空，戒慎恐惧非着相矣。"

二六七

问"通乎昼夜之道而知"①。

先生曰："良知原是知昼知夜的。"

又问："人睡熟时，良知亦不知了。"

曰："不知何以一叫便应？"

曰："良知常知，如何有睡熟时？"

曰："'向晦宴息'②，此亦造化常理。夜来天地混沌，形色俱泯，人亦耳目无所睹闻，众窍俱翕，此即良知收敛凝一时；天地既开，庶物露生，人亦耳目有所睹闻，众窍俱辟，此即良知妙用发生时。可见人心与天地一体。故'上下与天地同流'③。今人不会宴息，夜来不是昏睡，即是妄思魇寐。"

曰："睡时工夫如何用？"

先生曰："知昼即知夜矣。日间良知，是顺应无滞的；夜间良知，即是收敛凝一的。有梦即先兆。"

【注释】

①“通乎”句：见《易经·系辞》:“范围天地之化而不过,曲成万物而不遗,通乎昼夜之道而知，故神无方而易无体。”

②向晦宴息：见《易经·随卦·象辞》:“君子以向晦入宴息。”

③“上下”句：见《孟子·尽心上》:“夫君子所过者化，所存者神，上下与天地同流，岂曰小补之哉?”

【评语】

施邦曜评：夫子曰“未知生，焉知死”，如“不知昼，又安知夜”，此理之必然者，说到此处，日用间尚容有一不慊心之事哉!

陶浔霍评：其动也真，其动也辟，此良知之昼也，故在夜则自然专且翕也。

陶浔霍评：可见世人之梦都是不该有的。

许舜屏评：睡熟时的良知，亦是不泯的，不过暂时收敛耳。譬如天道运行，难道夜间便停顿乎?

二六八

又曰：“良知在‘夜气’发的，方是本体，以其无物欲之杂也。学者要使事物纷扰之时，常如‘夜气’一般，就是‘通乎昼夜之道而知’。”

【评语】

刘宗周评：此语端的。良知常发而常敛，便是独体真消息。若一向在发用处求良知，便入情识窠臼去。然先生指点人处，都在发用上说。只要人知是知非上，转个为善去恶路头，正是良心苦工。

王应昌评：昼辟夜翕，良知妙与天地同体。先生与分言之矣，如何又云尝如“夜气”一般?即使事物纷扰之时，常如“夜气”时，是化昼为夜耳，恐非通知昼夜之道。

梁启超评：所谓清明在躬，志气如神也。

二六九

先生曰："仙家说到'虚'，圣人岂能'虚'上加得一毫'实'？佛氏说到'无'，圣人岂能'无'上加得一毫'有'？但仙家说虚，从养生上来；佛氏说无，从出离生死苦海上来：却于本体上加却这些子意思在，便不是他'虚''无'的本色了，便于本体有障碍。圣人只是还他良知的本色，更不着些子意在。良知之虚便是天之太虚，良知之无便是太虚[①]之无形，日、月、风、雷、山、川、民、物，凡有貌象形色，皆在太虚无形中发用流行，未尝作得天的障碍。圣人只是顺其良知之发用，天地万物，俱在我良知的发用流行中，何尝又有一物起于良知之外，能作得障碍？"

【注释】

① 太虚：参见张载《正蒙·太和》："太虚无形，气之本体。"

【评语】

刘宗周评：是辨三教异同大头脑处，可见惟吾儒方担得"虚无"二字起，二氏不与也。

施邦曜评：仙、佛、圣人之异，不在虚无，只争在公私。盖仙、佛从养生、出离生死起念，圣人从万物一体起念。所以仙、佛只成得自己一个仙、佛，圣人则能尽人尽物，赞天地，此公私之辨、大小之分也。

施邦曜评：所谓顺其天则者，亦不易言，如前条所云"事事知个天理所在，便去尽个天理"，方是。

孙奇逢评：圣人之虚，以其虚虚天下之实；圣人之无，以其无无天下之有。二氏则"虚无"而已。

陶浔霍评：三家极处，此先生所谓只争毫厘处也。

佐藤一斋评：文成说虚无，即濂溪之意也。《通书》曰"无欲则静虚动直，静虚则明，明则通。动直则公，公则溥"是也。二氏亦说虚无，然其所谓长生久视、出离死生，则竟堕于自私自利。私利即欲也，安能明通公溥？

二七〇

或问："释氏亦务养心，然要之不可以治天下，何也？"

先生曰："吾儒养心，未尝离却事物，只顺其天则自然就是工夫；释氏却要尽绝事物，把心看做幻相，渐入虚寂去了，与世间若无些子交涉，所以不可治天下。"

【评语】

刘宗周评：世间岂有离事之心？佛氏一差故百差，今谓"佛氏心不差而事差"，便是调停之说、乱道之言。

王应昌评：看做幻相，绝不与世干涉，与那夜气时奚别，无事做幻相，有事亦做幻相，与尝如夜气一般又奚辨？

二七一

或问"异端"。

先生曰："与愚夫愚妇同的，是谓同德；与愚夫愚妇异的，是谓异端。"

【评语】

孙奇逢评：异端不止二氏，二氏其显著者耳。

二七二

先生曰："孟子'不动心'与告子'不动心'[①]，所异只在毫厘间。告子只在不动心上着功，孟子便直从此心原不动处分晓。心之本体原是不动的，只为所行有不合义，便动了。孟子不论心之动与不动，只是'集义'，所行无不是义，此心自然无可动处。若告子只要此心不动，便是把捉此心，将他生生不息之根反阻挠了。此非徒无益，而又害之。孟子'集义'工夫，自是养得充满，并无馁歉；自是纵横自在，活泼泼地：此便是浩然之气。"

【注释】

①"孟子"句：参见第八一条注2。

【评语】

孙奇逢评：毫厘千里，剖得分晓。

许舜屏评：孟子只是"集义"，便是致良知的工夫；告子惟不能致良知，所以他的不动心，是强制的工夫，与孟子迥然各别。

二七三

又曰："告子病源，从'性无善无不善'上见来。性无善无不善，虽如此说，亦无大差。但告子执定看了，便有个无善无不善的性在内。有善有恶又在物感上看，便有个物在外，却做两边看了，便会差。无善无不善，性原是如此：悟得及时，只此一句便尽了，更无有内外之间。告子见一个性在内，见一个物在外，便见他于性有未透彻处。"

【评语】

许舜屏评：告子一个性在内，一个物在外，便是不能合致知、格物为一之故。

二七四

朱本思[①]问："人有虚灵，方有良知。若草、木、瓦、石之类，亦有良知否？"

先生曰："人的良知，就是草、木、瓦、石的良知。若草、木、瓦、石无人的良知，不可以为草、木、瓦、石矣。岂惟草、木、瓦、石为然，天地无人的良知，亦不可为天地矣。盖天地万物，与人原是一体，其发窍之最精处，是人心一点灵明，风、雨、露、雷、日、月、星、辰、禽、兽、草、木、山、川、土、石，与人原只一体。故五谷、禽兽之类，皆可以养人；药石之类，皆可以疗疾；只为同此一气，故能相通耳。"

【注释】

① 朱本思：即朱得之，字本思，江苏靖江人，生平不详，其学术近于道家。

【评语】

刘宗周评：只为性、体原是万物一源，故知人参温能补人，便是遇父子而知亲；大黄苦能泻人，便是遇君臣而知义。如何无良知？又如人参能退邪火，便是遇君臣而知义；大黄能顺阴气，便是遇父子而知亲。如何又说，此良知又是人得其全，物得其偏者？

施邦曜评：看此益可解格物之义，“格”者，是格万物一无之理。夫子所谓“一贯”者，不过如此，莫把格物工夫粗看了。

陶浔霍评：天下无心外之物、意，惟此条说得醒极。又须知惟圣人之心，极诚无妄，方当得天理万物之主。

陶浔霍评：与人分作二体。

陶浔霍评：看作一体，如吾心之所知，便是耳目之知，不必耳目另有知也，真到家语！如耳目手足，若无心以主之，自失其聪明动物之职，反为杀身之具，岂可以为耳目手足？

陶浔霍评：此语又须通看。砒鸩豺枭与人中蟊贼，则又吾一体中血脉，偶有不仁之处，重则如痈疽，轻则如疥癣，虽为人害，不得谓非一体也。

许舜屏评：人有良知，理所良然，说得草木瓦石多有良知，似乎太过。

二七五

先生游南镇[①]，一友指岩中花树问曰：“天下无心外之物，如此花树，在深山中自开自落，于我心亦何相关？”

先生曰：“你未看此花时，此花与汝心同归于寂；你来看此花时，则此花颜色，一时明白起来：便知此花不在你的心外。”

【注释】

① 南镇：即会稽山，在今浙江省绍兴市，隋文帝曾下诏封会稽山为“南镇”。

【评语】

施邦曜评：夫子曰：“四时行焉，百物生焉。”于此可会所谓“不在心外”者，即此百物生生之理耳。

许舜屏评：此说似亦不确。

二七六

问："大人与物同体，如何《大学》又说个厚薄[①]？"

先生曰："惟是道理，自有厚薄。比如身是一体，把手足捍头目，岂是偏要薄手足？其道理合如此。禽兽与草木同是爱的，把草木去养禽兽，心又忍得？人与禽兽同是爱的，宰禽兽以养亲与供祭祀、燕[②]宾客，心又忍得？至亲与路人同是爱的，如箪食豆羹，得则生，不得则死，不能两全，宁救至亲，不救路人，心又忍得这是道理合该如此。及至吾身与至亲，更不得分别彼此厚薄。盖以仁民爱物[③]，皆从此出：此处可忍，更无所不忍矣。《大学》所谓'厚薄'，是良知上自然的条理，不可逾越，此便谓之义；顺这个条理，便谓之礼；知此条理，便谓之智；终始是这条理，便谓之信。"

【注释】

① 厚薄：参见《大学》："自天子以至于庶人，壹是皆以修身为本。其本乱而末治者，否矣。其所厚者薄，而其所薄者厚，未之有也！"

② 燕：同"宴"。

③ 仁民爱物：参见《孟子·尽心上》："孟子曰：'君子之于物也，爱之而弗仁；于民也，仁之而弗亲。亲亲而仁民，仁民而爱物。'"

【评语】

刘宗周评：既是自然的条理，则不如此便是勉然的，更何条理，所以佛氏一切胡乱，只得粉碎虚空，归之侂侗。

施邦曜评：墨氏之仁，只是个无条理。

许舜屏评：这是很明白的道理，但不经先生说明，人都想不到这理。

二七七

又曰："目无体，以万物之色为体；耳无体，以万物之声为体；鼻无体，以万物之臭为体；口无体，以万物之味为体；心无体，以天地万物感应之是非为体。"

【评语】

施邦曜评：夫子语颜渊为仁，曰："克己复礼，天下归仁。"只在视、听、言动上用功，此理可会。

陶浔霍评：此方是"花不在心外"正旨，上意终疑也。

东正纯评：王子常喜主心提醒，而往往又生着心之弊，所以有此说。大抵会得则"心即事，事即心"。合下无寸土。王塘南谓"'心无体，以人情事物之感应为体'，此语未善。夫事者，心之影也，心固无声臭，而事则心之变化，岂有实体也？如水与波然。谓水无体，以波为体，其可乎"云云，其说非无所见，惜犹滞在言诠上矣。

二七八

问："夭寿不贰。"[1]

先生曰："学问工夫，于一切声利、嗜好，俱能脱落殆尽，尚有一种生死念头，毫发挂带，便于全体有未融释处。人于生死念头，本从生身命根上带来，故不易去；若于此处见得破、透得过，此心全体方是流行无碍，方是尽性至命之学。"

【注释】

① 夭寿不贰：见《孟子·尽心上》："尽其心者，知其性也。知其性，则知天矣。存其心，养其性，所以事天也。夭寿不贰，修身以俟之，所以立命也。"

【评语】

孙奇逢评：死生念头，绝不可令毫发挂带。不破此关，终非圣学。

许舜屏评：生死念头，最难打破。若能勘透，便与道大适矣。

佐藤一斋评：陈几亭疑此条曰："向说夭寿不贰，属困知勉行；此又言尽性至命，仍与朱子符，与己说歧矣。"愚案：陈氏之言，似是而非。文成尝言，竖说横说，工夫一般，则固未必拘拘乎同异。且此说亦未尝与前说相歧。此学，皆尽臣至命之学。困知，困知此也；勉行，勉行此也。至其成功，则与圣人无异；但今方着功，故谓之学耳。

二七九

一友问："欲于静坐时，将好名、好色、好货等根，逐一搜寻，扫除廓清，恐是剜肉做疮否？"

先生正色曰："这是我医人的方子，真是去得人病根。更有大本事人过了十数年，亦还用得着。你如不用，且放起，不要作坏我的方子！"

是友愧谢。

少间曰："此量非你事，必吾门稍知意思者为此说以误汝。"

在坐者皆悚然。

【评语】

许舜屏评：去得人的病根，全在于此学者，不可不容。

二八〇

一友问"工夫不切"。

先生曰："学问工夫，我已曾一句道尽，如何今日转说转远，都不着根！"

对曰："致良知盖闻教矣，然亦须讲明。"

先生曰："既知致良知，又何可讲明？良知本是明白，实落用功便是；不肯用功，只在语言上转说转糊涂。"

曰："正求讲明致之之功。"

先生曰："此亦须你自家求，我亦无别法可道。昔有禅师，人来问法，只把麈尾提起。一日，其徒将其麈尾藏过，试他如何说法。禅师寻麈尾不见，又只空手提起。我这个良知，就是设法的麈尾，舍了这个，有何可提得？"

少间，又一友请问"工夫切要"。

先生旁顾曰："我麈尾安在？"

一时，在坐者皆跃然。

【评语】

许舜屏评：大凡教人之法，教者只能指示用功之道，而不能使其必用功。不知自己用功，而但求教者之讲明，讲亦有时而穷了。

二八一

或问“至诚”“前知”[1]。

先生曰：“诚是实理，只是一个良知。实理之妙用流行，就是神；其萌动处就是几，诚、神、几曰‘圣人’[2]。圣人不贵前知，祸福之来，虽圣人有所不免，圣人只是知几，遇变而通耳。良知无前后，只知得见在的几，便是一了百了。若有个前知的心，就是私心，就有趋避利害的意。邵子[3]必于前知，终是利害心未尽处。”

【注释】

① 至诚、前知：见《中庸》：“至诚之道，可以前知。国家将兴，必有祯祥；国家将亡，必有妖孽；见乎蓍龟，动乎四体。祸福将至：善，必先知之；不善，必先知之。故至诚如神。”

② “实理”句：见《周子通书·圣》：“寂然不动者，诚也；感而遂通者，神也；动而未形、有无之闲者，几也。诚精故明，神应故妙，几微故幽。诚、神、几，曰圣人。”

③ 邵子：即邵雍（1011—1077），字尧夫，号安乐先生、百源先生，谥康节，世称邵康节，生于范阳（今河北涿州），后迁往衡漳（今河南林县），又徙居共城（今河南密县），北宋理学家、易学家，著有《皇极经世》《伊川击壤集》《渔樵问对》等。

【评语】

许舜屏评：若讲前知，便入于仙、佛一派，非为学之宗旨也。至诚之前知，乃不期其前知，而自然成觉耳。“诚、神、几”三字，疑有漏字。

二八二

先生曰：“无知无不知，本体原是如此。譬如日未尝有心照物，而自无物不照，无照无不照，原是日的本体。良知本无知，今却要有知；本无不知，今却疑有不知，只是信不及耳！”

【评语】

刘宗周评：“独体”原是如此。

施邦曜评：“无知”原是如此。

许舜屏评：人只有良知，固有生以来，所同具者。有此良知而不自觉其有，故无知；而充其分量，则系无不知，故曰无知无不知。本体原是如此。

二八三

先生曰：“‘惟天下至圣，为能聪明睿知’[①]，旧看何等玄妙，今看来原是人人自有的。耳原是聪，目原是明，心思原是睿知，圣人只是一能之尔。能处正是良知，众人不能，只是个不致知。何等明白简易！”

【注释】

①“惟天下”句：见《中庸》。

【评语】

施邦曜评：能尽学、问、思、辨、笃行之功，便人人皆圣人。

许舜屏评：聪明睿智，便是良知。惟圣人能致其良知，故曰“惟天下至圣，为能聪明睿智”也。常人惟不能致其良知，故不能聪明睿智耳。

二八四

问：“孔子所谓‘远虑’[①]，周公‘夜以继日’[②]，与‘将迎’[③]不同。何如？”

先生曰：“‘远虑’不是茫茫荡荡去思虑，只是要存这天理。天理在人心，亘古亘今，无有终始；天理即是良知，千思万虑，只是要致良知。良知愈思愈精明，若不精思，漫然随事应去，良知便粗了。若只着在事上，茫茫荡荡去思教，做‘远虑’，便不免有毁誉、得丧、人欲搀入其中，就是‘将迎’了。周公终夜以思，只是‘戒慎不睹，恐惧不闻’的工夫；见得时，其气象与‘将迎’自别。”

【注释】

① 远虑：见《论语·卫灵公》："子曰：'人无远虑，必有近忧。'"

② 夜以继日：见《孟子·离娄下》："周公思兼三王，以施四事；其有不合者，仰而思之，夜以继日；幸而得之，坐以待旦。"

③ 将迎：见第一六一条注 2。

【评语】

刘宗周评：又摄在"天理"二字内。天理即良知,是先生前后打合指诀。

刘宗周评："良知愈思愈精明"，盖言天理愈精明也，"思"即是天理之柄，说不得个思良知，凡言思不必言良知，言良知不必言思，人心中容不得许多名目。

许舜屏评：能在良知上用思虑，则思虑便有益于学问。若思虑不从良知上着想，那就愈思愈谬了，所谓"有人欲犊入"也。

二八五

问："'一日克己复礼，天下归仁'[①]，朱子作'效验'说[②]。如何？"

先生曰："圣贤只是为己之学，重功夫不重效验。仁者以万物为体，不能一体，只是己私未忘。全得仁体，则天下皆归于吾，仁就是'八荒皆在我闼'[③]意，天下皆与，其仁亦在其中。如'在邦无怨，在家无怨'[④]，亦只是自家不怨，如'不怨天，不尤人'[⑤]之意；然家邦无怨，于我亦在其中，但所重不在此。"

【注释】

① "一日"句：见《论语·颜渊》："颜渊问仁。子曰：'克己复礼为仁。一日克己复礼，天下归仁焉。为仁由己，而由人乎哉？'"

② "朱子"句：见朱熹《论语集注》注上句曰："又言一日克己复礼，则天下之人皆与其仁，极言其效之甚速而至大也。"

③ "八荒"句：见北宋吕大临《克己铭》："洞然八荒，皆在我闼。"

④ "在邦"句：见《论语·颜渊》："仲弓问仁。子曰：'出门如见大宾，使民如承大祭。己所不欲，勿施于人。在邦无怨，在家无怨。'"

⑤“不怨天”句：见《论语·宪问》：“子曰：‘不怨天，不尤人。下学而上达。知我者，其天乎！’”

【评语】

王应昌评：效验之不离工夫，犹工夫之不离本体。三者鼎足而立，缺不得一件。又循环无端，住不得一刻。

许舜屏评：圣贤为学，重工夫不重效验，这是最要紧的关系。盖工夫在内，效验在外，驰心于外，便是要丧其良知了。此先生讲学与朱子不同处。

二八六

问：“孟子‘巧、力、圣、智’之说[1]，朱子云‘三子力有余而巧不足’[2]。何如？”

先生曰：“三子固有力，亦有巧。巧、力实非两事，巧亦只在用力处，力而不巧，亦是徒力。三子譬如射：一能步箭，一能马箭，一能远箭，他射得到，俱谓之力；中处，俱可谓之巧。但步不能马，马不能远，各有所长，便是才力分限有不同处，孔子则三者皆长。然孔子之和，只到得柳下惠[3]而极；清，只到得伯夷而极；任，只到得伊尹而极。何曾加得些子？若谓‘三子力有余而巧不足’，则其力反过孔子了。‘巧、力’只是发明‘圣、知’之义，若识得‘圣、知’本体是何物，便自然了。”

【注释】

①“孟子”句：见《孟子·万章下》：“孟子曰：‘伯夷，圣之清者也；伊尹，圣之任者也；柳下惠，圣之和者也；孔子，圣之时者也。孔子之谓集大成。集大成也者，金声而玉振之也。金声也者，始条理也；玉振之也者，终条理也。始条理者，智之事也；终条理者，圣之事也。智，譬则巧也；圣，譬则力也。由射于百步之外也，其至，尔力也；其中，非尔力也。’”

②“朱子”句：朱熹《孟子集注》注上句曰：“见孔子巧力俱全，而圣智兼备，三子则力有余而巧不足，是以一节虽至于圣，而智不足以及乎时中也。”

③柳下惠：即展获，字子禽（一字季），谥号惠，春秋时期鲁国柳下邑人，曾任鲁国大夫，后人尊称其为“柳下惠”。他因其德行被儒家视为贤人，孔

子称他为“逸民”，孟子尊他为“和圣”。

【评语】

许舜屏评：驳朱注语甚当，譬诸射之意，如此说来，尤觉明白。

二八七

先生曰：“‘先天而天弗违’，天即良知也；‘后天而奉天时’，[1]良知即天也。”

【注释】

①“先天”句：见《易经·乾卦·文言》：“先天而天弗违，后天而奉天时，天且弗违，而况于人乎！况于鬼神乎！”

【评语】

刘宗周评：大彻大悟，蒙又先生一转语曰：“先生言致良知以格物，便是‘先天而天弗违’；先生言格物以致其良知，便是‘后天而奉天时’。”

王应昌评：“先天而天弗违”，是我为主而天不与我杭，开天者也，如何倒说天即良知？“后天而奉天时”，是天为政而我不敢与忤，律天者也，如何倒说良知是天？

许舜屏评：这是大彻大悟语。有为先生下一转语者。曰：“先生言致良知以格物，便是先天而天勿违；先生言格物以致其良知，便是后天而奉天时。”亦颇元妙。

二八八

“良知只是个是非之心，是非只是个好恶，只好恶就尽了是非，只是非就尽了万事万变。”

又曰：“‘是非’两字是个大规矩，巧处则存乎其人。”

【评语】

刘宗周评：蒙尝谓“只有个知善知恶之心，便别无个好善恶恶心”。正如此说。

孙奇逢评：好恶是非，就尽了万事万变。孔圣人整顿天下万世，亦只凭此。

许舜屏评：人只有个知善知恶之心，更别无个好善恶恶之心。盖既已知之，便能用其好恶矣。

二八九

"圣人之知，如青天之日，贤人如浮云天日，愚人如阴霾天日，虽有昏明不同，其能辨黑白则一。虽昏黑夜里，亦影影见得黑白，就是日之余光未尽处；困学工夫[1]，亦只从这点明处精察去耳。"

【注释】

① 困学工夫：参见《论语·季氏》："子曰：'生而知之者，上也；学而知之者，次也；困而学之，又其次也；困而不学，民斯为下矣。'"朱熹《论语集注》注此章曰："困，谓有所不通。言人之气质不同，大约有此四等。杨氏曰：'生知学知以至困学，虽其质不同，然及其知之一也。故君子惟学之为贵。困而不学，然后为下。'"

【评语】

施邦曜评：可见天下无不用功之圣贤。

二九〇

问："知譬日，欲譬云，云虽能蔽日，亦是天之一气合有的，欲亦莫非人心合有否？"

先生曰："喜、怒、哀、惧、爱、恶、欲，谓之七情[1]。七者俱是人心合有的，但要认得良知明白。比如日光，亦不可指着方所；一隙通明，皆是日光所在；虽云雾四塞，太虚中色象可辨，亦是日光不灭处。不可以云能蔽日，教天不要生云。七情顺其自然之流行，皆是良知之用，不可分别善恶，但不可有所着。七情有着，俱谓之'欲'，俱为良知之蔽；然才有着时，良知亦自会觉，觉即蔽去，复其体矣！此处能勘得破，方是简易透彻工夫。"

【注释】

① 七情：参见《礼记·礼运》："何谓人情？喜、怒、哀、惧、爱、恶、欲，七者弗学而能。"

【评语】

刘宗周评：人生一时离不得七情，七情即良知之魄。若谓良知在七情之外，则七情又从何处来？

许舜屏评：这是"致"字的工夫，良知不能无所蔽，犹日光之下不免为云蔽；能致其良知，则蔽去而知日浚矣。为学之要在此。

二九一

问："圣人'生知安行'是自然的，如何有甚工夫？"

先生曰："知、行二字，即是工夫，但有浅深难易之殊耳。良知原是精精明明的。如欲孝亲，生知安行的只是依此良知，实落尽孝而已；学知利行者只是时时省觉，务要依此良知尽孝而已；至于困知勉行者，蔽锢已深，虽要依此良知去孝，又为私欲所阻，是以不能，必须加人一己百、人十己千之功，方能依此良知以尽其孝。圣人虽是生知安行，然其心不敢自是，肯做困知勉行的工夫。困知勉行的却要思量做生知安行的事，怎生成得？"

【评语】

许舜屏评：相去只属一间。圣人惟不敢自恃其生知，故能不失其良知；常人却要竭力保守其良知方可。

二九二

问："乐是心之本体，不知遇大故于哀哭时，此乐还在否？"

先生曰："须是大哭一番了方乐，不哭便不乐矣；虽哭，此心安处即是乐也。本体未尝有动。"

【评语】

孙奇逢评：当哀不哀，哀不中节，此心抱疚，便不乐。

陶浔霍评：贯串至于如此。

陶浔霍评：可见孔颜乐处，即在安此疏水箪瓢，亦可见其充满。

许舜屏评：哭之中有乐，这个“乐”字，是说心之所安为乐，非真欢乐也。

二九三

问：“良知一而已，文王作《彖》[①]，周公系《爻》[②]，孔子赞《易》[③]，何以各自看理不同？”

先生曰：“圣人何能拘得死格？大要出于良知同，便各为说，何害？且如一园竹，只要同此枝节，便是大同；若拘定枝枝节节，都要高下大小一样，便非造化妙手矣。汝辈只要去培养良知，良知同，更不妨有异处。汝辈若不肯用功，连笋也不曾抽得，何处去论枝节？”

【注释】

① 文王作《彖》：《彖》，即《易经》的《彖辞》，又称“卦辞”，是《易经》中论卦义的文字。朱熹《周易本义·乾卦·元亨利贞》：“元亨利贞，文王所系之辞，以断一卦之吉凶，所谓《彖辞》者也。”

② 周公系《爻》：《爻》，即《易经》的《爻辞》，《易经》六十四卦中，每卦六爻，《爻辞》即各爻下的文辞。朱熹《周易本义·乾卦·潜龙勿用》：“潜龙勿用，周公所系之辞，以断一爻之吉凶，所谓《爻辞》者也。”

③ 孔子赞《易》：赞，参赞，帮助之意，相传孔子做了《易经》的“十翼”，即《彖辞》（上下）、《象辞》（上下）、《文言》、《系辞》（上下）、《说卦》、《序卦》、《杂卦》十种著作。参见邵雍《皇极经世书》：“孔子赞《易》，自羲轩而下。”

【评语】

孙奇逢评：圣人无死格，正是造化妙手。

许舜屏评：良知是个根本，圣人所说虽有不同，及究其根本，则无不同，其同者原本一致，其不同者千变万化，焉能拘拘于一耶？

二九四

乡人有父子讼狱，请诉于先生，侍者欲阻之。先生听之，言不终辞，其父子相抱恸哭而去。

柴鸣治[①]入问曰："先生何言，致伊感悔之速？"

先生曰："我言舜是世间大不孝的子，瞽瞍是世间大慈的父。"

鸣治愕然，请问。

先生曰："舜常自以为大不孝，所以能孝。瞽瞍常自以为大慈，所以不能慈。瞽瞍只记得舜是我提孩长的，今何不曾豫悦我？不知自心已为后妻所移了，尚谓自家能慈，所以愈不能慈。舜只思父提孩我时，如何爱我，今日不爱，只是我不能尽孝，日思所以不能尽孝处，所以愈能孝。及至瞽瞍底豫时，又不过复得此心原慈的本体。[②]所以后世称舜是个古今大孝的子，瞽瞍亦做成个慈父。"

【注释】

① 柴鸣治：生平不详。

② "及至"句：参见《孟子·离娄上》："舜尽事亲之道而瞽瞍底豫，瞽瞍底豫而天下化，瞽瞍底豫而天下之为父子者定，此之谓大孝。"朱熹《孟子集注》注此句曰："瞽瞍，舜父名。底，致也。豫，悦乐也。瞽瞍至顽，尝欲杀舜，至是而底豫焉，《书》所谓'不格奸亦允若'是也。盖舜至此而有以顺乎亲矣。是以天下之为子者，知天下无不可事之亲，顾吾所以事之者未若舜耳。于是莫不勉而为孝，至于其亲亦底豫焉，则天下之为父者，亦莫不慈，所谓化也。子孝父慈，各止其所，而无不安其位之意，所谓定也。为法于天下，可传于后世，非止一身一家之孝而已，此所以为大孝也。"

【评语】

施邦曜评：天下人只是一个自反。君臣、父子、兄弟、夫妇、朋友，无不各安其性，哪得有相争相斗之事？先生此论，即是孟子"君子存心"一章"舜为法于天下，可传于后世"意思。

孙奇逢评：确论。

孙奇逢评：至诚感人，令他自人自认。

许舜屏评：天下惟自信为是的，便非真是；亦惟自信为非的，乃不至为非，就是这个道理。

二九五

先生曰："孔子有鄙夫来问，未尝先有知识以应之，其心只空空而已。[①]但叩他自知的是非两端，与之一剖决，鄙夫之心便已了然。鄙夫自知的是非，便是他本来天则，虽圣人聪明，如何可与增减得一毫？他只不能自信，夫子与之一剖决，便已竭尽无余了。若夫子与鄙夫言时，留得些子知识在，便是不能竭他的良知，道体即有二了。"

【注释】

①"孔子"句：参见《论语·子罕》："子曰：'吾有知乎哉？无知也。有鄙夫问于我，空空如也，我叩其两端而竭焉。'"

【评语】

许舜屏评：这可见良知是人人有的，鄙夫不过一时良知为物所蔽，一经指导，便能明白，是复其良知之固有者耳。

二九六

先生曰："'烝烝乂，不格奸'[①]，本注说象已进于义，不至大为奸恶。舜征庸[②]后，象犹日以杀舜为事，何大奸恶如之！舜只是自进于义，以乂薰烝，不去正他奸恶。凡文过掩慝，此是恶人常态；若要指摘他是非，反去激他恶性。舜初时致得象要杀己，亦是要象好的心太急，此就是舜之过处。经过来，乃知工夫只在自己，不去责人，所以致得'克谐'[③]，此是舜动心忍性、增益不能处。古人言语，俱是自家经历过来，所以说得亲切；遗之后世，曲当人情。若非自家经过，如何得他许多苦心处？"

【注释】

①"烝烝"句：见《尚书·尧典》："师锡帝曰：'有鳏在下，曰虞舜。'帝曰：'俞！予闻，如何？'岳曰：'瞽子。父顽，母嚚，象傲。克谐以孝，烝烝乂，

不格奸。'" 烝，音"蒸"，王引之曰："谓之'烝烝'者，即孝德之美厚也。"乂，音"义"，意为治，这里指处理家庭事务。

② 舜征庸：见《尚书·舜典》："舜生三十征庸，三十在位，五十载陟方乃死。"征庸，意为征用、任用。

③ 克谐：克，能够；谐，和谐。参见本条注1。

【评语】

许舜屏评：如此解说"不格奸"三字，更觉清切有味。

二九七

先生曰："古乐不作久矣。今之戏子，尚与古乐意思相近。"

未达，请问。

先生曰："《韶》之九成，便是舜的一本戏子；《武》之九变，便是武王的一本戏子。[1] 圣人一生实事，俱播在乐中，所以有德者闻之，便知他'尽善尽美'与'尽美未尽善'处[2]。若后世作乐，只是做些词调，于民俗风化绝无关涉，何以化民善俗！今要民俗反朴还淳，取今之戏子，将妖淫词调俱去了，只取忠臣、孝子故事，使愚俗百姓人人易晓，无意中感激他良知起来，却于风化有益。然后古乐渐次可复矣。"

曰："洪要求元声[3]不可得，恐于古乐亦难复。"

先生曰："你说元声在何处求？"

对曰："古人制管候气，恐是求元声之法。"

先生曰："若要去葭灰黍粒中求元声，却如水底捞月，如何可得？元声只在你心上求。"

曰："心如何求？"

先生曰："古人为治，先养得人心和平，然后作乐。比如在此歌诗，你的心气和平，听者自然悦怿兴起，只此便是元声之始。《书》云：'诗言志'，志便是乐的本；'歌永言'，歌便是作乐的本；'声依永，律和声'，律只要和声，和声便是制律之本。[4] 何尝求之于外？"

曰："古人制候气法，是意何取？"

先生曰："古人具中和之体以作乐，我的中和原与天地之气相应，候天地之气，协凤凰之音，不过去验我的气果和否。此是成律已后事，非必待此以成律也。今要候灰管，先须定至日。然至日子时恐又不准，又何处取得准来？"

【注释】

①"《韶》之九成"句：参见第五一条注1。九成、九变：均指九个乐章。

②"圣人"句：见第五一条注1。

③元声：乐器发出的基准音。

④"《书》云"句：见《尚书·舜典》："（舜）帝曰：'夔！命汝典乐，教胄子，直而温，宽而栗，刚而无虐，简而无傲。诗言志，歌永言，声依永，律和声。八音克谐，无相夺伦，神人以和。'"

【评语】

施邦曜评：必化民善俗，方可以言乐，可识学之为用大。

许舜屏评：古乐便是戏子，此说似觉稍为牵强。至说"志是乐的本"数语，自是至当不易之论。

二九八

先生曰："学问也要点化，但不如自家解化者，自一了百当。不然，亦点化许多不得。"

【评语】

孙奇逢评：能解化的人，亦要借人点化。

许舜屏评：只是求其在我者而已。

二九九

"孔子气魄极大，凡帝王事业，无不一一理会，也只从那心上来。譬如大树有多少枝叶，也只是根本上用得培养工夫，故自然能如此，非是从枝叶上用功做得根本也。学者学孔子，不在心上用功，汲汲然去学那气魄，却倒做了。"

【评语】

许舜屏评：是之谓“舍本而逐末”。乌乎可？

三〇〇

“人有过，多于过上用功，就是补甑，其流必归于文过。”

【评语】

刘宗周评：直须向前一步。

三〇一

“今人于吃饭时，虽无一事在前，其心常役役不宁，只缘此心忙惯了，所以收摄不住。”

【评语】

施邦曜评：所以云“定而后而静”。

孙奇逢评：果然。

三〇二

“琴、瑟、简编[①]，学者不可无，盖有业以居之[②]，心就不放。”

【注释】

① 简编：指图书。

② “盖有”句：参见《易经·乾卦·文言》：“子曰：‘君子进德修业。忠信所以进德也。修辞立其诚，所以居业也。’”

【评语】

许舜屏评：此是先生教人收束身心之法。

三〇三

先生叹曰：“世间知学的人，只有这些病痛打不破，就不是善与人同。”

崇一曰："这病痛只是个好高不能忘己尔。"

三〇四

问："良知原是中和的，如何却有过、不及？"[1]

先生曰："知得过、不及处，就是中和。"

【注释】

① 过、不及：参见《论语·先进》："子贡问：'师与商也孰贤？'子曰：'师也过，商也不及。'曰：'然则师愈与？'子曰：'过犹不及。'"

【评语】

刘宗周评：良知无过、不及，知得过、不及的是良知。

三〇五

"'所恶于上'，是良知；'毋以使下'，即是致知。"[1]

【注释】

① 本条参见《大学》："所恶于上，毋以使下，所恶于下，毋以事上。……此之谓絜矩之道。"

【评语】

许舜屏评：说良知与致良知之理，极易明。

三〇六

先生曰："苏秦、张仪之智也，是圣人之资。后世事业文章，许多豪杰名家，只是学得仪、秦故智。仪、秦学术善揣摸人情，无一些不中人肯綮，故其说不能穷。仪、秦亦是窥见得良知妙用处，但用之于不善尔。"

【评语】

黄宗羲评：《传习后录》（即今《传习录》下卷——编者注）有先生（指黄省曾——编者注）所记数十条，当是采之《问道录》中，往往失阳明之意，然无如仪、秦一条（指本条——编者注）。夫良知为未发之中，本体澄然，而无人伪之杂。其妙用，亦是感应之自然，皆天机也。仪、秦打入情识窠臼，一往不返。纯以人伪为事。无论用之于不善，即用之于善,亦是袭取于外。生机槁灭,非良知也。安得谓“其末异而本同”哉？以情识为良知，其失阳明之旨甚矣。

王应昌评：先生征藩一节，权宜诏旨，风云部咨；门谍之妙，出神入化。苟非良知之用，自信逼真，几何不自疑险谲，坐失事机乎？

许舜屏评：窥得见良知的妙用，但用之于不善，是不能致其良知也。反其道而用之，便可与入圣。故先生言仪、秦有圣人之资。

佐藤一斋评：良知，是本然之知；私智，是形气之知。苏、张之智，即是私智，然原亦出于良知。譬诸日光，日光直照，皦然明白，此其本体也；日光先到水，水受之以倒受新容，摇动原散，幻光不定，此失本体也。故良知本休，如直照之日光；苏、张私智，如倒照之水光，然其为日光则一也。

三〇七

或问“未发已发”。

先生曰：“只缘后儒将‘未发已发’分说了，只得劈头说个‘无未发已发’，使人自思得之。若说有个‘已发未发’，听者依旧落在后儒见解。若真见得‘无未发已发’，说个‘有未发已发’，原不妨，原有个‘未发已发’在。”

问曰：“未发未尝不和。已发未尝不中；譬如钟声，未扣不可谓无，即扣不可谓有。毕竟有个扣与不扣，何如？”

先生曰：“未扣时原是惊天动地，即扣时也只是寂天默地。”

【评语】

许舜屏评：惟真见得“无未发已发”，方可以说个“有未发已发”。因他本来实有个“未发已发”也。

三〇八

问：“古人论性，各有异同，何者乃为定论？”

先生曰："性无定体，论亦无定体：有自本体上说者，有自发用上说者，有自源头上说者，有自流弊处说者。总而言之，只是这个性，但所见有浅深尔。若执定一边，便不是了。性之本体，原是无善无恶的，发用上也原是可以为善、可以为不善的，其流弊也原是一定善、一定恶的。譬如眼，有喜时的眼，有怒时的眼，直视就是看的眼，微视就是觑的眼。总而言之，只是这个眼，若见得怒时眼，就说未尝有喜的眼；见得看时眼，就说未尝有觑的眼，皆是执定，就知是错。孟子说性，直从源头上说来，亦是说个大概如此；荀子性恶之说，是从流弊上说来，也未可尽说他不是，只是见得未精耳。众人则失了心之本体。"

问："孟子从源头上说性，要人用功在源头上明彻；荀子从流弊说性，工夫只在末流上救正，便费力了。"

先生曰："然。"

【评语】

施邦曜评：学问一究到源头，种种分歧自合下消融，所以惟孟子之言"性善"为定论。

许舜屏评：孟、荀二子，言性有善恶之分，各有各的说，千古未能论定。得先生这一解，分为一从源头上说，一从流弊上说，使孟、荀二人心事，昭然若揭。

佐藤一斋评：性之本体，无善无恶者，指形而上而言；至于善恶可言，则已落于形而下。故无善无恶者，即所谓至善，而与物无对，是其本体也，与竺氏（指佛教——编者注）空寂之说不同。其流弊，也原是一定善，一定恶的。此句义不可解，疑必有误脱。似当作："其源头，也原是一定善的；其流弊，也原是一定恶的。"

三〇九

先生曰："用功到精处，愈着不得言语，说理愈难。若着意在精微上，全体工夫反蔽泥了。"

【评语】

许舜屏评：这真是知言。

三一〇

“杨慈湖[①]不为无见，又着在‘无声无息’上见了。”

【注释】

① 杨慈湖：即杨简（1141—1226），字敬仲，号慈湖，谥文元，慈溪（今浙江省宁波市）人，南宋大儒。宋孝宗乾道五年（1169）进士，曾任富阳主簿、乐平知县、温州知府等职，有政绩。其学术师从陆九渊，发展了心学，晚年设馆讲学，为“淳熙四先生”之一，著有《慈湖诗传》《杨氏易传》《先圣大训》《五诰解》《慈湖遗书》等。

三一一

“人一日间，古今世界都经过一番，只是人不见耳。夜气清明时，无视无听，无思无作，淡然平怀，就是羲皇世界[①]；平旦时，神清气朗，雍雍穆穆，就是尧、舜世界；日中以前，礼仪交会，气象秩然，就是三代世界；日中以后，神气渐昏，往来杂扰，就是春秋、战国世界；渐渐昏夜，万物寝息，景象寂寥，就是人消物尽世界。学者信得良知过，不为气所乱，便常做个羲皇已上人。”

【注释】

① 羲皇世界：指神话传说中的伏羲时代。

【评语】

施邦曜评：世界古今，亦由人心所造，使心学常明，富强功利之习不中于人心，又安有战国世界？

孙奇逢评：一元亦一日，是所积也。古今世界，原无隔碍，所以克复而天下归，羲皇上人，只在人做。

许舜屏评：归重在良知上。

三一二

薛尚谦、邹谦之、马子莘、王汝止[①]侍坐，因叹先生自征宁藩以来，天下谤议益众，请各言其故：有言先生功业势位日隆，天下忌之者日众；有言先生之学日明，故为宋儒争是非者亦日博；有言先生自南都[②]以后，同志信从者日众，而四方排阻者日益力。

先生曰："诸君之言，信皆有之。但吾一段自知处，诸君俱未道及耳。"

诸友请问。

先生曰："我在南都已前，尚有些子乡愿[③]的意思在。我今信得这良知真是真非，信手行去，更不着些覆藏。我今才做得个狂者[④]的胸次。使天下之人，都说我行不掩言也罢。"

尚谦出，曰："信得此过，方是圣人的真血脉。"

【注释】

① 王汝止：即王艮（1483—1541），字汝止，号心斋，初名"银"，阳明为其改名为"艮"，泰州（今江苏东台）人，阳明得意弟子。他出身于烧盐的灶丁家庭，一生布衣，拒绝入仕，曾主讲泰州安定书院，弟子众多，是阳明后学泰州学派的创始人，著作编为《王心斋先生全集》。

② 南都：即南京。正德九年（1514）五月至正德十一年（1516），阳明在这里任南京鸿胪寺卿。

③ 乡愿：见第一四一条注 2。

④ 狂者：参见《论语·子路》："子曰：'不得中行而与之，必也狂狷乎！狂者进取，狷者有所不为也。'"朱熹《论语集注》注"狂者"曰："志极高而行不掩。"

【评语】

刘宗周评：读此方知先生晚年真面目！我辈如何容易打过关捩子也？然向后正大有向事在。

施邦曜评：此非先生不能自道。

梁启超评：此见先生学日进，而真面目与人以共，见吾辈当学者，在此。

许舜屏评：读此方知先生晚年真面目，只是在良知上用功。末学浅近，如何打破这层关捩子？然要不可不自勉也。

三一三

先生锻炼人处，一言之下，感人最深。

一日，王汝止出游归，先生问曰："游何见？"

对曰："见满街人都是圣人。"

先生曰："你看满街人是圣人，满街人倒看你是圣人在。"

又一日，董萝石[①]出游而归，见先生曰："今日见一异事。"

先生曰："何异？"

对曰："见满街人都是圣人。"

先生曰："此亦常事耳，何足为异？"

盖汝止圭角未融，萝石恍见有悟，故问同答异，皆反其言而进之。

洪与黄正之、张叔谦[②]、汝中丙戌会试归，为先生道途中讲学，有信有不信。

先生曰："你们拿一个圣人去与人讲学，人见圣人来，都怕走了，如何讲得行！须做得个愚夫、愚妇，方可与人讲学。"

洪又言："今日要见人品高下最易。"

先生曰："何以见之？"

对曰："先生譬如泰山在前，有不知仰者，须是无目人。"

先生曰："泰山不如平地大，平地有何可见？"

先生一言翦裁，剖破终年为外好高之病，在座者莫不悚惧。

【注释】

① 董萝石：即董沄（1457—1533），字复宗，号萝石，晚号从吾道人。他六十八岁时游会稽，听阳明讲学后，不顾自己年长于阳明，且已是有名的诗人，坚决要拜在阳明门下为弟子。著作编为《董沄集》。

② 张叔谦：即张元冲，字叔谦，号浮峰，山阴（今浙江省绍兴市）人，阳明弟子，嘉靖十七年（1538）进士，官至右副都御史。巡抚江西时，曾辟正学书院，与邹守益、黄宏纲等组织枫潭联讲会，研究阳明学；又重建怀

玉书院，请王畿、钱德洪主讲。阳明曾赞其“为学真切纯笃”。

【评语】

王应昌评：与汝止、萝石说是传药，与钱与黄、张诸子说是传方；传药是先生自为医，传方是先生教他医。然须审证，切勿费人。

施邦曜评：圣人与愚夫愚妇，同具此心此理，圣人未尝于愚夫愚妇之上加得些子，只争这同具之理能尽与不能尽耳，故孟子曰“人皆可以为尧舜”，开口便说圣人，还是见圣人与夫妇有二，识见尚有未融。

施邦曜评：圣贤必务为泰山之可仰，便是立异。孔孟当时无一知己，正是平地之无可见，当时只知仰泰山，不知仰平地故耳。

许舜屏评：夫妇之愚可以与知，圣人尝言之矣。盖良知本不分愚夫愚妇与圣人，惟能致愚夫愚妇之良知，即可以为圣人。所以说做得个愚夫愚妇，方可与人讲学。

三一四

癸未[1]春，邹谦之来越问学，居数日，先生送别于浮峰。

是夕，与希渊诸友移舟宿延寿寺，秉烛夜坐，先生慨怅不已，曰：“江涛烟柳，故人倏在百里外矣！”

一友问曰：“先生何念谦之之深也？”

先生曰：“曾子所谓‘以能问于不能，以多问于寡，有若无，实若虚，犯而不校’[2]，若谦之者，良近之矣。”

【注释】

① 癸未：嘉靖二年（1523），时阳明在家守制讲学。

② “曾子”句：见《论语·泰伯》：“曾子曰：‘以能问于不能，以多问于寡；有若无，实若虚，犯而不校，昔者吾友尝从事于斯矣。’”

三一五

丁亥年[1]九月，先生起复[2]征思、田[3]，将命行时，德洪与汝中论学。

汝中举先生教言曰：“无善无恶是心之体，有善有恶是意之动，知善知恶是良知，为善去恶是格物。”

德洪曰：“此意如何？”

汝中曰：“此恐未是究竟话头，若说心体是无善、无恶，意亦是无善、无恶的意，知亦是无善、无恶的知，物亦是无善、无恶的物矣。若说意有善、恶，毕竟心体还有善、恶在。”

德洪曰：“心体是‘天命之性’，原是无善、无恶的。但人有习心，意念上见有善恶在，格、致、诚、正、修，此正是复那性体工夫，若原无善恶，工夫亦不消说矣。”

是夕，侍坐天泉桥，各举请正。

先生曰：“我今将行，正要你们来讲破此意。二君之见，正好相资为用，不可各执一边。我这里接人，原有此二种：利根之人，直从本原上悟入，人心本体原是明莹无滞的，原是个未发之中。利根之人一悟本体，即是工夫，人己内外，一齐俱透了。其次不免有习心在，本体受蔽，故且教在意念上实落为善去恶。工夫熟后，渣滓去得尽时，本体亦明尽了。汝中之见，是我这里接利根人的；德洪之见，是我这里为其次立法的。二君相取为用，则中人上下，皆可引入于道。若各执一边，跟前便有失人，便于道体各有未尽。”

既而曰：“已后与朋友讲学，切不可失了我的宗旨。无善无恶是心之体，有善有恶是意之动，知善知恶是良知，为善去恶是格物。[4]只依我这话头随人指点，自没病痛，此原是彻上彻下工夫。利根之人，世亦难遇，本体工夫一悟尽透，此颜子、明道所不敢承当，岂可轻易望人？人有习心，不教他在良知上实用为善去恶工夫，只去悬空想个本体，一切事为俱不着实，不过养成一个虚寂；此个病痛不是小小，不可不早说破。”

是日德洪、汝中俱有省。

【注释】

① 丁亥年：嘉靖六年（1527）。

② 起复：明清时期指官员为父母服丧守制满期后，重新出来做官。

③ 思、田：思，指思恩，今广西武鸣县；田，田州，今广西田阳县。

④“无善”句：此即阳明晚年所述的“四句教”，一般被视为阳明对其学术思想的高度概括。阳明弟子对“四句教”的认识不一，争论一直延续到明末。

【评语】

刘宗周评：先生每言：“至善是心之本体。”又曰：“至善只是尽乎天理之极，而无一毫人欲之私。”又曰：“良知即天理。”《录》中言“天理”二字，不一而足。有时说“无善无恶者理之静”，亦未尝径说“无善无恶是心体”。若心体果是无善无恶，则有善有恶之意又从何处来？知善知恶之知又从何处来？为善去恶之功又从何处起？无乃语语断流绝港乎？快哉，四无之论！先生当于何处作答？却又有“上根”“下根”之说，谓“教上根人只在心上用工夫，下根人只在意上用工夫”，又岂《大学》八目一贯之旨？又曰：“其次且教在意念上着实用为善去恶工夫，久之心体自明。”蒙谓才着念时，便非本体，人若只在念起念灭上用工夫，一世合不上本体，所谓南辕而北辙也。先生解《大学》，于“意”字原看不清楚，所以于四条目处，未免架屋叠至此。及门之士一再摹之，益失本色矣。先生他日有言曰：“心意知物，只是一事。”此是定论。既是一事，决不是一事皆无。蒙因为龙溪易一字曰：“心是有善无恶之心，则意亦是有善无恶之意，知亦是有善无恶之知，物亦是有善无恶之物。”不知先生首肯否？或曰：“如何定要说个有善无恶？”曰：“《大学》只说‘致知’，如何先生定要说个‘致良知’？多这‘良’字。”其人默然，学术所关，不敢不辩。

施邦曜评：朱子云：“行道而有得于心。”舍行何以能得？舍事为何以见本体？

黄宗羲评：“无善无恶者心之体，有善有恶者意之动，知善知恶是良知，为善去恶是格物。”今之解者曰：“心体无善无恶是性，由是而发之为有善有恶之意，由是而有分别其善恶之知，由是而有为善去恶之格物。”层层自内而之外，一切皆是粗机，则良知已落后着，非不虑之本然，故邓定宇（即邓以讚，江右王门学者——编者注）以为权论也。其实，无善无恶者，无善念恶念耳，非谓性无善无恶也。下句意之有善有恶，亦是有善念有恶念耳，两句只完得“动静”二字。他日语薛侃曰：“无善无恶者理之静，有善有恶者气之动。”即此两句也。所谓知善知恶者，非意动于善恶，从而分别之为知，知亦只是诚意中之好恶，好必于善，恶必于恶，孰是孰非而不容已者，虚灵不昧之性体也。为善去恶，只是率性而行，自然无善恶之夹杂。先生所谓“致吾心之良知于事事物物也”四句，本是无病，学者错会文致。彼以无善无恶言性者，谓无善无恶斯为至善。善一也，而有有善之善，有无善之善，无乃断灭性种乎？彼在发用处求良知者，认已发作未发，教人在致知上着力，是指月者不指天上之月，而指地上之光，愈求愈远矣。得羲说而存之，而后知先生之无弊也。

梁启超评：此是王门一大公案。所谓“四有句”“四无句”之教也，后此王学流派纷争，皆导源于此，读龙溪、念庵、泰州、蕺山诸案，当知其概。

钱德洪序

先生初归越时，朋友踪迹尚寥落。既后，四方来游者日进。癸未年已后，环先生而居者比屋，如天妃、光相诸刹，每当一室，常合食者数十人，夜无卧处，更相就席，歌声彻昏旦。南镇、禹穴、阳明洞诸山，远近寺刹，徙足所到，无非同志游寓所在。先生每临讲座，前后左右环坐而听者，常不下数百人，送往迎来，月无虚日。至有在侍更岁，不能遍记其姓名者。每临别，先生常叹曰：“君等虽别，不出在天地间，苟同此志，吾亦可以忘形似①矣。”诸生每听讲出门，未尝不跳跃称快。尝闻之同门先辈曰：“南都以前，朋友从游者虽众，未有如在越之盛者。此虽讲学日久，孚信渐博，要亦先生之学日进，感召之机，申变无方，亦自有不同也。”

【注释】

①忘形似：参见《庄子·杂篇·让王》：“故养志者忘形，养形者忘利，致道者忘心矣。”

黄以方录

三一六

黄以方问："'博学于文'[1]，为随事学存此天理；然则谓'行有余力，则以学文'[2]，其说似不相合。"

先生曰："《诗》《书》、六艺皆是天理之发见，文字都包在其中。考之《诗》《书》、六艺，皆所以学存此天理也，不特发见于事为者，方为文耳。'余力学文'，亦只'博学于文'中事。"

或问"学而不思"[3]二句。

曰："此亦有为而言，其实思即学也。学有所疑，便须思之。'思而不学'者，盖有此等人，只悬空去思，要想出一个道理，却不在身心上实用其力，以学存此天理。思与学作两事做，故有'罔'与'殆'之病。其实思只是思其所学，原非两事也。"

【注释】

① 博学于文：见《论语·雍也》："子曰：'博学于文，约之以礼，亦可以弗畔矣夫。'"

② "行有"句：见《论语·学而》："子曰：'弟子入则孝，出则弟，谨而信，泛爱众，而亲仁。行有余力，则以学文。'"

③ 学而不思：见《论语·为政》："子曰：'学而不思则罔，思而不学则殆。'"

【评语】

施邦曜评：圣贤一生，了不得一个"学"字，动静语默，无往非学，若一息不思，便昏昧放逸，何以为学？先生此语大足省发人。

许舜屏评：解孔子语，独得神秘。

三一七

先生曰："先儒解'格物'为'格天下之物'[1]，天下之物如何格得？且谓'一草一木亦皆有理'[2]，今如何去格？纵格得草木来，如何反来诚得自家意？我解'格'作'正'字义，'物'作'事'字义。《大学》之所谓‘身’，即耳、目、口、鼻、四肢是也。欲修身，便是要目非礼勿视，耳非礼勿听，口非礼勿言，四肢非礼勿动。要修这个身，身上如何用得工夫？心者，身之主宰，目虽视而所以视者心也，耳虽听而所以听者心也，口与四肢虽言、动而所以言、动者心也。故欲修身在于体当自家心体，常令廓然大公，无有些子不正处。主宰一正，则发窍于目，自无非礼之视；发窍于耳，自无非礼之听；发窍于口与四肢，自无非礼之言、动：此便是修身在正其心。然至善者，心之本体也。心之本体，哪有不善？如今要正心，本体上何处用得功？必就心之发动处才可着力也。心之发动不能无不善，故须就此处着力，便是在诚意。如一念发在好善上，便实实落落去好善；一念发在恶恶上，便实实落落去恶恶。意之所发，既无不诚，则其本体如何有不正的？故欲正其心在诚意。工夫到诚意，始有着落处。然诚意之本，又在于致知也。所谓‘人虽不知，而己所独知’③者，此正是吾心良知处。然知得善，却不依这个良知便做去；知得不善，却不依这个良知便不去做，则这个良知便遮蔽了，是不能致知也。吾心良知既不得扩充到底，则善虽知好，不能着实好了；恶虽知恶，不能着实恶了，如何得意诚？故致知者，意诚之本也。然亦不是悬空的致知，致知在实事上格。如意在于为善，便就这件事上去为；意在于去恶，便就这件事上去不为。去恶，固是‘格不正以归于正’，为善则不善正了，亦是‘格不正以归于正’也。如此，则吾心良知无私欲蔽了，得以致其极，而意之所发，好善、去恶，无有不诚矣。诚意工夫，实下手处在格物也。若如此格物，人人便做得，‘人皆可以为尧舜’④，正在此也。”

【注释】

①“先儒”句：参见朱熹《大学章句集注》引程子语曰：“所谓致知在格物者，言欲致吾之知，在即物而穷其理也。盖人心之灵莫不有知，而天下之物莫不有理，惟于理有未穷，故其知有不尽也。是以《大学》始教，必使学者即凡天下之物，莫不因其已知之理而益穷之，以求至乎其极。至于用力之久，而一旦豁然贯通焉，则众物之表里精粗无不到，而吾心之全体大用无不明矣。此谓物格，此谓知之至也。”

②“一草一木”句：见《二程遗书·卷十八·伊川先生语四》：“求之性情，

固是切于身，然一草一木皆有理，须是察。”

③“人虽”句：参见朱熹《大学章句集注》：“独者，人所不知而己所独知之地也。”

④“人皆”句：参见《孟子·告子下》：“曹交问曰：‘人皆可以为尧舜，有诸？’孟子曰：‘然。’”

【评语】

刘宗周评：良知只是独知时，然余干（陈荣捷先生认为，“余干”似指明代理学家胡居仁，其学以静中戒谨恐惧为主。门人娄谅得其传，阳明青年时曾问学娄谅。——编者注）主谨独，先生言致辞，手势大不同，先生是出蓝之见。

许舜屏评：如此讲“格物”，自较朱注来得亲切。

三一八

先生曰：“众人只说‘格物’要依晦翁，何曾把他的说去用！我着实曾用来。初年与钱友同论做圣贤，要格天下之物，如今安得这等大的力量？因指亭前竹子，令去格看。[1] 钱子早夜去穷格竹子的道理，竭其心思，至于三日，便致劳神成疾。当初说他这是精力不足，某因自去穷格，早夜不得其理。到七日，亦以劳思致疾。遂相与叹圣贤是做不得的，无他大力量去格物了。及在夷中三年，颇见得此意思，乃知天下之物，本无可格者。其格物之功，只在身心上做。决然以圣人为人人可到，便自有担当了。这里意思，却要说与诸公知道。”

【注释】

①“初年”句：初年，据《王阳明年谱》，为弘治五年（1492），阳明时年二十一岁。这一年，阳明在京师，依据朱熹“格物”说，与朋友在父亲的官署中“格竹子”。钱友，身份不详。

【评语】

施邦曜评：朱子解格物，曰：“在即物而穷其理。”又曰：“欲其极处无不到。”其所谓物理者，原是性命身心之理，非泛滥无穷之理也。所谓“极处无不到"，指理之极至而言，即是至善，原是直说，非横说也。后之学者均失朱子本意，便落支离。

许舜屏评：先生之所以不信朱说者，固自经验中来。

三一九

门人有言，邵端峰[1]论童子不能格物，只教以洒扫应对之说。

先生曰："洒扫应对就是一件物。童子良知只到此，便教去洒扫应对，就是致他这一点良知了。又如童子知畏先生长者，此亦是他良知处。故虽嬉戏中，见了先生长者，便去作揖恭敬，是他能格物以致敬师长之良知了。童子自有童子的格物致知。"

又曰："我这里言格物，自童子以至圣人，皆是此等工夫。但圣人格物，便更熟得些子，不消费力。如此格物，虽卖柴人亦是做得，虽公卿大夫以至天子，皆是如此做。"

【注释】

① 邵端峰：即邵锐（1489—1543），字思仰，号端峰，别号半溪，谥康僖，浙江余杭人，正德三年（1508）进士，官至太仆寺卿，著有《端峰存稿》等。其子邵子存撰有《端峰先生遗范录》。

【评语】

施邦曜评：愚以人之学问，只恐终身不能如童子之格物，如先生说童子见长者，便去作揖恭敬，何等真诚！人能存此心而充之，便是至诚，故孟子曰"不失其赤子之心"，今之学者虚假失真，只患有愧于赤子。

许舜屏评：人人有良知，处处有良知，事事有良知。所贵随处、随事而致其良知耳。

三二〇

或疑知行不合一，以"知之匪艰"[1]二句为问。

先生曰："良知自知，原是容易的；只是不能致那良知，便是'知之匪艰，行之惟艰'。"

【注释】

① 知之匪艰：参见《尚书·说命》："(傅)说拜稽首曰：'非知之艰，行之惟艰。王忱不艰，允协于先王成德，惟说不言有厥咎。'"

【评语】

许舜屏评：能致与不能致之分别。

三二一

门人问曰："知行如何得合一？且如《中庸》言'博学之'，又说个'笃行之'，[1] 分明知行是两件。"

先生曰："博学只是事事学存此天理，笃行只是学之不已之意。"

又问："《易》'学以聚之'，又言'仁以行之'，[2] 此是如何？"

先生曰："也是如此。事事去学存此天理，则此心更无放失时，故曰'学以聚之'。然常常学存此天理，更无私欲间断，此即是此心不息处，故曰'仁以行之'。"

又问："孔子言'知及之，仁不能守之'，[3] 知行却是两个了？"

先生曰："说'及之'，已是行了，但不能常常行，已为私欲间断，便是'仁不能守'。"

又问："心即理之说，程子云'在物为理'[4]，如何谓心即理？"

先生曰："在物为理，'在'字上当添一'心'字。此'心'在物则为理，如此心在事父则为孝，在事君则为忠之类。"

先生因谓之曰："诸君要识得我立言宗旨。我如今说个心即理是如何，只为世人分心与理为二，故便有许多病痛。如五伯攘夷狄、尊周室，都是一个私心，便不当理。人却说他做得当理，只心有未纯，往往悦慕其所为，要来外面做得好看，却与心全不相干。分心与理为二，其流至于霸道之伪而不自知。故我说个心即理，要使知心理是一个，便来心上做工夫，不去袭义于外，便是王道之真。此我立言宗旨。"

又问："圣贤言语许多，如何却要打做一个？"

曰："我不是要打做一个，如曰'夫道，一而已矣'[5]，又曰'其为物不贰，则其生物不测’[6]。天地圣人皆是一个，如何贰得？”

【注释】

①“且如”句：参见第四条注2。

②“学以聚之”句：见《易经·乾卦·文言》：“君子学以聚之，问以辩之，宽以居之，仁以行之。”

③“知及之”句：见《论语·卫灵公》：“子曰：‘知及之，仁不能守之；虽得之，必失之。’”

④在物为理：见程颐《伊川易传·艮卦·彖辞》：“不失其时，则顺理而合义，在物为理，处物合义，动静合理义，不失其时也，乃其道之光明也。”

⑤“夫道”句：见《孟子·滕文公上》：“孟子曰：‘世子疑吾言乎？夫道，一而已矣。’”

⑥“其为”句：见第一五一条注2。

【评语】

施邦曜评：“学”字是一个笼统字样，问、思、辨、行皆学也，审、切、明、笃皆所以成其博也。君子无息非学、无息非行，若以学偏属知，便是务于口见闻以为博，此正是俗学大病，且要博得完才去行，何时是知之日？又何日是行行之日？其说大不可通。

施邦曜评：性即心所具之理，晦翁亦有是言，知先生与晦翁固同一宗旨也，第先生释得畅快耳。

施邦曜评：五伯还是向善一边去做，后世有说好说话、借好题目做出大奸大恶事来，总是瞒心昧己，便无所不至，所谓“人心惟危”者此也。

许舜屏评：发挥“心即是理”之义，至为透彻。经此一说，知行合一之故，便涣然自解。

三二二

“心不是一块血肉，凡知觉处便是心，如耳目之知视听，手足之知痛痒，此知觉便是心也。”

【评语】

许舜屏评：知觉便是心，所以心即是理。

三二三

以方问曰："先生之说'格物'，凡《中庸》之'慎独'及'集义''博约'等说，皆为'格物'之事。"

先生曰："非也，'格物'即'慎独'，即'戒惧'；至于'集义''博约'，工夫只一般，不是以那数件都做格物底事。"

【评语】

许舜屏评：格物之功不是含混的，须要认得真，辨得明。

三二四

以方问"尊德性"[①]一条。

先生曰："'道问学'即所以'尊德性'也。晦翁言'子静以尊德性诲人，某教人岂不是道问学处多了些子'[②]，是分'尊德性''道问学'作两件。且如今讲习讨论下许多工夫，无非只是存此心，不失其德性而已。岂有'尊德性'只空空去尊，更不去问学？问学只是空空去问学，更与德性无关涉？如此，则不知今之所以讲习讨论者，更学何事！"

问"致广大"[③]二句。

曰："'尽精微'即所以'致广大'也，'道中庸'即所以'极高明'也。盖心之本体自是广大底，人不能'尽精微'，则便为私欲所蔽，有不胜其小者矣。故能细微曲折，无所不尽，则私意不足以蔽之，自无许多障碍遮隔处，如何广大不致？"

又问："精微还是念虑之精微，事理之精微？"

曰："念虑之精微，即事理之精微也。"

【注释】

① 尊德性：见《中庸》："故君子尊德性而道问学，致广大而尽精微，极

高明而道中庸。”

②“子静”句：见《朱子文集·卷五十四·答项平父》：“今子静所说，专是尊德性之事，而熹平日所论，却是问学上多了。”子静，即陆九渊。

③致广大：见本条注1。

【评语】

许舜屏评：“尊德性”之中，便有“道问学”；在“道问学”之中，亦有“尊德性”在，二者不能偏废，亦有互相为用之体。

许舜屏评：广大精微，亦是交相为用的。

三二五

先生曰：“今之论‘性’者，纷纷异同，皆是说性，非见性也。见性者，无异同之可言矣。”

【评语】

许舜屏评：说性与见性，亦有分别。

三二六

问：“声、色、货、利，恐良知亦不能无？”

先生曰：“固然。但初学用功，却须扫除荡涤，勿使留积，则适然来遇，始不为累，自然顺而应之。良知只在声、色、货、利上用功。能致得良知精精明明，毫发无蔽，则声、色、货、利之交，无非天则流行矣。”

【评语】

孙奇逢评：在声、色、货、利上用功，方能不迩不殖。

许舜屏评：惟能致其良知，乃可以处声、色、货、利而不为其所蔽也。

三二七

先生曰：“吾与诸公讲‘致知’‘格物’，日日是此，讲一二十年俱是如此。诸君听吾言，实去用功，见吾讲一番，自觉长进一番；否则只作一场话说，虽听之亦何用？”

三二八

先生曰：“人之本体，常常是寂然不动的，常常是感而遂通的。‘未应不是先，已应不是后’[1]。”

【注释】

①“未应”句：见《二程遗书·卷十五·伊川先生语一》：“冲漠无朕，万象森然已具，未应不是先，已应不是后。”

【评语】

许舜屏评：寂然不动者，是良知；感而遂通者，是致良知。

三二九

一友举“佛家以手指显出，问曰：‘众曾见否？’众曰：‘见之。’复以手指入袖，问曰：‘众还见否？’众曰：‘不见。’佛说‘还未见性’。”此义未明。

先生曰：“手指有见有不见，尔之见性常在。人之心神，只在有睹有闻上驰骛，不在不睹不闻上着实用功。盖不睹不闻，是良知本体；戒慎恐惧，是致良知的工夫。学者时时刻刻常睹其所不睹，常闻其所不闻，工夫方有个实落处。久久成熟后，则不须着力，不待防检，而真性自不息亦。岂以在外者之闻见为累哉？”

【评语】

施邦曜评：在不睹不闻上用功，吾儒与佛教相同，只是佛教无致知格物之功，所以流于虚寂。

许舜屏评：可知致良知的工夫，最为切近而精实者。

东正纯评：僧玉芝（指明代僧人法聚，俗姓富，字玉芝，号月泉，曾拜访王阳明——编者注）尝参王子（指王阳明——编者注）。王子大众中出袖中出锁匙问：“见么？”曰：“见。”还纳袖中，复问：“见么？”曰：

"见。"王子曰："汝未见。"盖与此条互参，应有发悟处。

三三〇

问："先儒谓'鸢飞鱼跃'与'必有事焉'，同一活泼泼地。"①

先生曰："亦是。天地间活泼泼地，无非此理，便是吾良知的流行不息，'致良知'便是'必有事'的工夫。此理非惟不可离，实亦不得而离也。无往而非道，无往而非工夫。"

【注释】

①"先儒"句：见《二程遗书·卷三·二先生语三》："'鸢飞戾天，鱼跃于渊，言其上下察也。'此一段子思吃紧为人处，与'必有事焉而勿正心'之意同，活泼泼地。会得时，活泼泼地；不会得时，只是弄精神。""鸢飞"句，见《诗经·大雅·旱麓》："鸢飞戾天，鱼跃于渊。岂弟君子，遐不作人。"

【评语】

许舜屏评：无往而非良知，即无往而非致良知，这是处处用功的理。

三三一

先生曰："诸公在此，务要立个必为圣人之心，时时刻刻，须是一棒一条痕，一掴一掌血，方能听吾说话句句得力。若茫茫荡荡度日，譬如一块死肉，打也不知得痛痒，恐终不济事，回家只寻得旧时伎俩而已，岂不惜哉？"

【评语】

许舜屏评：诲尔谆谆，听吾藐藐，便不是为学之道。

三三二

问："近来妄念也觉少，亦觉不曾着想定要如何用功，不知此是工夫否？"

先生曰："汝且去着实用功，便多这些着想也不妨，久久自会妥帖。

若才下得些功，便说效验，何足为恃！”

【评语】

施邦曜评：除却用工，便希自然，圣贤无此学问。

三三三

一友自叹：“私意萌时，分明自心知得，只是不能使他即去。”

先生曰：“你萌时这一知处，便是你的命根。当下即去消磨，便是立命工夫。”

【评语】

孙奇逢评：当下消磨，便是立命。

许舜屏评：自心知得者，便是良知；能致其良知，便消磨去矣。致良知便是立命工夫。

三三四

“夫子说‘性相近’[①]，即孟子说‘性善’，不可专在气质上说。若说气质，如刚与柔对，如何相近得？惟性善则同耳。人生初时，善原是同的。但刚的习于善，则为刚善；习于恶，则为刚恶。柔的习于善，则为柔善；习于恶，则为柔恶[②]。便日相远了。”

【注释】

① 性相近：见《论语·阳货》：“子曰：‘性相近也，习相远也。’”

② “柔的”句：参见《周子通书·师第七》：“刚善，为义，为直，为断，为严毅，为干固；恶，为猛，为隘，为强梁。柔善，为慈，为顺，为巽；恶，为懦弱，为无断，为邪佞。”

【评语】

刘宗周评：此是先生道性善处。

三三五

先生尝语学者曰："心体上着不得一念留滞，就如眼着不得些子尘沙。些子能得几多？满眼便昏天黑地了。"

又曰："这一念不但是私念，便好的念头，亦着不得些子。如眼中放些金玉屑，眼亦开不得了。"

【评语】

孙奇逢评：一念留滞，便乖顺应。

陶浔霍评：会得此旨时，虽终日是劳扰心体，亦无一点留滞；不会时，虽致虚守寂，亦多了"致守"二字为留滞。

许舜屏评：心无留滞，便不致有所蒙蔽是致良知的工夫。

三三六

问："人心与物同体，如吾身原是血气流通的，所以谓之同体。若于人便异体了，禽、兽、草、木益远矣。而何谓之同体？"

先生曰："你只在感应之几上看，岂但禽兽草木，虽天地也与我同体的，鬼神也与我同体的。"

请问。

先生曰："你看这个天地中间，甚么是天地的心？"

对曰："尝闻人是天地的心。"①

曰："人又甚么教做心？"

对曰："只是一个灵明。"

"可知充天塞地中间，只有这个灵明，人只为形体自间隔了。我的灵明，便是天地鬼神的主宰。天没有我的灵明，谁去仰他高？地没有我的灵明，谁去俯他深？鬼神没有我的灵明，谁去辨他吉凶灾祥？天地鬼神万物，离却我的灵明，便没有天地鬼神万物了；我的灵明，离却天地鬼神万物，亦没有我的灵明。如此，便是一气流通的，如何与他间隔得？"

又问："天地鬼神万物，千古见在，何没了我的灵明，便俱无了？"

曰："今看死的人，他这些精灵游散了，他的天地鬼神万物尚在何处？"

【注释】

①“尝闻”句：参见《礼记·礼运》：“故人者，天地之心也，五行之端也。”

【评语】

刘宗周评：此一则颇近宗门。但死时带不去耳。故佛氏亦不肯收。

施邦曜评：可见人一呼一吸，与天地鬼神相通，一念非理，便是得罪天地鬼神了，戒慎恐惧之功，何时可已？曾子曰：“任重而道远。”窥见得心体大段，如是故能慎独。

许舜屏评：全要在“灵明”上注意。

三三七

先生起行征思、田，德洪与汝中追送严滩[①]，汝中举佛家实相、幻相[②]之说。

先生曰：“有心俱是实，无心俱是幻；无心俱是实，有心俱是幻。”

汝中曰：“有心俱是实，无心俱是幻，是本体上说工夫。无心俱是实，有心俱是幻，是工夫上说本体。”

先生然其言。

洪于是时，尚未了达，数年用功，始信本体工夫合一。但先生是时因问偶谈，若吾儒指点人处，不必借此立言耳。

【注释】

①严滩：地名，又名严陵濑，在今浙江省桐庐县，相传是东汉严光隐居垂钓的地方。

②实相、幻相：均为佛教用语。实相，如《法华经·方便品》所言：“唯佛与佛，乃能究尽诸法实相。”幻相，如《金刚经》所言：“一切有为法，如梦幻泡影，如露亦如电，应作如是观。”

【评语】

许舜屏评：佛家之实相、幻相，与儒家之有心、无心，相发明。但知其意则可，若借以立言，便近于援儒入佛，故先生不取也。

东正纯评：顾端文（即顾宪成，明末东林党人——编者注）曰："凡说本体，容易落在无边。阳明所云'无心俱是幻'，景逸（即高攀龙，明末东林党人——编者注）所云'不做工夫本体'也。凡说工夫，容易落在有一边。阳明所云'有心俱是幻'，景逸所云'不诚本体工夫'也。"盖此说虽似可比，犹恐不免拘执，喻如梦中看花也。姑存。

三三八

尝见先生送二三耆宿出门，退坐于中轩，若有忧色。

德洪趋进，请问。

先生曰："顷与诸老论及此学，真员[①]凿方枘。此道坦如道路，世儒往往自加荒塞，终身陷荆棘之场而不悔，吾不知其何说也！"

德洪退，谓朋友曰："先生诲人，不择衰朽，仁人悯物之心也。"

【注释】

① 员：同"圆"。

【评语】

许舜屏评：当时盖亦有不信先生之说者。

三三九

先生曰："人生大病，只是一'傲'字。为子而傲，必不孝；为臣而傲，必不忠；为父而傲，必不慈；为友而傲，必不信。故象[①]与丹朱[②]俱不孝，亦只一傲字，便结果了此生。诸君常要体此。人心本是天然之理，精精明明，无纤介染着，只是一'无我'而已；胸中切不可有，有即'傲'也。古先圣人许多好处，也只是无我而已，无我自能谦。谦者众善之基，傲者众恶之魁。"

【注释】

① 象：舜的同父异母弟弟，《尚书·尧典》载："象傲。"

② 丹朱：尧的儿子，《史记·五帝本纪》载："尧知子丹朱之不肖，不足

以授天下，于是乃权授舜。”

【评语】

施邦曜评：人只是一个有，便无念不要有：美名必欲自己收，美事必欲自己集，美利必欲自己取，究竟无所不至，故曰众恶之魁。然欲去“傲”非克己不可，故曾子想个若无若虚，必曰昔者吾友。

许舜屏评：抉出人之通病，但只是丧其良知耳。若能致其良知，便无以上诸病。

三四〇

又曰：“此道至简至易的，亦至精至微的。孔子曰‘其如示诸掌乎’[①]，且人于掌，何日不见？及至问他掌中多少文理，却便不知。即如我‘良知’二字，一讲便明，谁不知得？若欲的见[②]良知，却谁能见得？”

问曰：“此知恐是无方体[③]的，最难捉摸。”

先生曰：“良知即是《易》，‘其为道也屡迁，变动不居，周流六虚，上下无常，刚柔相易，不可为典要，惟变所适’[④]。此知如何捉摸得？见得透时便是圣人。”

【注释】

①“孔子”句：见《中庸》：“明乎郊社之礼，禘尝之义，治国其如示诸掌乎？”

② 的见：真实准确地见到。

③ 无方体：见《易经·系辞》：“范围天地之化而不过，曲成万物而不遗，通乎昼夜之道而知，故神无方而易无体。”

④“其为”句：见《易经·系辞》：“《易》之为书也不可远，为道也屡迁，变动不居，周流六虚，上下无常，刚柔相易，不可为典要，唯变所适。”

【评语】

许舜屏评：“良知”二字，看似容易，其实致良知之功，亦非易易也。

三四一

问：“孔子曰：‘回也，非助我者也。’[①]是圣人果以相助望门弟子否？”

先生曰:"亦是实话。此道本无穷尽,问难愈多,则精微愈显。圣人之言,本自周遍,但有问难的人胸中窒碍,圣人被他一难,发挥得愈加精神。若颜子闻一知十[2],胸中了然,如何得问难?故圣人亦寂然不动,无所发挥,故曰'非助'。"

【注释】

①"孔子"句:见《论语·先进》:"子曰:'回也,非助我者也,于吾言无所不说。'"

②"颜子"句:见《论语·公冶长》:"子谓子贡曰:'女与回也孰愈?'对曰:'赐也何敢望回。回也闻一以知十,赐也闻一以知二。'"

【评语】

许舜屏评:此与朱子所解,亦微有不同。

三四二

邹谦之尝语德洪曰:"舒国裳曾持一张纸,请先生写'拱把之桐梓'[1]一章。先生悬笔为书,到'至于身,而不知所以养之者',顾而笑曰:'国裳读书,中过状元来,岂诚不知身之所以当养?还须诵此以求警。'一时在侍诸友皆惕然。"

【注释】

①"拱把"句:见《孟子·告子上》:"孟子曰:'拱把之桐梓,人苟欲生之,皆知所以养之者。至于身,而不知所以养之者,岂爱身不若桐梓哉?弗思甚也。'"

【评语】

许舜屏评:养身之道,亦在乎致良知而已。

钱德洪跋

嘉靖戊子[①]冬，德洪与王汝中奔师丧至广信[②]，讣告同门，约三年收录遗言。继后同门各以所记见遗。洪择其切于问正者，合所私录，得若干条。居吴[③]时，将与《文录》[④]并刻矣。适以忧去，未遂。当是时也，四方讲学日众，师门宗旨既明，若无事于赘刻者，故不复萦念。

去年，同门曾子才汉[⑤]得洪手抄，复傍为采辑，名曰《遗言》[⑥]，以刻行于荆[⑦]。洪读之，觉当时采录未精，乃为删其重复、削去芜蔓，存其三之一，名曰《传习续录》，复刻于宁国之水西精舍[⑧]。今年夏，洪来游蕲[⑨]，沈君思畏[⑩]曰："师门之教久行于四方，而独未及于蕲。蕲之士得读《遗言》，若亲炙夫子之教；指见良知，若重睹日月之光。惟恐传习之不博，而未以重复之为繁也，请裒其所逸者增刻之。若何？"洪曰："然师门'致知格物'之旨，开示来学，学者躬修默悟，不敢以知解承，而惟以实体得，故吾师终日言是，而不惮其烦，学者终日听是，而不厌其数。盖指示专一，则体悟日精，几迎于言前，神发于言外，感遇之诚也。今吾师之没未及三纪[⑪]，而格言微旨，渐觉沦晦，岂非吾党身践之不力，多言有以病之耶？学者之趋不一，师门之教不宣也。"乃复取逸稿，采其语之不背者，得一卷；其余影响不真，与《文录》既载者，皆削之，并易中卷为问答语，以付黄梅[⑫]尹张君[⑬]增刻之。庶几读者不以知解承而惟以实体得，则无疑于是录矣！

嘉靖丙辰[⑭]夏四月，门人钱德洪拜书于蕲之崇正书院[⑮]

【注释】

① 嘉靖戊子：嘉靖七年（1528）。

② 奔师丧至广信：嘉靖七年十一月二十九日辰时，阳明病故于南安府大庾县青龙铺（今江西省大余县），时钱德洪与王畿正赴京殿试，闻阳明将归，即南返相迎。途中问阳明死讯，立即赶往江西奔师丧。次年正月初三成丧于广信（今江西上饶），钱德洪作《讣告同门》，痛悼师亡，并提出了收集阳明遗言及朋友私录，以续成书的计划。

③ 吴：今江苏苏州。嘉靖十四年（1535），钱德洪在这里任姑苏教授。

④《文录》：即王阳明的文章，载《王阳明全集》第四卷至第二十五卷。

⑤ 曾子才汉：即曾才汉，生卒年不详，字明卿，号双溪，吉安府泰和（今江西省泰和县）人，阳明弟子，嘉靖七年举人。

⑥《遗言》：嘉靖三十四年（1555），曾才汉把钱德洪编定的《传习录续录》，加上自己手中的一部分同门友人所记阳明语录，编在一起刊刻出来，题名为《遗言录》。

⑦ 荆：今湖北省江陵市。

⑧ 宁国之水西精舍：宁国，指宁国府，辖区包括今安徽省宣城市、黄山市一部分地区；水西精舍，又名水西书院，在今安徽省泾县。

⑨ 蕲：今湖北省蕲春市。是年，钱德洪应时任湖广兵备道佥事的沈宠之邀，由水西精舍到崇正书院讲学。

⑩ 沈思畏：即沈宠（？—1571），字思畏，号古林，宁国府宣城（今安徽省宣城市）人，嘉靖十六年（1537）举人，官至广西参议，师从阳明弟子欧阳德、王畿、邹守益、钱德洪等人，著有《古林摘稿》。

⑪ 三纪：即三十六年，古代一纪是十二年。

⑫ 黄梅：今湖北黄梅县。

⑬ 张君：身份不详。

⑭ 嘉靖丙辰：嘉靖三十五年（1556）。

⑮ 崇正书院：沈宠与同门，蕲州守谷钟秀建于蕲州麒麟山。嘉靖三十五年，沈宠在书院立仰止祠祀阳明，并约钱德洪来书院讲学。

附录

朱子晚年定论

《定论》首刻于南赣。朱子病目静久，忽悟圣学之渊微，乃大悔中年注述误己误人，遍告同志。师阅之，喜己学与晦翁同，手录一卷，门人刻行之。自是为朱子论异同者寡矣。师曰："无意中得此一助！"隆庆壬申[1]，虬峰谢君廷杰[2]刻师《全书》，命刻《定论》附《语录》后，见师之学与朱子无相谬戾，则千古正学同一源矣。并师首叙与袁庆麟[3]跋，凡若干条，洪僭引其说。

【注释】

① 隆庆壬申：隆庆六年（1572）。

② 谢廷杰：字宗圣，号舜清，江西新建人，嘉靖三十八年（1559）进士，曾任监察御史，巡抚浙江。隆庆六年，在浙江刊刻《王文成公全集》38卷，是为阳明全集的第一个版本，以后诸本，大都依据此本翻刻。

③ 袁庆麟（1455—1520），字德彰，号雩峰，雩都（今江西省于都县）人，岁年长于阳明，但甘愿为弟子，著有《刍荛余论》。

阳明子序

洙、泗[1]之传，至孟氏而息；千五百余年，濂溪、明道始复追寻其绪。自后辨析日详，然亦日就支离决裂，旋复湮晦。吾尝深求其故，大抵皆世儒之多言有以乱之。

守仁早岁业举，溺志词章之习，既乃稍知从事正学，而苦于众说之纷扰疲疢，茫无可入，因求诸老、释，欣然有会于心，以为圣人之学在此矣！然于孔子之教，间相出入，而措之日用，往往缺漏无归，依违往返，且信且疑。

其后，谪官龙场，居夷处困，动心忍性之余，恍若有悟，体验探求，再更寒暑，证诸五经、四子，沛然若决江河而放诸海也。然后叹圣人之道坦如大路，而世之儒者，妄开窦径，蹈荆棘，堕坑堑，究其为说，反出二氏之下。宜乎世之高明之士，厌此而趋彼也！此岂二氏之罪哉！间尝以语同志，而闻者竞相非议，目以为立异好奇。虽每痛反深抑，务自搜剔斑瑕，而愈益精明的确，洞然无复可疑。独于朱子之说，有相牴牾，恒疚于心。切疑朱子之贤，而岂其于此尚有未察？

及官留都，复取朱子之书而检求之，然后知其晚岁，固已大悟旧说之非，痛悔极艾，至以为自诳诳人之罪，不可胜赎。世之所传《集注》《或问》之类，乃其中年未定之说，自咎以为旧本之误，思改正而未及；而其诸《语类》之属，又其门人挟胜心以附己见，固于朱子平日之说，犹有大相谬戾者。而世之学者，局于见闻，不过持循讲习于此。其于悟后之论，概乎其未有闻，则亦何怪乎予言之不信、而朱子之心无以自暴于后世也乎？

予既自幸其说之不谬于朱子，又喜朱子之先得我心之同，然且慨夫世之学者，徒守朱子中年未定之说，而不复知求其晚岁既悟之论，竞相呶呶，以乱正学，不自知其已入于异端。辄采录而裒集之，私以示夫同志，庶几无疑于吾说，而圣学之明可冀矣！

正德乙亥[2]冬十一月朔，后学余姚王守仁序

【注释】

① 洙、泗：原指洙水和泗水，孔子在洙泗之间聚徒讲学，故后世往往一起代指孔子和儒家。

② 正德乙亥：正德十年（1515）。

【评语】

许舜屏评：世人动以先生专主象山之学，其于朱子，批摘无遗，殆与朱子互相牴牾。观于此论，一则曰“恒疚于心”，再则曰“自幸其说之不谬于朱子”，可知先生固非反对朱子者。盖朱子晚年，亦曾有“自诳诳人”之语，特以年命已终，不及更给其中年之论。独先生能纠正之，是先生之学说不特不背于朱子，且能将朱子所欲更正者，而代为更正之，是朱

子之功臣也。篇中“世之学者，局于见闻，不过持循讲习于此。其余悟后之论，概乎其未有闻”，吾亦谓世之学者，徒见先生与朱子牴牾之处，而未见先生与朱子融洽之处也。读此篇后，当可恍然。

答黄直卿书

为学直是先要立本，文义却可且与说出正意，令其宽心玩味，未可便令考校同异，研究纤密，恐其意思促迫，难得长进。将来见得大意，略举一二节目，渐次理会，盖未晚也。此是向来定本之误。今幸见得，却烦勇革。不可苟避讥笑，却误人也。

【评语】

许舜屏评：以下皆是朱子之书，录之以见朱子晚年之学。

答吕子约

日用工夫，比复何如？文字虽不可废，然涵养本原而察于天理人欲之判，此是日用动静之间，不可顷刻间断底事。若于此处见得分明，自然不到得流入世俗功利权谋里去矣。熹亦近日方实见得向日支离之病，虽与彼中证候不同，然忘己逐物，贪外虚内之失，则一而已。程子说：“不得以天下万物扰己，己立后自能了得天下万物。”今自家一个身心不知安顿去处，而谈王说伯[①]，将经世事业别作一个伎俩商量讲究，不亦误乎！相去远，不得面论。书问终说不尽，临风叹息而已。

【注释】

①“伯”：同“霸”。

【评语】

许舜屏评：“不可顷刻间断底事”，便是要致其良知，与先生之言正合。

答何叔京

前此僭易拜禀博观之敝，诚不自揆。乃蒙见是，何幸如此！然观来谕，似有未能遽舍之意，何邪？此理甚明，何疑之有？若使道可以多闻博观而得，则世之知道者为不少矣。熹近日因事方有少省发处，如“鸢飞鱼跃”，明道以为与“必有事焉勿正”之意同者，乃今晓然无疑。日用之间，观此流行之体，初无间断处，有下功夫处。乃知日前自诳诳人之罪，盖不可胜赎也。此与守书册，泥言语，全无交涉。幸于日用间察之，知此则知仁矣。

【评语】

许舜屏评：“鸢飞鱼跃”，此心自活泼泼地，便是良知的发现处。

答潘叔昌

示喻“天上无不识字的神仙”，此论甚中一偏之弊。然亦恐只学得识字，却不曾学得上天，即不如且学上天耳。上得天了，却旋学上天人，亦不妨也。中年以后，气血精神能有几何？不是记故事时节。熹以目昏，不敢着力读书。闲中静坐，收敛身心，颇觉得力。间起看书，聊复遮眼，遇有会心处，时一喟然耳！

【评语】

许舜屏评：“收敛身心”，正所以保其良知也。

答潘叔度

熹衰病，今岁幸不至剧，但精力益衰，目力全短，看文字不得。冥目静坐，却得收拾放心，觉得日前外面走作不少，颇恨盲废之不早也。看书鲜识之喻，诚然。然严霜大冻之中，岂无些小风和日暖意思？要是多者胜耳！

【评语】

许舜屏评：亦是有悔意。

与吕子约

孟子言“学问之道，惟在求其放心”，而程子亦言“心要在腔子里”。

今一向耽着文字，令此心全体都奔在册子上，更不知有己。便是个无知觉不识痛痒之人，虽读得书，亦何益于吾事邪？

【评语】

许舜屏评：懂得“求其放心”，便不会放弃他的良知了。

与周叔谨

应之甚恨未得相见，其为学规模次第如何？近来吕、陆门人互相排斥，此由各徇所见之偏，而不能公天下之心以观天下之理，甚觉不满人意。应之盖尝学于两家，未知其于此看得果如何？因话扣之，因书谕及为幸也。熹近日亦觉向来说话有大支离处，反身以求正，坐自己用功亦未切耳。因此减去文字工夫，觉得闲中气象甚适。每劝学者且亦看《孟子》“道性善”“求放心”两章，着实体察收拾为要；其余文字，且大概讽诵涵养，未须大段着力考索也。

【评语】

许舜屏评：“闲中气象甚适”，正其良知发现处。

答陆象山

熹衰病日侵，去年灾患亦不少，比来病躯方似略可支吾。然精神耗减，日甚一日，恐终非能久于世者。所幸迩来日用工夫颇觉有力，无复向来支离之病。甚恨未得从容面论。未知异时相见，尚复有异同否耳？

【评语】

许舜屏评：朱子晚年亦深悔与象山立异，于此可见。

答符复仲

闻向道之意甚勤。向所喻义利之间，诚有难择者；但意所疑，以为近利者，即便舍去可也。向后见得亲切，却看旧事，又有见未尽舍未尽者，不解有过当也。见陆丈回书，其言明当，且就此持守，自见功效；不须多疑多问，却转迷惑也。

【评语】

许舜屏评： 此亦是有悔意。

答吕子约

日用工夫，不敢以老病而自懈。觉得此心操存舍亡，只在反掌之间。向来诚是太涉支离。盖无本以自立，则事事皆病耳。又闻讲授亦颇勤劳，此恐或有未便。今日正要清源正本，以察事变之几微，岂可一向汩溺于故纸堆中，使精神昏弊，失后忘前，而可以谓之学乎？

【评语】

许舜屏评：“操存舍亡”，便是指良知而言。

与吴茂实

近来自觉向时工夫，止是讲论文义，以为积集义理，久当自有得力处，却于日用工夫全少检点。诸朋友往往亦只如此做工夫，所以多不得力。今方深省而痛惩之，亦欲与诸同志勉焉。幸老兄遍以告之也。

【评语】

许舜屏评： 所谓“自诳诳人”也。

答张敬夫

熹穷居如昨，无足言者。自远去师友之益，兀兀度日。读书反己，固不无警省处，终是旁无强辅，因循汩没，寻复失之。近日一种向外走作，心悦之而不能自已者，皆准止酒例。戒而绝之，似觉省事。此前辈所谓“下士晚闻道，聊以拙自修”者，若充扩不已，补复前非，庶其有日。旧读《中庸》“慎独”、《大学》“诚意”、“毋自欺”处，常苦求之太过，措词烦猥。近日乃觉其非，此正是最切近处，最分明处。乃舍之而谈空于冥漠之间，其亦误矣。方窃以此意痛自检勒，懔然度日，惟恐有怠而失之也。至于文字之间，亦觉向来病痛不少。盖平日解经最为守章句者，然亦多是推衍文义，自做一片文字；非惟屋下架屋，说得意味淡薄，且是使人看者将注与经作两项工夫，做了下梢，看得支离，至于本旨，全不相照。以此方知汉儒可谓善说经者，不过只说训诂，使人以此训诂、玩索经文。训诂、经文不相离异，只做一道看了，直是意味深长也。

【评语】

许舜屏评：《中庸》的“慎独”，《大学》的“诚意”“毋自欺”处，实皆致良知之功。朱子说“最切近处，最分明处”便是。

许舜屏评：墨守朱注以解注者，可以悟矣。

答吕伯恭

道间与季通讲论，因悟向来涵养工夫全少，而讲说又多，强探必取寻流逐末之弊；推类以求，众病非一，而其源皆在此，恍然自失，似有顿进之功。若保此不懈，庶有望于将来。然非如近日诸贤所谓“顿悟”之机也。向来所闻诲谕诸说之未契者，今日细思，吻合无疑。大抵前日之病，皆是气质躁妄之偏，不曾涵养克治，任意直前之弊耳。

【评语】

许舜屏评：“气质躁妄”，便不免有私欲搀杂其间；能克治之，便是遏欲工夫。私欲既遏，则反其固有良知矣。

答周纯仁

闲中无事，固宜谨出，然想亦不能一并读得许多。似此专人来往劳费，亦是未能省事，随寓而安之病。又如多服燥热药，亦使人血气偏胜，不得和平，不但非所以卫生，亦非所以养心。窃恐更须深自思省，收拾身心，渐令向里，令宁静闲退之意胜，而飞扬燥扰之气消，则治心养气、处事接物自然安稳，一时长进，无复前日内外之患矣。

【评语】

许舜屏评：这便是致良知的道理。

答窦文卿

为学之要，只在着实操存，密切体认，自己身心上理会。切忌轻自表襮，引惹外人辩论，枉费酬应，分却向里工夫。

【评语】

许舜屏评：这是说良知渐渐汩没了。

答吕子约

闻欲与二友俱来而复不果，深以为恨。年来觉得日前为学不得要领，自做身主不起，反为文字夺却精神，不是小病。每一念之，惕然自惧，且为朋友忧之。而每得子约书，辄复怃然，尤不知所以为贤者谋也。且如临事迟回，瞻前顾后，只此亦可见得心术影子。当时若得相聚一番，彼此极论，庶几或有剖决之助。今又失此机会，极令人怅恨也！训导后生，若说得是，当极有可自警省处，不会减人气力。若只如此支离，漫无统纪，则虽不教后生，亦只见得展转迷惑，无出头处也。

【评语】

许舜屏评：以良知为主，便不会漫无统纪了。

答林择之

熹哀苦之余，无他外诱，日用之间，痛自敛饬，乃知"敬"字之功，亲切要妙乃如此。而前日不知于此用力，徒以口耳浪费光阴，人欲横流，天理几灭。今而思之，怛然震悚，盖不知所以措其躬也。

【评语】

许舜屏评："敬"字之功，便是致良知的功。

又

此中见有朋友数人讲学，其间亦难得朴实头负荷得者。因思日前讲论，只是口说，不曾实体于身，故在己在人，都不得力。今方欲与朋友说日用之间，常切点检气习偏处、意欲萌处，与平日所讲相似与不相似，就此痛着工夫，庶几有益。陆子寿兄弟，近日议论，却肯向讲学上理会。其门人有相访者，气象皆好，但其间亦有旧病。此间学者却是与渠相反，初谓只如此讲学，渐涵自能入德。不谓末流之弊只成说话，至于人伦日用最切近处，亦都不得毫毛气力。此不可不深惩而痛警也！

【评语】

许舜屏评：痛自针砭之语，非贤者不能有此毅力！

答梁文叔

近看孟子见人即道“性善”，称尧、舜，此是第一义。若于此看得透、信得及，直下便是圣贤，便无一毫人欲之私做得病痛。若信不及孟子，又说个第二节工夫，又只引成覸、颜渊、公明仪三段说话教人如此，发愤勇猛向前，日用之间，不得存留一毫人欲之私在这里，此外更无别法。若于此有个奋迅兴起处，方有田地可下工夫。不然，即是画脂镂冰，无真实得力处也。近日见得如此，自觉颇得力，与前日不同，故此奉报。

【评语】

许舜屏评：性善之说，就是人人皆有良知之意，看得透、信得及，便是能致其良知。

许舜屏评：不存留“一毫人欲”，亦是致良知之谓。

答潘叔恭

学问根本，在日用间“持敬”“集义”工夫，直是要得念念省察。读书求义，乃其间之一事耳。旧来虽知此意，然于缓急之间，终是不觉有倒置处，误人不少。今方自悔耳！

【评语】

许舜屏评：朱子中年之说，却无如此真切。到了晚年，才悟得“持敬”“集义”的工夫，不过未标明“良知”二字，其意固相同也。

答林充之

充之近读何书？恐更当于日用之间为人之本者，深加省察，而去其有害于此者为佳。不然，诵说虽精，而不践其实，君子盖深耻之。此固充之平日所讲闻也。

答何叔景

李先生教人，大抵令于静中体认大本未发时气象，分明即处事应物，自然中节。此乃龟山门下相传指决。然当时亲炙之时，贪听讲论，又方窃好章句、训诂之习，不得尽心于此；至今若存若亡，无一的实见处，辜负教育之意。每一念此，未尝不愧汗沾衣也。

【评语】

许舜屏评：杨龟山先生，亦宋儒之卓卓者。朱子曩时未甚领会，至此方才信得过。

又

熹近来尤觉错愦无进步处。盖缘日前偷堕苟简，无深探力行之志，凡所论说，皆出入口耳之余，以故全不得力。今方觉悟，欲勇革旧习，而血气已衰，心志亦不复强，不知终能有所济否？

又

向来妄论“持敬”之说，亦不自记其云何。但因其良心发现之微，猛省提撕，使心不昧，则是做工夫底本领。本领既立，自然“下学而上达”矣。若不察良心发现处，即渺渺茫茫，恐无下手处也。中间一书论“必有事焉”之说却尽有病，殊不蒙辨诘，何邪？所喻多时前言往行，固君子亡所急。熹自来所见亦是如此。近因反求未得个安稳处，却始知此未免支离，如所谓因诸公以求程氏，因程氏以求圣人，是隔几重公案，曷若默会诸心，以立其本，而其言之得失，自不能逃吾之鉴邪？钦夫之学所以超脱自在，见得分明，不为言句所桎梏，只为合下入处亲切。今日说话，虽未能绝无渗漏，终是本领。是当非吾辈所及，但详观所论，自可见矣。

【评语】

许舜屏评：良心发见之微，当然就是良知。“猛省提撕，使心不昧”，这是致良知的工夫。

答林择之

所论颜、孟不同处，极善极善！正要见此曲折，始无窒碍耳。比来想亦只如此用功。熹近只就此处见得向来未见底意思，乃知“存久自明，何待穷索”之语，是真实不诳语。今未能久，已有此验，况真能久邪？但当益加勉励，不敢少弛其劳耳！

答杨子直

学者堕在语言，心实无得，固为大病；然于语言中，罕见有究竟得彻头彻尾者。盖资质已是不及古人，而工夫又草草，所以终身于此，若存若亡，未有卓然可恃之实。近因病后，不敢极力读书，闲中却觉有进步处。大抵孟子所论“求其放心”，是要诀尔！

与田侍郎子真

吾辈今日事事做不得，只有向里存心穷理，外人无交涉。然亦不免违条碍贯，看来无着力处，只有更攒近里面，安身立命尔。不审比日何所用心？因书及之，深所欲闻也。

【评语】

许舜屏评：存理遏欲，乃致良知的要义。

答陈才卿

详来示，知日用工夫精进如此，尤以为喜。若知此心此理端的在我，则参前倚衡，自有不容舍者，亦不待求而得，不待操而存矣。格物致知，亦是因其所已知者推之，以及其所未知，只是一本，原无两样工夫也。

【评语】

许舜屏评：此与先生解“格致”之义，互相引证。

与刘子澄

“居官无修业之益”，若以俗学言之，诚是如此；若论圣门所谓“德业”者，却初不在日用之外，只押文字，便是进德修业地头，不必编缀异闻，乃为修业也。近觉向来为学，实有向外浮泛之弊，不惟自误，而误人亦不少。方别寻得一头绪，似差简约端的，始知文字言语之外，真别有用心处，恨未得面论也。浙中后来事体，大段支离乖僻，恐不止似正似邪而已，极令人难说，只得惶恐，痛自警省！恐未可专执旧说，以为取舍也。

【评语】

许舜屏评：痛加针砭之语。

与林择之

熹近觉向来乖谬处，不可缕数，方惕然思所以自新者，而日用之间，悔吝潜积，又已甚多。朝夕惴惧，不知所以为计。若择之能一来辅此不逮，幸甚！然讲学之功，比旧却觉稍有寸进。以此知初学得些静中功夫，亦为助不小。

【评语】

许舜屏评：静中工夫，无非是存天理耳。

答吕子约

示喻日用工夫如此，甚善！然亦且要见一大头脑分明，便于操舍之间有用力处；如实有一物，把住放行在自家手里，不是谩说求其放心，实却茫茫无把捉处也。

子约复书云："某盖尝深体之，此个大头脑本非外面物事，是我元初本有底。其曰'人生而静'，其曰'喜怒哀乐之未发'，其曰'寂然不动'，人汩汩地过了日月，不曾存息，不曾实现此体段，如何会有用力处？程子谓'这个义理，仁者又看做仁了，智者又看做智了，百姓日用不知，此所以君子之道鲜'。此个亦不少，亦不剩，只是人看他不见，不大段信得此话。及其言于'勿忘勿助长'间认取者，认乎此也。认得此，则一动一静皆不昧矣！恻隐、羞恶、辞让、是非，四端之着也，操存久则发现多；忿懥、忧患、好乐、恐惧，不得其正也，放舍甚则日滋长。记得南轩先生谓'验厥操舍，乃知出入'，乃是见得主脑，于操舍间有用力处之实话。盖苟知主脑不放下，虽是未能常常操存，然语默应酬间历历能自省验，虽其实有一物在我手里，然可欲者是我底物，不可放失；不可欲者非是我物，不可留藏，虽谓之实有一物在我手里，亦可也。若是谩说，既无归宿，亦无依据，纵使强把捉得住，亦止是袭取，夫岂是我元有底邪？愚见如此，敢望指教。"

朱子答书云："此段大概，甚正当亲切。"

【评语】

许舜屏评：我元初本有底，便是良知。如此说来，良知是个大头脑了？

许舜屏评：全书所论，实与先生"致良知"之义相发明。朱子谓其"正当亲切"，是暗与先生相合处。

答吴德夫

承喻仁字之说，足见用力之深。熹意不欲如此坐谈，但直以孔子、程子所示求仁之方，择其一二切于吾身者，笃志而力行之，于动静语默间，勿令间断，则久久自当知味矣。去人欲存天理，且据所见去之存之。工夫既深，则所谓似天理而实人欲者，次第可见。今大体未正，而便察及细微，恐有“放饭流歠，而问无齿决”之讥也。如何如何？

【评语】

许舜屏评：亦是要在致良知上用功。

答或人

“中和”二字，皆道之体用。旧闻李先生论此最详，后来所见不同，遂不复致思。今乃知其为人深切，然恨已不能尽记其曲折矣。如云“人固有无所喜怒哀乐之时，然谓之未发，则不可言无主也”，又如先言“慎独”，然后及“中和”，此亦尝言之。但当时既不领略，后来又不深思，遂成蹉过，孤负此翁耳！

答刘子澄

日前为学，缓于反己，追思凡多百可悔者。所论注文字，亦坐此病，多无着实处。回首茫然，计非岁月工夫所能救治，以此愈不自快。前时犹得敬夫、伯恭时惠规益，得以自警省。二友云亡，耳中绝不闻此等语。今乃深有望于吾子澄。自此惠书，痛加镌诲，乃君子爱人之意也。

朱子之后，如真西山、许鲁斋、吴草庐亦皆有见于此，而草庐见之尤真，悔之尤切。今不能备录，取草庐一说，附于后。

临川吴氏曰：“天之所以生人，人之所以为人，以此德性也。然自圣传不嗣，士学靡宗，汉、唐千余年间，董、韩二子依稀数语近之，而原本竟昧昧也。逮夫周、程、张、邵兴，始能上通孟氏而为一。程氏四传而至朱，文义之精密，又孟氏以来所未有者。其学徒往往滞于此而溺其心。夫既以世儒记诵词章为俗学矣，而其为学亦未离乎言语文字之末。此则嘉定以后，朱门末学之敝，而未有能救之者也。夫所贵乎圣人之学，以能全天之所以与我者尔。天之与我，德性是也，是为仁义礼智之根株，是为形质血气之主宰。舍此而他求，所学何学哉？假而行如司马文正公，才如诸葛忠武侯，亦不免为习不著，行不察；亦不过为资器之超于人，而谓有得于圣学则未也。况止于训诂之精，讲说之密，如北溪之陈，双峰之饶，则与彼记诵词章之俗学，相去何能以寸哉？圣学大明于宋代，而踵其后者如此，可叹已！澄也钻研于文义，毫分缕析，每以陈为未精，饶为未密也。堕此科臼中垂四十年，而始觉其非。自今以往，一日之内子而亥，一月之内朔而晦，一岁之内春而冬，常见吾德性之昭昭，如天之运转，如日月之往来，不使有须臾之间断，则于尊之之道，殆庶几乎？于此有未能，则问于人，学于己，而必欲其至。若其用力之方，非言之可喻，亦味于《中庸》首章、《订顽》终篇而自悟可也。”

【评语】

许舜屏评：吴氏之言，亦与良知之义相发明，故集中录之。

袁庆麟跋

《朱子晚年定论》我阳明先生在留都时所采集者也。揭阳薛君尚谦旧录一本，同志见之，至有不及抄写，袖之而去者。众皆惮于翻录，乃谋而寿诸梓，谓“子以齿，当志一言”。惟朱子一生勤苦，以惠来学，凡一言一字，皆所当守；而独表章是、尊崇乎此者，盖以为朱子之定见也。今学者不求诸此，而犹踵其所悔，是蹈舛也，岂善学朱子者哉？

麟无似，从事于朱子之训余三十年，非不专且笃，而竟亦未有居安资深之地，则犹以为知之未详，而览之未博也。戊寅夏，持所著论若干卷来见先生。闻其言，如日中天，睹之即见；如五谷之艺地，种之即生；不假外求，而真切简易，恍然有悟。退求其故而不合，则又不免迟疑于其间。及读是编，始释然，尽投其所业，假馆而受学，盖三月而若将有闻焉。然后知向之所学，乃朱子中年未定之论，是故三十年而无获。今赖天之灵，始克从事于其所谓定见者，故能三月而若将有闻也。非吾先生，几乎已矣！

敢以告夫同志，使无若麟之晚而后悔也。若夫直求本原于言语之外，真有以验其必然而无疑者，则存乎其之自力，是编特为之指迷耳！

正德戊寅六月望，门人雩都袁庆麟谨识